DAXUE TIYU JIAOCHENG

大学体育教程

主　审　王家宏
主　编　王武年
副主编　樊晓飞

江苏大学出版社
JIANGSU UNIVERSITY PRESS
镇　江

图书在版编目(CIP)数据

大学体育教程 / 王武年主编. — 镇江 ：江苏大学出版社，2023.9(2024.9 重印)
ISBN 978-7-5684-1992-5

Ⅰ. ①大… Ⅱ. ①王… Ⅲ. ①体育－高等学校－教材
Ⅳ. ①G807.4

中国国家版本馆 CIP 数据核字(2023)第 100053 号

大学体育教程
Daxue Tiyu Jiaocheng

主　　编/王武年
责任编辑/常　钰
出版发行/江苏大学出版社
地　　址/江苏省镇江市京口区学府路 301 号(邮编：212013)
电　　话/0511-84446464(传真)
网　　址/http://press.ujs.edu.cn
排　　版/镇江市江东印刷有限责任公司
印　　刷/广东虎彩云印刷有限公司
开　　本/787 mm×1 092 mm　1/16
印　　张/18
字　　数/450 千字
版　　次/2023 年 9 月第 1 版
印　　次/2024 年 9 月第 3 次印刷
书　　号/ISBN 978-7-5684-1992-5
定　　价/45.00 元

如有印装质量问题请与本社营销部联系(电话:0511-84440882)

前　言

生命在于运动。体育不仅可以强身健体、陶冶情操，而且可以磨炼意志、增强自信。在物质文化生活日益丰富的今天，受终身体育思潮的影响，体育生活化必将成为人们追求幸福健康生活的新常态。发展体育运动是高水平大学建设的重要内容，大学期间是青年学生身体生长发育、心理成熟的重要时期，也是青年学生学习专业基础知识、掌握为社会服务技能的重要时期。在青年学生的成长过程中，充分发挥体育的各项功能，对于促进青年学生身心健康发展，培养学生勇敢、顽强、坚毅的思想品质，增强学生集体主义和团队协作精神具有重要意义。

全国学生体质健康调查表明，我国青少年学生体质健康状况不容乐观。青少年的耐力、力量、速度等指标持续多年下降，超重和肥胖青少年的比例明显增加，视力不良率居高不下，学生锻炼行为和健康生活方式的养成率和巩固率低下。信息化时代学生使用电脑、手机上网的频率大幅增加，部分学生长期沉溺于网络虚拟环境，导致运动量严重不足，为他们身心健康埋下了极大的隐患。随着当代社会生活节奏加快，竞争日益激烈，大学生承受的各种压力日趋增长，头痛、心悸、失眠、疲乏无力等亚健康现象在年轻群体中蔓延。此外，不合理的膳食和营养不均衡导致的糖尿病、高血脂等慢性病低龄化趋势日益明显。

高等学校体育是整个国家教育的一部分，为贯彻落实立德树人的根本任务，促进当代大学生身心健康、体魄强健发展，培养广大学生养成良好的体育锻炼习惯和健康的生活方式，形成大学生热爱体育、崇尚运动、健康向上的良好风气，根据国务院《学校体育工作条例》、教育部《全国普通高等学校体育课程教学指导纲要》和《国家学生体质健康标准》（2014 年修订）等文件的精神和要求，结合近些年来学校体育与健康教育的实际情况，我们编写了这本《大学体育教程》。

本教材以健康第一为指导思想，以培养学生终身体育习惯为目标，在编写上努力克服原有教材体系上的因循守旧。教材内容的选择遵循大学生的认知规律和身心特征，在注重强化基本体育理论知识和基本运动技能的基础上，大量借鉴和吸收最新的、已成熟的教育理念和教学内容，使教材的知识点和创新点有独到之处，以满足不同专业层次人才培养的需要。教材的编写紧密结合现代大学生在校体育生活的现状和需求，突出学生的主体地位和健康的主旋律，以开展素质教育、培养大学生的体育意识和体育能力为主线，注重理论和实践的有机结合。教材在编写体系上，融合了体育、生理、心理、营养等多学科知识，充分发挥体育独特的育人功能，指导学生进行科学锻炼，引领学生在体育运动中享受乐趣、增强体质、健全人格、锤炼意志，提升学生身体素质与健康素养，促进学生身心健康发展。

本教材由理论知识篇、运动技能篇和时尚运动篇三部分构成。理论知识篇阐述了体育运动锻炼的科学理论知识；运动技能篇讲解了较为普及的运动项目技术、战术、规则及裁判法等健身知识；时尚运动篇介绍了时下比较流行的时尚健身运动项目及其科学的健身方法。教材篇章结构合理，内容精练充实，文字通俗易懂，知识面广，针对性强，适合作为当代大学生的体育教材，也是指导大学生进行课外体育锻炼的实践指南。

本教材由王武年主编，樊晓飞任副主编，参与编写的人员有杨新生、白杨、丁正军、樊金东、胡玉芹、李宗堂、黄巍、袁洁、马文峰、姜薇、梁瑛、陈静、马名扬、朱靖靖、黄商、朱彪、宋庆尧等老师。

本教材编写过程中参考和引用了一些国内外数据和资料，因限于篇幅，未能一一注明，在此向作者深表谢忱！由于编者水平有限，教材中难免有不足之处，敬请广大的专家、读者批评指正！

编　者

2023 年 6 月

目 录

理论知识篇

运动技能篇

时尚运动篇

理论知识篇

- 体育概论
- 体育锻炼的科学原理与方法
- 体育锻炼与大学生身心健康
- 体育锻炼的卫生保健与医务监督

第一章　体育概论

第一节　绪论

一、体育的概念与分类

（一）体育的概念

人类在生存发展的实践过程中，一方面通过自己的身体活动作用于自然界外部，以获得物质生活资料；另一方面通过自己的身体活动作用于自身，以促进自身的生存和发展，提高生活质量。我们把后一种作用于人类自身的活动称为“身体运动”，即我们传统意义上所讲的体育运动或广义体育。“体育”一词最早出现在18世纪末，1760年法国在报刊上首先使用“体育”一词，来讨论儿童的教育问题。

体育运动（广义体育）是以身体练习为基本手段，以增强体质、促进人的全面发展、丰富社会文化生活和促进精神文明为目的的一种有意识、有组织的社会活动。它是社会总文化的一部分，其发展受一定的社会政治和经济条件制约，也为一定的政治和经济服务。

（二）体育的分类

按照体育的目的、对象和对社会的影响，广义的体育可以分为学校体育、竞技体育和大众体育3种。

1. 学校体育

学校体育是指在各级各类学校中展开的、通过身体活动增强学生体质，并传授身体锻炼的知识、技术和技能，培养学生道德和意志品质的有目的、有计划的教育过程。它是教育的组成部分，是培养全面发展的人的一个重要方面。学校体育的目的是完善人类的自身发展，使学生具有良好体质，并能掌握体育锻炼的相关知识、技能，使其终身受用。学校体育的主要形式是体育教学和校内体育活动，没有竞技运动的功利性，也没有大众体育的随意性，而是具有很强的规范性。

2. 竞技体育

竞技体育是指为了最大限度地发挥和提高人体在体格、体能、心理和运动能力方面的潜力，为取得优异竞赛成绩而进行的科学系统的训练和竞赛活动，竞技体育有以下特征：

（1）激烈的对抗性和极高的观赏性，运动员最大限度地发挥潜能以战胜对手。

（2）竞技比赛具有国际性，比赛规则国际通用，结果也被社会承认。

（3）参加竞赛的运动员，代表的是一个国家或一个团体，具有较强的严肃性。

（4）竞技活动是讲究功利的，不像休闲运动那样，仅仅是为了个人消遣和娱乐。

3. 大众体育

大众体育也称群众体育，是指为达到健身强体、医疗保健和休闲娱乐等目的而进行的内容广泛、形式多样的体育活动，大众体育有以下特征：

（1）健身性：这是群众参加体育活动的主要目的。

（2）娱乐性：体育运动的功能之一便是参加该活动所能体验到的身心的快感。

（3）自主选择性：参加者根据自己的需要和实际可能，选择活动时间、地点和内容。

（4）生活性：大众体育已经成为人们日常生活的一项内容，并日常化和生活化。

（5）余暇性：从时间上来讲，大众体育是善度余暇的手段，也是丰富业余生活的手段。

学校体育、竞技体育和大众体育，三者既有一定的区别，又有一定的联系。它们都是以身体练习为基本手段，都是身体直接参与活动；它们都要求全面地发展身体，提高有机体机能。在三者的实践过程中，都有教育和教学的因素，都要学习一定的体育知识，掌握一定的体育技术技能。但是，学校体育的侧重点是教育，竞技体育的侧重点是训练和比赛，大众体育的主要目的是休闲娱乐和强身健体。

二、体育的产生与发展

（一）体育的产生

300 万年前严酷的生活环境促使人类的体力和智力发展，远古人不得不学习走、跑、跳、投、攀登、游泳、搏斗等技能。50 万年前的北京猿人能猎获肿骨鹿、斑鹿和羚羊等善跑的野兽，这就需要快速持久的奔跑能力。非洲好望角现在还过着原始生活的霍屯督人在大海里游泳，身体直立，两手伸出水外，行动宛如走路，尽管波涛汹涌，仍然轻松自如。他们的投掷技巧令人惊奇，能够在百步之外用石头击中拳头般大小的目标。待到劳动工具出现后，体育便获得了进一步发展的条件。狩猎用的石块演化出了后世的链球运动和其他球类运动，投矛器是现代弓箭的前身。这些技能需要尽可能地传授给下一代，这就产生了原始社会的劳动教育，从而进一步增加了体育因素。澳大利亚土著塔斯马尼亚人的成年男子向少年教授“飞去来器”的投掷方法；我国鄂温克族的长辈很注重向后辈传授狩猎的知识和技能，如跳高、滑雪、角力、射箭和搬家游戏等。可见，劳动是体育产生的重要源头之一。

原始氏族公社后期，战争出现了，而且从为血亲复仇发展为掠夺财产和奴隶。我国古代传说中有“蚩尤作五兵”“轩辕习用干戈”的故事，他们制造兵器，教民习武，以适应部落之间战争的需要，战争是促进体育发展的另一个重要因素。由于迷惑于自然现象而产生的宗教直接地影响了现代的体育竞技活动，不同的民族在举行宗教活动的时候，各自有着独特而复杂的仪式，如祭祀、礼仪、迎神赛会等。人们以身体的动作、技巧等方式，表达对宗教的信仰和崇拜，其中含有诸多类似体育活动的内容，如搏杀野兽、掷飞镖、角力、障碍赛跑等。古希腊的奥林匹克运动会，就是宗教对体育直接影响的结果。此外，人们追求的休闲娱乐活动也对体育的发展起了一定的推动作用。

（二）体育的发展

1. 世界体育发展史

古代东方各民族大多在大河流域繁衍生息，如古埃及地处尼罗河下游，古巴比伦地处两河流域（幼发拉底河与底格里斯河），印度河与恒河流域则是古代印度文明的发祥地。由于生活环境较为稳定，因而东方民族形成了清静淡泊、自然调和、神形统一的民族特点，体育活动有很多是偏重保健养生的内容。比如印度的瑜伽术、埃及的保健术、中国的气功和武术等。

西方文明的发祥地是古希腊，古希腊是典型的海洋国家，海运便利、商业发达。城邦间经济文化的繁荣和频繁的战争，带来了古希腊体育的繁荣，其中以斯巴达和雅典最具代表性。

斯巴达体育的特点是军事体育。城邦法律规定，身体有缺陷或体弱的婴儿不得存活，每个婴儿都属于国家，婴儿一出生就要经过严格检查，体弱多病的婴儿被扔到山谷里，只有健康合格的才交给父母代国家抚养。健康的儿童 7 岁前由父母抚养，进行初步教育，7 岁后被送往国家设立的学校接受教育，直到成年。满 18 岁时履行成人礼，通过考验的方可进入士官团接受正规军事训练，20 岁时便要宣誓效忠国家，开始服兵役，直到 30 岁时才获得公民权，可以结婚，但仍然住兵营，到 60 岁年老体弱时才能离开兵营。

雅典注重培养身心和谐发展的公民。雅典是全希腊教育和体育最发达、最先进的城邦。他们把体育、德育、美育结合起来，形成了完整的教育体系。雅典人进行身体训练不仅仅是为了军事备战，更是为了身体的健美匀称和动作的协调灵活。雅典人全面发展的健康体育观，对后来体育的发展产生了深远的影响。

中世纪的欧洲，基督教逐渐统治了西欧，垄断了文化教育。基督教强调来世，宣扬“宿命论”“禁欲主义”“身体罪恶论”。基督教反对体育运动，除了在贵族的子弟学校中有骑士教育外，在一般教会的学校课程中没有发展体能的活动计划，使人们的身体能力逐步退化，加之卫生条件差，忽视疾病防治，造成流行病和传染病蔓延，导致民族体质日益下降。中世纪的欧洲被称为“欧洲的黑暗时代”，体育则从古希腊繁荣的奴隶制体育倒退了。

14 世纪后，经过文艺复兴、宗教改革、启蒙运动三大思想革命，资产阶级取得了意识形态和文化领域的话语权。在三大思想革命过程中，近代体育思想也逐渐形成和发展起来。英国著名的哲学家、教育家约翰·洛克第一个明确地把学校教育任务分为德育、智育、体育三部分。法国思想家卢梭主张在教育上要顺应儿童的本性，让他们的身心自由发展。

19 世纪，席卷欧洲的工业革命和战争对各国的生产生活产生了重要的影响，出于强国强民的需要，各国开始重视体育，正是在这种背景下，各国加快了体育社会化的进程。在民族主义比较强烈的德国和瑞典，体操最先走出学校范围，形成了影响最大的两个体操体系，即德式体操和瑞典体操。它们同英国户外运动一起，成为近代体育三大基本组成部分，这“三大基石”逐渐发展，成了现代体育活动的主要内容。

当欧洲大陆还处于资产阶级的革命风暴之中时，英国已接近完成工业革命，席卷西欧的军国民族主义浪潮对英国社会没有多少影响，英国也没有为军事目的推行体操的迫切需要。此外，人们对刻板的体操并不感兴趣，而稳定的环境、和平的生活有利于户外活动的开展，生活水平的提高及工作时间的缩短，使得英国人也有条件参加户外运动。英国户外运动的内容主要有狩猎、钓鱼、旅游、登山、划艇、帆船、游泳、跑步、跳高、跳远、投掷重物、足球、高尔夫球、曲棍球、网球、橄榄球等。随着资本主义的扩张，英国的户外运动项目传播到了世界各地。

19世纪初，近代体育开始从欧洲传播到世界各地。这种传播大致有以下几种情况：第一类是以欧洲移民为主要渠道，如美洲和澳大利亚的近代体育就是这样发展起来的；第二类是通过改革走上资本主义道路的国家，如俄国和日本等，一般是在教育改革的同时积极推行近代体育，同时对传统体育进行适当的改造；第三类是在那些殖民地、半殖民地的国家中，近代体育的传播通常是帝国主义文化侵略的一部分，近代体育的形成往往伴随着新旧文化的长期斗争，并和这些国家的民族解放斗争交织在一起。

20世纪50年代以来，体育发展进入了一个新的阶段。无论是在群众性的身体锻炼活动方面、学校体育方面，还是以提高运动技术水平为主的竞技运动方面，都有长足的进展。

在物质文明和科学技术飞跃发展的现代社会，体育愈来愈成为全社会的需要，成为人民生活的需要。日新月异的现代科学使人们能够不断地以最少的人力、物力和较短的时间创造巨大的财富。在物质生活越来越丰富的同时，人们必然要求有更多更好的精神、文化生活，包括体育娱乐活动等。发达国家也为人们参加体育锻炼创造了优越的物质条件。有的国家在法律上规定，凡建造居民住宅区必须有一定的体育场地和体育设施。许多企业也增设体育设施，鼓励职工进行体育锻炼。另外，生产和生活中的电气化、自动化程度越来越高，体力活动越来越少，其结果是出现了现代社会的“文明病”，如心血管系统疾病、肥胖症等。在某些生产部门，由于劳动分工愈来愈细，某些工种的劳动极度紧张，形成身体局部的过度负担和疲劳，出现各种“职业病”。对这类疾病最好的防治办法就是体育锻炼。在一般情况下，人们的物质生活越丰富，体育的普及程度也就相应地越高。生产效率的提高，工作时间的减少，余暇时间的增多，为体育发展提供了时间保障。紧张的现代生活要求人们通过余暇消遣和娱乐来恢复体力和脑力，这样就形成了体育娱乐化的趋势。随着人们追求高质量的生活，体育已成为贯穿人们一生的生活内容，伴随而来的是体育终身化的趋势。追求少年儿童的健康聪颖、中青年的精力充沛和老年的健康长寿，已成为世界潮流，家庭和个人用于体育方面的消费和支出在稳步上升。此外，妇女体育的突飞猛进也成为现代体育的一大热点。20世纪60年代后，随着体育科学研究对女性生理特点认识的不断深入，女子不断进入一些传统上被认为只属于男子的运动领域。

学校体育是体育事业的基础，学校体育可使青少年体格强健、身心健康，学生通过学习锻炼身体的基本知识和技能，可以养成终身体育锻炼的兴趣和习惯。学校体育在发现、培养和输送竞技体育人才方面作用突出，世界上许多国家不仅提高了体育在整个教育中的地位，而且普遍增加体育课时。在大多数发达国家，中小学体育课一般每周为3学时，有的甚至达到5学时。有的国家不仅规定体育为必修课，而且还规定体育不及格不能升学或毕业。1961年，日本制定了《体育振兴法》，实施以来成效卓著，主要内容就是通过加强学校体育，增强青少年的体质以提高整个国民的体质健康水平。在美国，中小学体育是培养奥运会选手和职业运动员的主要渠道。新中国成立后，党和政府也把学校体育当作发展体育运动，增强人民体质的战略任务来对待。

现代竞技体育不断向着国际化和高水平的方向发展，国际体育竞赛吸引着成千上万的群众，它所产生的影响深远而全面。随着竞技项目的不断增加，参加的国家、地区和人数也越来越多，从而促进了运动技术水平的迅速提高。1896 年，近代奥林匹克运动会正式开始，第 1 届雅典奥运会只有 9 个大项，14 个国家和地区的 311 名运动员参加，到 2021 年第 32 届东京奥运会，增加到 33 个大项、339 个小项，206 个国家和地区的 11600 多名运动员参加。现代竞技体育除奥运会外，还有各大洲的综合运动会，世界大学生、中学生运动会，各个单项世界锦标赛或世界杯赛及名目繁多的大奖赛、邀请赛等。每年举行的国际的、洲际的、地区的运动竞赛有几千次，几乎每天都有令人瞩目的具有国际影响的体育赛事。伴随着现代高科技对体育领域的渗透，世界运动技术水平不断提高，国际运动竞赛的争夺也愈来愈激烈。体育竞赛成绩每 1 分、1 秒、1 公斤、1 厘米的提高，都包含着众多运动员、教练员及科研团队的艰辛努力。有不少项目在十几年甚至几十年中间，才出现一个新的世界纪录。到 20 世纪 80 年代，许多项目提高到了必须改变计算方法才能计算出成绩的程度。田径、游泳、竞技体操和球类等各项运动成绩的不断提高，说明人类的体质、体能都有了很大的发展。此外，职业化和商业化对现代竞技体育带来的影响越来越明显。1984 年，洛杉矶奥运会开创了民间集资办奥运的先河，现代体育在商业化的道路上进入了一个崭新的阶段。尽管有条件地允许职业运动员参加奥运会是对体育业余原则的挑战，但职业化和商业化的程度进一步提高将成为未来竞技体育发展的重要特征之一。

20 世纪初，人们开始把体育作为一门科学来研究。体育科学有着广泛的研究范围，它不仅研究人体的生长、发育、发展，挖掘人的潜能，还研究体育所涉及的广泛的社会问题。体育科学不仅涉及哲学、历史学、经济学、社会学、教育学等社会科学，而且也涉及医学、生物化学、生物力学等自然科学。随着 20 世纪科学和技术的发展，现代科学在体育应用上更为广泛。教练员可以利用电子计算机制订科学的训练计划，包括每天最佳的训练量和训练强度。录像机、高速摄影机可以用来分析运动员的技术动作。心率、心电、肌电的遥测，对于了解运动员在训练过程中的生理变化，掌握适当的运动量有十分重要的作用。世界各地举行的体育比赛，都能通过通信卫星在第一时间转播到全世界。1976 年蒙特利尔奥运会曾利用人造地球卫星、电脉冲、激光束等科学手段，仅用半秒钟的时间就把在希腊奥林匹亚点燃的“圣火”送到了万里之外的蒙特利尔。在场地器材方面，如塑胶全天候跑道、人工草皮、玻璃钢竿等的应用，都极大地促进了竞技体育运动的发展和运动技术水平的提高。

2. 我国体育的发展

（1）我国古代体育发展简况

同其他文明一样，我国的体育在古代曾经极为蓬勃，并且形成了独具特色的内容体系。在狩猎和战争中具有重要意义的射箭备受推崇，夏商时期，习射流行于上层和民间，并且视等级不同规定了 4 种射箭的礼仪，随后的“六艺”中，“射”和“御”就占有重要的地位。

春秋战国时期，军事体育蓬勃开展起来。出于战争的需要，许多国家都训练士兵奔跑、跳跃、投石等技能。当时的拳术称为“拳勇”或“手搏”，管仲在齐国为相时，就大力提倡武术，一时有“齐人隆技击”之说。剑的使用在当时也非常盛行，它既是防身和近战的武器，又是尚武的标志和装饰品。吴越之剑以锋利、精巧著称，干将、莫邪、欧冶子等铸剑大师都极负盛名。当时击剑之风的盛行程度恐怕不亚于现代人对足球的喜爱，

“昔赵文王喜剑，剑士夹门而客三千余人，日夜相击于前，死伤者岁百余人，好之不舍”（《庄子·说剑》）。最著名的击剑大家大概是越国的一位女剑客，她滔滔不绝地对越王论述御剑之道，见地十分精辟，说明当时的剑术已经发展到很高的水平。

此外，弓弩、举鼎、竞渡、秋千、飞鸢（风筝）、围棋、象棋、六博棋（今已失传）等都是开展得很普遍的体育项目。游泳一词也在《诗经》中出现：“就其深矣，方之舟之；就其浅矣，泳之游之。”什么是“泳”和“游”呢？古代的解释是：潜入水下叫作“泳”，浮在水面称为“游”，足见当时的游泳已有不同的技巧。著名的蹴鞠（也称蹋鞠）在当时也已经开展起来，可以视为后来发展为世界第一运动——足球的前身。

到了汉代，最流行的便是蹴鞠和百戏，民间和宫廷中都不乏好手，武帝、元帝、成帝等皇帝都是酷爱踢球之人。三国时的曹操，身边总带着一个踢球的高手，以便随时观看表演或共同切磋一下球艺。东汉时期开始有了比较完备的竞赛制度，规定了球具、场地、裁判、规则和体育道德等方面的内容，可惜这方面的专著已经失传，目前仅能从其他文字记载中了解其大概。

魏晋南北朝至唐代，以往的体育项目进一步完善，如围棋从17道改为19道，棋手大量出现，高手闻名遐迩，比赛交流不断。一些新兴的体育项目更是受到普遍欢迎，如击鞠（马球），经唐代几位皇帝身体力行的提倡而风行一时。武举制的创立和少林武术的崛起，对军事体育和民间武术的发展起到巨大推动作用。宋元时期，随着市民阶层的出现，民间娱乐性体育活动开展起来，相扑、捶丸（类似现在的高尔夫球）等都流行起来。

我国古代体育的成熟期在明代和清代，以武术的空前发展为标志。“内家”和“外家”各自形成了自己的全套体系，将中国文化中的儒、道、释精神深深地植入其中，最终成为中华武术的奇葩。比较遗憾的是，流行了上千年的蹴鞠和击鞠，在这个时代急剧衰退，以至于使中国古代球类运动未能延续到现代。与此同时，西方的现代足球开始在英国创立并逐渐走向世界。由于清朝统治者来自北方的游牧民族，冰嬉活动在当时的关内逐渐流行起来，清代的冰上踢球、高坡滑冰等，在当时来说还是举世无双的。

中国古代的体育活动丰富多彩，许多项目都曾达到很高的水平。但是由于近代文明的落后，反映民族活力和精神面貌的体育也大大落伍了，只是在新中国成立以来，尤其是改革开放以后，中国的体育才逐渐兴盛起来。

（2）近代中国体育的发展

1840年鸦片战争爆发，西方列强用坚船利炮轰开了中国闭关自守的大门，并通过一系列侵略战争，迫使清朝政府签订了许多的不平等条约。为了抵御外侮和镇压农民起义，在封建统治者中出现了主张改革内政、学习西洋、“师夷长技以制夷”的洋务派，掀起了一场力图兴办工业、创设学堂、编练新军的洋务运动，企图挽救封建王朝的覆灭。洋务派提出“中学为体、西学为用”的教育方针，在兴办水师学堂和武备学堂中传授“西艺”，引进英式、德式兵操训练新军，这样就使包括单双杠、木马等器械体操在内的西方兵操系统传入我国，对我国现代体育的兴起和产生起到了先导作用。洋务派虽然有其历史和阶级的局限性，但是它终究造就了一个有组织地接受西方体育的机会，开始了我国近代体育的发展。

几乎与此同时，帝国主义为了控制我国的近代政治、经济，加强了对我国的文化教育的侵略。他们派遣大批传教士来到中国，建立教会并创办了很多教会学校，布道讲学，力图控制中国教育事业。在教会学校中，一般都设有体育组织和较好的体育设施，开设体育课，宣传近代体育运动项目，组织早期运动竞赛，并培训体育专业人才，使得田径、体操、球类等体育项目得到较快的开展，客观上促进了我国近代体育的发展。

1898 年，由于严重的民族危机，资产阶级改良派掀起了以保留封建帝制为前提而进行的“戊戌变法”运动。他们提倡西方资产阶级新文化，接受西方的教育思想，提倡近代体育，提倡新体育观，并开始从德、智、体三育的角度来认识和介绍西方体育，促成了我国新的体育思想的出现。

1911 年，辛亥革命爆发，推翻了我国两千多年的封建君主专制制度，传播了民主思想。1915 年以后的新文化运动、五四运动，对我国近代体育的发展影响深远，人们开始用科学的观点研究、倡导体育。国民党执政期间，国民政府陆续公布、制定了各级学校的体育规章、条令，颁布了各级学校体育课程标准，使学校体育工作较为规范、系统地开展。

五四运动时期，中国先进知识分子对现代体育思想的发展做出了重要贡献。1917 年，毛泽东以“二十八画生”的笔名，在《新青年》上发表了《体育之研究》的论文。文章针对当时中华民族体质衰弱的状况，正确地解释了体育的含义，阐述了体育与智育、德育的辩证关系和体育的目的、意义、作用及方法。毛泽东深刻揭示了体育的基本原理，大大丰富和发展了我国的体育教育理论。文章指出：“体育者，人类自其养生之道，使身体平均发达，而有规则次序之可言者也。”“体育一道，配德育与智育，而德智皆寄于体。无体是无德智也。”“体者，为知识之载而为道德之寓者也。其载知识也如车，其寓道德也如舍。体者，载知识之车而寓道德之舍也。”文章还深刻指出：“体育之效，至于强筋骨，因而增知识，因而调感情，因而强意志。筋骨者，吾人之身；知识、感情、意志者，吾人之心。身心皆适，是谓俱泰。故夫体育非他，养乎吾生、乐乎吾心而已。”毛泽东同志的这篇论文是一篇杰出的体育理论著作，至今仍然具有较强的指导意义。

但是，近代体育在旧中国的发展是十分缓慢的。从 1840 年鸦片战争到 1949 年新中国成立以前是中国社会大动荡的时期，我国由一个封建统治的国家变成了半封建、半殖民地的国家。帝国主义列强对中国的侵略和掠夺、国内各路军阀的封建割据及连年不断的战争均导致旧中国政治、经济落后，人民生活贫困，广大人民体质下降，被扣上了“东亚病夫”的帽子。体育运动只是极少数人消遣娱乐的手段，一些社会团体和人士，虽然热心于提倡体育运动，有的提出“体育救国”，有的提倡发展国术（武术）以振奋民心，但受到各种条件的限制，很难发挥作用。中国在很长一个时期内，除学校中有体育课的安排外，整个体育事业的发展十分缓慢。人民体质较弱，运动技术水平低下，在世界体育竞赛中默默无闻，已远远落后于世界上大多数国家了。旧中国先后参加了第十、十一、十四届奥运会，但没有一项进入决赛，基本上在预赛阶段就被淘汰。

（3）现代中国体育的发展

1949 年中华人民共和国成立以后，体育成为国家建设事业的组成部分，并且被当作改善人民健康状况、增强人民体质的重要手段。在国家的统一规划下，全国的体育事业有领导、有计划、有步骤地发展起来。党和国家十分关心人民群众的身体健康，毛泽东主席亲自题词“发展体育运动，增强人民体质”，为新中国的体育事业指明了前进方向。伴随着中国经济、社会发展的不同阶段，全国掀起了一个又一个群众体育的高潮，出台了一系列群众体育和学校体育发展的政策、制度和规划，比如准备劳动与卫国体育制度（简称劳卫制）、国家体育锻炼标准制度、大学生体育合格标准制度、学生体质健康标准制度、全民健身计划、国民体质监测制度、社会体育指导员制度、学校体育工作条例、学校卫生工作条例等。这些政策和措施，都与一定历史时期的经济发展水平、社会背景、管理体制相适应，具有鲜明的时代特征。我国群众体育取得的巨大成就及党和政府对群众体育的巨大关注和投入，得到了国际社会的高度赞赏。1995 年，全国人大常委会通过《中华人民共和国体育法》，体育事业被纳入法治轨道。同年，国务院颁布《全民健身计划纲要》，促进了群众性体育运动普及化，增强了人民体质，形成了良好的体育氛围。特别是近年来，在党和政府的关怀下，根据《全民健身计划纲要》，有计划、有步骤地实施“全民健身工程”，取得了丰硕的成果，受到了人民群众的欢迎。体育与其他工作相配合，使城乡人民的健康水平显著提高，人民的平均寿命比中华人民共和国成立以前的 35 岁，延长了一倍多，达到 77 岁，接近中等发达国家水平。

我国在广泛开展群众性体育运动的基础上，努力提高运动技术水平，鼓励运动员攀登世界体育高峰。为此，国家有计划地创造和建立为提高运动技术水平服务的各种物资设备，组织训练运动队伍参加国内外体育竞赛。优秀运动员的培养，其基础在学校，特别是中小学把有体育才能的青少年组织到业余体育学校中接受专门训练，进一步发现和培养优秀的运动人才，并分别吸收他们到省市代表队和国家队。新中国成立 70 多年来，我国召开了 14 届全国运动会，9 届大学生运动会和多次全国少数民族运动会、农民运动会、城市运动会、青少年运动会。这些运动会的召开，对提高我国运动技术水平和群众体育的广泛开展起到了极大的推动作用。随着我国在国际奥委会合法席位的恢复，中国运动员全面登上世界体育舞台，在亚运会、奥运会等一系列重大的国际和世界比赛中，不仅创造了优异成绩，而且表现出良好的精神面貌和新的体育道德风尚，在世界上得到好评。改革开放以来，中国竞技体育在举国体制的支撑与保障下迅速崛起，取得了辉煌的成就，特别是在 2008 年北京奥运会上，中国体育健儿共获得 51 枚金牌，21 枚银牌，28 枚铜牌，金牌数列世界第一，成绩令全球瞩目。

随着改革开放的深入，在新的历史时期里，我国制定了以奥运会为最高层次的竞技体育发展战略和以全民健身为基础的群众体育发展战略。奥运战略和全民健身战略是我国体育发展总体战略的重要组成部分，必将把我国的体育运动推向一个新阶段。

（三）体育的功能

体育的功能是指体育系统所具有的作用、行为、能力和功效等。

1. 体育的交流功能

体育运动能增强人与人之间的交流和交往，是促进友谊和增强团结的重要手段。通过体育活动，能够增进人们的情感交流，增加人与人之间的相互了解，改善人际关系，共同创造和谐文明的社会环境。国际体育交往，还能够促进国家之间、不同民族之间的相互了解和相互信任，有利于人类社会的和平与发展。

2. 体育的经济功能

体育是人的活动，特别是体育成为一种很多社会成员参加的经常性活动后，总是在一定的物质消费的基础上进行的，必然要消耗一定的人力、物力和财力。因此，与体育活动相关的服装、器材、装备和体育场地设施等就会随之产生，体育服务等社会行业就必然会出现。特别是在现代社会，体育中的很多内容已经发展成为人类社会的第三产业，在社会经济生活中发挥着越来越大的作用。许多国家的政府还出台了体育产业发展纲要等政府文件。这些都充分说明了体育的经济功能和作用。

3. 体育的教育功能

体育是学校教育的一个重要组成部分，是教育的一个重要手段和方面。几乎所有国家都把体育作为教育的内容之一。体育在培养人们健康、合理的生活方式，培养集体主义精神、爱国主义精神、吃苦耐劳、顽强拼搏精神等方面有着重要作用。

4. 体育的娱乐功能

体育运动能得到广大社会成员的喜爱，一个重要原因是体育与文化、艺术等活动一样具有较强的娱乐功能。人们在体育运动的过程中能体验到乐趣和快感，因而它也成为人们娱乐的一种形式。

此外，体育还具有政治功能、对外交往功能、科学研究功能等多种派生功能。体育的派生功能和体育的独特功能一样，在人类发展和社会进步中起着重要的作用，同时也促进了体育运动本身在人类社会中的不断发展。体育的功能随着社会发展和体育本身的发展也会不断地变化和发展。正确认识和深入研究体育的功能和作用，有助于了解体育在人类社会中的作用和充分地发挥体育的不同功能，使体育更好地为人类社会进步和发展服务。

第二节　奥林匹克运动与体育精神

一、奥林匹克运动

现代奥林匹克运动是国际奥林匹克委员会主办的世界综合性运动会，每4年一届，是世界上规模最大、水平最高的运动会。

（一）奥运会的由来

奥林匹克最早是古希腊的一种宗教仪式，后来逐渐演变成体育活动，当时的比赛项目有五项全能（包含铁饼、标枪、跳远、赛跑和摔跤）、赛跑、拳击、摔跤、拳击角力（拳击和摔跤的混合运动）、四轮马车赛跑和骑马。希腊人于公元前776年规定，每4年在奥林匹亚举办一次运动会。运动会举行期间，全希腊选手及附近百姓相聚于奥林匹亚这个希腊南部的风景秀丽的小镇。所以，公元前776年的古代奥林匹克运动会就正式载入史册，成为古代奥运会的第1届。当时仅有一个比赛项目，即距离为192.27米的场地跑，多利亚人克洛斯在比赛中取得冠军。后来，古希腊运动会的规模逐渐扩大，成为显示民族精神的盛会。比赛的优胜者可获得月桂、野橄榄和棕榈编织的花环。从公元前776年开始，到公元394年止，历经1170年，共举行了293届古代奥运会。公元394年，奥运会被罗马皇帝禁止。

1875—1881年，德国库蒂乌斯人在奥林匹克遗址发掘了出土文物，引起了全世界的兴趣。为此，法国教育家顾拜旦男爵认为，恢复古希腊奥运会的传统，对促进国际体育运动的发展有着十分重大的意义。在他的倡导与积极奔走下，1894年6月，在巴黎举行了首次国际体育大会。国际体育大会决定把世界性的综合体育运动会叫作奥林匹克运动会，并于1896年在雅典举行第1届现代奥运会，以后每4年一次，轮流在各会员国举行。

到2022年，已经举行了32届夏季奥运会和24届冬季奥运会。

从古代奥运会到现代奥运会，奥运会已经走过了几十个世纪。不管世事如何变迁，不管举办地、参赛选手等因素的改变，奥林匹克的精神始终没有改变。在今天，奥林匹克宗旨、奥林匹克主义和奥林匹克精神都已深入人心，代表着世界五大洲人民的奥运五环旗也始终飘扬在蔚蓝色的天空下。

（二）国际奥委会

1894年成立的国际奥委会是一个国际性的、非政府性的、非营利性的组织，是领导奥林匹克运动和决定一切有关问题的最高权力机构。它的总部设在瑞士的洛桑。国际奥委会设主席1人，副主席4人。主席从委员中选举产生，一般任期8年，连选可再任4年。

（三）奥运会的宗旨与原则

1. 奥林匹克运动会的宗旨

（1）以竞技运动为基础，促进人类身心的健全发展。

（2）通过运动竞赛方式教育青年，建立彼此间的友谊和了解，以创造更幸福与和平的世界。

（3）在世界各地推广奥林匹克原则，以增进国际友谊。

（4）集合全世界的运动员，参加4年一度的奥林匹克运动会。

2. 奥林匹克运动会的基本原则

（1）届次及会期。每4年举行1次，自1896年首次在雅典举行第1届开始计算。如不能如期举办，届次照算，并不得延至另一年计算。这也是为了尊重古代奥运会的传统。

（2）公平竞争。奥运会的竞赛应公正与平等，不容许因种族、宗教或政治等因素对任何国家奥委会或个人有所歧视。

（3）个人的竞赛。奥运会是个人及团队间的运动竞赛，而不是国家与国家间的竞赛，故国际奥委会仅公布运动员个人的名次及成绩，并不承认各国奥委会所得的团体积分或奖牌的累计等统计数字。

（4）凡因举办奥运会所得的任何盈余，均应使用于提倡奥林匹克活动或发展体育。

（5）国际奥委会对于优胜运动员，着重于荣誉的表扬及精神鼓励，颁发前3名个人的金、银、铜奖牌，不再发给任何物质的奖励，以符合奥林匹克精神。

（四）奥林匹克运动会的仪式与规定

1. 主要仪式

奥林匹克的主要仪式可分为：开幕典礼、颁奖仪式、闭幕典礼。

2. 会旗、会徽

国际奥委会有自己的会旗。旗为白底无边，中央有5个相互套连的圆环，即我们所说的奥林匹克环。环的颜色自左至右为蓝、黄、黑、绿、红（也可用单色绘制）。五环为奥林匹克会徽（图1-1）。历届奥运会开幕式上都有会旗交接仪式。由上届奥运会主办城市的代表将旗交给国际奥委会主席，主席再将旗递交当届主办城市的市长。然后将旗帜保存

图1-1 奥林匹克会徽

在市府大楼4年，再送交下一届主办城市。当届奥运会升在运动会主会场上空的旗帜是一面代用品。

奥林匹克宪章规定，“奥林匹克五环”是奥林匹克运动的象征，是国际奥委会的专用标志，未经国际奥委会许可，任何团体或个人不得将其用于广告或其他商业性活动。

3. 会歌

1958年，国际奥委会在东京举行的第55次全会上，正式确定古希腊的《奥林匹克颂歌》为奥林匹克会歌，由希腊人萨马拉斯作曲，帕拉马斯作词。歌词内容如下：

古代不朽之神，美丽伟大而正直的圣洁之父，祈求降临尘世以彰显自己，让受人瞩目的英雄在这大地苍穹中，作为你荣耀的见证。

请照亮跑道、角力与投掷项目，这些全力以赴的崇高竞赛，把常青树编成的花冠赠给优胜者，塑造出钢铁般的躯干。

溪谷、山岳、海洋与你相映生辉，有如一块色彩斑斓的岩石建成这巨大的神殿，世界各地的人们都赶到这里，膜拜你。

啊，永远不朽的古代之神！

4. 格言

奥林匹克格言，也称奥林匹克座右铭或口号，是奥林匹克运动宗旨之一。为了宣传奥林匹克精神、鼓励参赛运动员，由顾拜旦提议，1913年经国际奥委会批准，将“更快、更高、更强”作为奥林匹克格言。2021年，奥林匹克格言在“更快、更高、更强”之后正式加入“更团结”，这是奥林匹克格言108年来首次更新。

5. 信念

“参与比取胜更重要”是奥林匹克运动广为流传的名言，是奥林匹克的信念。这是顾拜旦于1908年，在伦敦举行第4届奥运会期间于英国政府举行的招待宴会上发表重要讲话时，所引用一位大主教的一段话：“对奥林匹克运动会来说，参与比取胜更重要。”

6. 誓词

在奥运会的开幕式上，一般由主办国的著名运动员宣读誓词。1968年起，冬、夏季奥运会又增加了裁判员宣誓。

7. 火炬、圣火

在奥运会上，点燃圣火的仪式已成为开幕典礼的高潮。历届的奥运会均十分重视奥林匹克圣火点燃仪式及奥运会火炬传递接力活动，并不断地翻新花样。同时，通过传播媒体告诉世人，奥运会即将到来。当火炬自古奥林匹克传递到开幕式的大会场上，在圣火台上点燃火焰时，全场观众在欢呼声与掌声中伴着兴奋而激动的情绪，拉开奥运会的序幕。

8. 奥运会奖牌

奖牌分金、银、铜三色，圆形，直径至少为60毫米，厚为3毫米，上有一女神像。

9. 奥运会举办期限

从1932年开始，国际奥委会规定，夏季奥运会的时间一般不得超过16天，冬季奥运会的时间不得超过12天。

10. 现代奥运会运动竞赛项目的设置

为了使奥运会在项目的设置上符合世界体育运动的发展，国际奥委会规定，每一届夏季奥运会至少应包括下列大项目中的15个才能举行。1963年，国际奥委会确定了这些夏季奥运会大项目的比赛顺序：田径、游泳、摔跤、体操、举重、曲棍球、马术、击剑、赛艇、拳击、射击、现代五项、帆船、篮球、皮划艇、自行车、足球、排球、射箭、手球、柔道，共21项。

1972—1984年，奥运会比赛大项一直固定为21项。第24届奥运会则有历史性的突破，增加了乒乓球、网球两大项目，使夏季奥运会的大项目达到23个，单项数达237个，其中男子占151个，女子占72个，男女混合项目为14个。自第25届起，被列入奥运会正式比赛项目的批准条件是：夏季奥运会男子项目至少要在4大洲75个国家广泛开展。女子项目至少要在3大洲40个国家广泛开展。

（五）历届夏季奥林匹克运动会简况

历届夏季奥林匹克运动会简况见表1-1。

表1-1　历届夏季奥运会简况

届次	时间	国家	城市	国家地区数	运动员数	项目数	单项数	金牌数前三名
1	1896	希腊	雅典	14	311	9	43	美、希、德
2	1900	法国	巴黎	24	1225	18	95	法、美、英
3	1904	美国	圣路易斯	13	689	17	91	美、古、德
4	1908	英国	伦敦	22	2035	22	110	英、美、瑞典
5	1912	瑞典	斯德哥尔摩	28	2547	14	102	瑞典、美、英
6	1916	因第一次世界大战取消						
7	1920	比利时	安特卫普	29	2669	22	154	美、瑞典、英
8	1924	法国	巴黎	44	3092	17	126	美、芬、法
9	1928	荷兰	阿姆斯特丹	46	3014	14	109	美、德、芬
10	1932	美国	洛杉矶	37	1408	14	117	美、意、法
11	1936	德国	柏林	49	4066	19	129	德、美、匈
12	1940	因第二次世界大战取消						
13	1944	因第二次世界大战取消						
14	1948	英国	伦敦	59	4099	17	136	美、瑞典、法
15	1952	芬兰	赫尔辛基	69	4925	17	149	美、苏、匈
16	1956	澳大利亚	墨尔本	72	3184	17	145	苏、美、澳
17	1960	意大利	罗马	83	5348	17	150	苏、美、意
18	1964	日本	东京	93	5140	19	163	美、苏、日
19	1968	墨西哥	墨西哥城	112	5530	18	172	美、苏、日
20	1972	德国	慕尼黑	121	7173	23	195	苏、美、民德
21	1976	加拿大	蒙特利尔	92	6028	21	198	苏、民德、美

续表

届次	时间	国家	城市	国家地区数	运动员数	项目数	单项数	金牌数前三名
22	1980	苏联	莫斯科	80	5217	21	203	苏、民德、保
23	1984	美国	洛杉矶	140	6797	21	221	美、罗、西德
24	1988	韩国	汉城	159	8465	25	237	苏、民德、美
25	1992	西班牙	巴塞罗那	169	9367	28	257	独联体、美、德
26	1996	美国	亚特兰大	197	10318	26	271	美、俄、德
27	2000	澳大利亚	悉尼	199	10651	27	300	美、俄、中
28	2004	希腊	雅典	202	11099	28	301	美、中、俄
29	2008	中国	北京	204	11438	28	302	中、美、俄
30	2012	英国	伦敦	205	10500	26	302	美、中、英
31	2016	巴西	里约热内卢	207	10500	28	306	美、英、中
32	2021	日本	东京	206	11669	33	339	美、中、日

二、中国与奥林匹克运动

1913 年，由中国、日本、菲律宾发起，在菲律宾马尼拉举行首届远东奥林匹克运动会（后改称远东运动会）。

1922 年，王正廷被选为国际奥委会第一位中国委员。

1928 年，中国派宋如海观摩第 9 届夏季奥运会。

1932 年，中国第一次正式派选手刘长春参加奥运会（第 10 届夏季）比赛。

1938 年，国际奥委会第 38 届全会于埃及开罗召开，中国代表在会上抗议日本发动侵华战争，破坏世界和平，要求取消日本东京、札幌 1940 年夏季、冬季奥运会主办权。

1939 年，国际奥委会第 39 届全会于伦敦召开，孔祥熙当选为国际奥委会中国委员。

1947 年，国际奥委会第 41 届全会于斯德哥尔摩召开，董守义当选为国际奥委会中国委员。

1948 年，第 14 届夏季奥运会在英国伦敦举行。中国派出了 33 名男运动员参加篮球、足球、田径、游泳、自行车 5 个项目的比赛。

1949 年，中华全国体育协进会改组为中华全国体育总会（中国奥委会）。1952 年第 15 届夏季奥运会在芬兰赫尔辛基举行。中国派出运动员 26 人，参加游泳、篮球、足球比赛。代表团到达赫尔辛基时运动会已近尾声，仅吴传玉一人参加了游泳（100 米仰泳）预赛。

1956 年，中华全国体育总会发表声明，宣布不参加第 16 届夏季奥运会。中国台北派出 21 名男运动员，参加了田径、举重、射击、篮球、拳击项目的比赛。

1958 年，中国奥委会被迫中断与国际奥委会的关系。

1960 年，第 17 届夏季奥运会在意大利罗马举行。中国台北派出 47 名运动员，参加了田径、游泳、射击、足球、篮球和拳击项目的比赛，中国台北运动员杨传广获十项全能亚军，这是本届奥运会亚洲获得的唯一一枚田径奖牌，是中国获得的奥运会第一枚奖牌。

1964 年，第 18 届夏季奥运会在日本东京举行。中国台北派出 55 名运动员参加田径、篮球、举重、射击、自行车、体操、拳击、柔道项目的比赛。

1968 年，第 19 届夏季奥运会在墨西哥首都墨西哥城举行。中国台北派出 43 名运动员参赛，纪政在 80 米跨栏比赛中获得铜牌，为中国女子取得首枚奥运会奖牌。

1970 年，国际奥委会第 70 届全会于荷兰阿姆斯特丹举行，中国台北的徐亨当选国际奥委会委员。

1972 年，第 20 届夏季奥运会在德国慕尼黑举行。中国台北派出 63 名运动员参加田径、游泳、举重、射击、自行车、射箭、摔跤、柔道、拳击和帆船项目的比赛。

1979 年 10 月 25 日，国际奥委会执委会会议在日本名古屋召开，通过承认中国奥委会为全国性奥委会、恢复中国在国际奥委会合法席位的决议。11 月 26 日，国际奥委会于洛桑宣布，经国际奥委会全体委员表决，批准执委会名古屋会议有关中国代表权的决议。中国奥委会是中国全国性组织，中国台北地区以中国台北奥委会名称，使用经国际奥委会批准的新旗、歌、徽参加奥林匹克活动。

1980 年 2 月 13—24 日，第 13 届冬季奥运会于美国普莱西德湖举行，中国首次派选手参赛。第 22 届夏季奥运会于苏联莫斯科举行，中国未派队参赛。

1981 年 9 月 27 日至 10 月 3 日，国际奥委会第 84 届全会召开，何振梁当选为国际奥委会中国委员。

1983 年，中国荣高棠获奥林匹克银质勋章。

1984 年，第 23 届夏季奥运会在美国洛杉矶举行，中国奥委会和中国台北奥委会均派队参赛，这是海峡两岸运动员首次在夏季奥运盛会中相逢。中国奥委会派出 225 名男女运动员参加了 16 个大项的比赛。中国射击运动员许海峰夺得本届奥运会的第一枚金牌，实现了中国在奥运会中金牌零的突破。中国大陆代表团在本届奥运会上共获得 15 枚金牌、8 枚银牌和 9 枚铜牌，金牌数位列第 4 位。中国钟师统获奥林匹克银质勋章。

1986 年，中国副总理万里获奥林匹克金质勋章，黄中获奥林匹克银质勋章。中国奥委会获奥林匹克杯。

1987 年，李梦华获奥林匹克银质勋章，陈镜开获奥林匹克铜质勋章。

1988 年，中国台北吴经国当选为国际奥委会委员。第 24 届夏季奥运会在韩国汉城举行，中国派出 301 名运动员参加 21 个大项目的比赛，获得 5 枚金牌、11 枚银牌和 12 枚铜牌。同年，中国参加在加拿大卡尔加里举办的第 15 届冬季奥运会，无一人进入前 6 名。

1989 年，何振梁当选为国际奥委会副主席。《奥林匹克宪章》中文译本出版。

1990 年，陈先、路金栋、宋中获奥林匹克银质勋章。中国成功地举办了第 11 届亚洲运动会。

1991 年，中国北京 2000 年奥运会申办委员会成立。

1992 年，第 16 届冬季奥运会于法国阿尔贝维尔举行，叶乔波获女子 500 米、1000 米速滑银牌，李琰获女子 500 米短道速滑银牌。第 25 届夏季奥运会于西班牙巴塞罗那举行，中国派出 251 名运动员参加了 20 个项目的比赛，中国台北有 37 名运动员参加 7 个项目的比赛。中国大陆代表团获得 16 枚金牌、22 枚银牌、16 枚铜牌。中国奥林匹克学会成立。

1993 年，第 1 届东亚运动会于中国上海举行。国际奥委会主席萨马兰奇于北京授予伍绍祖、张百发、张彩珍等人奥林匹克银质勋章。奥林匹克博物馆新馆在洛桑落成，中国的体育美术展品被选为永久展品。中文版《奥林匹克理想——顾拜旦文选》一书出版。

1994 年，第 12 次国际奥林匹克大会在法国巴黎贝尔西体育馆举行。国家体委主任伍绍祖、中国奥委会主席何振梁出席了这次大会。何振梁再次当选为国际奥委会执行委员。第 17 届冬季奥运会于挪威利勒哈默尔举行，中国获 1 枚银牌、2 枚铜牌。

1996 年，吕圣荣在美国亚特兰大举行的国际奥委会第 105 次全会上，当选为国际奥委会中国委员。她是中国第一位担任国际单项体育组织（羽毛球）主席和国际奥委会委员的女性。第 26 届夏季奥运会在美国亚特兰大举行。中国派出 309 名运动员，中国在本届奥运会 4 破世界纪录，获得 16 枚金牌、22 枚银牌、12 枚铜牌，保持了金牌和总成绩第四的成绩。

1997 年，国际奥委会主席萨马兰奇宣布香港将以“中国香港”的名义参加奥运会。

1998 年，第 18 届冬季奥运会在日本长野举行，中国获得 6 枚银牌、2 枚铜牌。中国申办 2001 年世界大学生运动会，并成功获得举办权。北京再次提出申办 2008 年奥运会的要求。

1999 年，中国奥委会批准、支持北京申办 2008 年奥运会。

2001 年 7 月 13 日，通过激烈的竞争，北京以 56 票赢得 2008 年第 29 届夏季奥运会主办权。

2008 年 8 月 8 日，第 29 届奥林匹克运动会在北京胜利召开，中国队获得 51 枚金牌、21 枚银牌、28 枚铜牌，位于金牌榜榜首，取得了历史最好成绩。

2012 年，第 30 届夏季奥运会在英国伦敦举行，中国队获得 38 枚金牌、27 枚银牌、23 枚铜牌，金牌数位列第二。

2016 年，第 31 届夏季奥运会在巴西里约热内卢举行，中国队获得 26 枚金牌、18 枚银牌、26 枚铜牌，金牌数位列第三。

2021 年，第 32 届夏季奥运会在日本东京举行，中国队获得 38 枚金牌、32 枚银牌、18 枚铜牌，金牌数位列第二。

三、奥林匹克运动的体育精神

（一）奥林匹克运动的文化内涵

奥林匹克运动与文化的结合，特别是精神文化的结合，是奥林匹克思想体系的基本立足点之一，也是奥林匹克运动的一个突出特征。在奥林匹克主义的表述中，文化被置于与教育同等重要的地位。且不说现代奥林匹克运动会总是伴随着盛大的博览会、艺术表演、观光旅游等文化形式，仅是奥林匹克本身就闪烁着丰富的文化内涵，象征着世界和平、民族团结的五环标志，寓意人类追求光明、理想、不断奋斗进取的圣火传递，恢宏庄严、激情洋溢的开幕、闭幕仪式表演，运动员、裁判员的庄严宣誓，等等，无一不昭示着人类文明进步，展示着奥林匹克文化的繁荣。

正如学者所言，奥林匹克运动实在是一个以奥运会为主线辐射扩展而形成的整体的社会文化现象。的确，奥林匹克运动已不仅仅只是一种体育形式，它是融汇了人类各种文化形式的世界舞台。

（二）奥林匹克运动的教育实质

顾拜旦曾指出：“没有竞技运动的协助，那么教育，尤其是民主的时代教育是不可能良好而完整的。”奥林匹克运动是从现代奥林匹克主义中诞生的一个规模宏大的社会活动，其目的在于通过组织没有任何歧视和符合奥林匹克精神的体育活动来教育青年，从而为建立一个更加和平美好的世界做出贡献。

教育与文化构成了奥林匹克运动的内涵，贯穿于奥林匹克运动发展的始终，其中，奥林匹克主义的教育价值无疑是最为突出的。它丰富了奥林匹克运动的内容体系，弘扬了人类身心和谐发展的主题。顾拜旦对奥林匹克运动发展的健康轨迹和教育内涵给予了明确的态度，包含了如下几层含义：

（1）倡导人的身心全面均衡发展。

（2）倡导体育活动与文化和教育的有机融合。

（3）倡导人生不断进取的奋斗精神。

（4）倡导尊重社会公德，建立积极健康的生活方式。

（三）奥林匹克运动对现代青年的影响

1. 追求身心的全面和谐发展

人是社会发展的主体。今天，人类社会的高速发展带来的高竞争、高压力、快节奏，以及社会角色的多重化，不仅使人们的身体素质下降，而且对人们的精神造成很大的冲击——人情的淡漠、道德水准的降低、社会丑恶现象丛生、人类生存环境的恶化等，无一不向人类的身体、心理和社会道德提出了严峻的挑战。“人的全面和谐发展”成为全人类的共识，成为一个民族的教育为之奋斗的主线。奥林匹克主义正是以实现这一目标作为自己的基本立足点，试图通过奥林匹克运动来解决这一问题。现代社会中，人的片面发展在很大程度上是由生活方式造成的，因此，要使人的身心得到全面的均衡发展，也必须从生活方式入手。通过切实可行的途径，改善人们的生活方式，才能从根本上解决问题。因此，奥林匹克主义明确地宣布它是一种“人生哲学”，旨在创造一种使人全面发展的“生活方式”。奥林匹克主义的中心思想是人的和谐发展，《奥林匹克宪章》明确指出，奥林匹克主义的宗旨是使体育运动为人的和谐发展服务，以促进建立一个维护人的尊严的、和平的社会。可见，奥林匹克运动或体育运动是使人的身心得以全面和谐发展的有效途径，这是现代社会发展的需要，更是现代教育发展的需要。

2. 奥林匹克运动有助于培养大学生的现代意识

（1）贵在过程的参与意识。对“参与比取胜更重要”，顾拜旦引用了这句话后还做了精辟的解释：生活中重要的不是凯旋而是奋斗，其精髓不是为了获胜，而是使人类变得更勇敢、更健壮、更谨慎和更落落大方。它教育青少年应有“胜固可喜，败亦欣然”的豁达胸怀，领悟“生活的本质是奋斗而非索取”的人生真谛。

（2）超越自我、超越他人的竞争意识。竞争无疑是21世纪社会发展的主旋律，是推动人类社会进步的基本形式之一。竞争意识无疑是21世纪人才必须具备的重要心理品质之一。奥林匹克体育赛场的竞争和奋斗是人类奋斗的缩影。要想实现自己的理想，必须有超越自我、超越他人的进取精神，必须有坚韧不拔、百折不挠的奋斗精神，这种品质的培养对青少年在社会中的立足和成长具有长远的意义。

（3）自律、自制的社会规范意识。奥林匹克运动为人类社会构筑了一个公平竞争的公正裁判、规范竞争的模式。这是一个平等得使每一个人都乐于接受，通俗得使每一个人都能够接受的模式。

奥林匹克运动的竞争绝不是无所约束、无所节制的竞争，它向人们展示人类社会应共同遵守的社会规范，展示人类追求正义、公正、平等、民主的社会理念，倡导一种人道礼让的公平精神。尤其在市场经济下，公平、公正更是规范社会行为、维系社会安定、崇尚个人行为、促进社会繁荣的一个非常重要的原则。奥林匹克精神使青少年深深意识到，任何竞争活动都必须符合一定的规则，任何人的竞争都必须具有一定的社会规范化意识。

（4）胸怀世界的全球化意识。奥林匹克运动的活动是持续性的、全球性的，它具有庞大的兼容性，较少地受到狭隘民族和地域的局限，全世界不同国籍、不同肤色、不同语言、不同文化背景的人欢聚一堂，互相交往，只有具有全球化意识，人们才能跳出各自狭小的民族局限，去见识世界的博大宽广，领略各民族的神奇和强大，才能以客观、公正的心态去看待一切事物，鄙弃故步自封、唯我独尊。奥林匹克运动不仅仅是个体的需要，更是全人类的共同需求。大学生正处于一个日益开放的社会，更应时刻具有这种全球化意识，以充分的心理训练和思想准备迎接来自社会乃至全球的挑战。

第三节　高等学校体育教育

一、高等学校体育教育的目的和任务

（一）高等学校体育教育的目的

根据我国的教育方针和教育要面向现代化、面向世界、面向未来的要求，高等学校体育教育的目的是：以身体练习为基本手段，增强学生体质，提高体育能力，培养学生的体育意识，养成自觉锻炼身体的习惯，使之成为身心健康的社会主义现代化事业的建设者和接班人。它的主要内容包括学生的身体培养和心理个性塑造。一方面，高校体育是学校教育的重要组成部分，其目的应与学校教育的总目的相一致；另一方面，高校体育又是体育的一个重要方面，它应该充分体现体育的特点，所以高校体育教育就是以运动和身体练习为基本手段，对大学生肌体进行科学地培育，在提高人的生理机能和心理机能的过程中，达到身心健康、全面发展的教育总目的。为贯彻落实立德树人的根本任务，高等学校体育教育要帮助学生在体育锻炼中享受乐趣、增强体质、健全人格、锤炼意志，提升学生身体素质与健康素养，促进大学生身心健康发展。

（二）高等学校体育教育的任务

根据《全国普通高等学校体育课程教学指导纲要》提出的课程目标，以及《高等学校体育工作基本标准》对高校体育教育的要求，高等学校体育教育的任务主要有以下5个方面。

1. 提高学生的运动参与意识

学生能积极参与各种体育活动并基本形成自觉锻炼的习惯，基本形成终身体育的意识，能够编制可行的个人锻炼计划，具有一定的体育文化欣赏能力。部分学有所长和有余力的学生应形成良好的体育锻炼习惯，能独立制定适用于自身需要的健身运动处方，具有较高的体育文化素养和观赏水平。

2. 提高学生的运动技能

学生能够熟练掌握2项以上健身运动的基本方法和技能，能科学地进行体育锻炼，提

高自己的运动能力，掌握常见运动创伤的处置方法。部分学有所长和学有余力的学生应积极提高运动技术水平，发展自己的运动才能，在某个运动项目上达到或相当于国家等级运动员水平，能参加有挑战性的野外活动和运动竞赛。

3. 促进学生的身体健康

学生能测试和评价体质健康状况，掌握有效提高身体素质、全面发展体能的知识与方法；能合理选择人体需要的健康营养食品，养成良好的行为习惯，形成健康的生活方式，具有健康的体魄。部分学有所长和学有余力的学生能选择良好的运动环境，全面发展体能，提高自身科学锻炼的能力，练就强健的体魄。

4. 促进学生的心理健康

学生能根据自己的能力设置体育学习目标，自觉通过体育活动改善心理状态、克服心理障碍，养成积极乐观的生活态度。运用适宜的方法调节自己的情绪，在运动中体验运动的乐趣和成功的感觉。部分学有所长和学有余力的学生能在具有挑战性的运动环境中表现出勇敢顽强的意志品质。

5. 增强学生的社会适应能力

学生能表现出良好的体育道德和合作精神，正确处理竞争与合作的关系。部分学有所长和学有余力的学生应形成良好的行为习惯，主动关心、积极参加社区体育事务。

二、高等学校体育教育的地位与作用

（一）高等学校体育教育的地位

高等学校体育是整个国家教育的一部分，党的教育方针指出：教育必须为社会主义现代化服务，必须同生产劳动相结合，培养德、智、体、美、劳全面发展的社会主义建设者和接班人。

经国务院批准颁布的《学校体育工作条例》中明确规定：“普通高等学校的一、二年级必须开设体育课。普通高等学校对三年级以上学生开设体育选修课。”又规定：“体育课是学生毕业、升学考试科目。”明确指出体育课是大学生的必修课，确立了体育在教育中的重要地位。高等学校体育的地位首先是由高等教育在社会中的地位所决定的，其次是由体育在培养大学生过程中所起的作用决定的。

（二）高等学校体育教育的作用

1. 对于学生个体的作用

大学时期是青年学生处于完成身体生长发育、心理成熟的重要时期，也是青年学生学习专业基础知识、掌握为社会服务所需技能的重要时期。在青年学生的成长过程中，发挥体育的各项功能，对促进青年学生身体正常发育，使其心理与生理、体能与智能协调发展，增强体质，提高运动能力，养成勇敢、顽强、坚毅的思想品质，培养集体主义和积极向上的精神与完善自身等方面，有着积极的作用，是其他教育所不能替代的。生命是生活的根本，健康是美好生活的保证。高校体育教育使得学生在大学期间通过体育锻炼增强体质、增进心理健康，从而更好地投入学习。这期间形成的终身体育观及获得的体育知识、技能与科学的锻炼方法，也为学生走向社会后继续进行体育锻炼打下基础。

2. 对于高校的作用

健康、精力充沛的学生能更好地投入学习，从而改善学校的学习环境。丰富多彩的体育比赛与体育节不仅丰富了学校的文化生活，而且对形成良好的校风也有重要作用。

同时，学生具有一定的体育文化欣赏能力，能使他们养成健康的生活习惯，远离不良嗜好，这对于建设健康、和谐的校园文化具有不可替代的作用。

3. 对于体育事业的作用

高校体育教育可以让学生掌握基本的体育知识和技能，培养他们的体育文化欣赏能力，从而使更多的学生喜爱体育运动。大学生是祖国的栋梁，有更多的大学生喜爱体育运动，这无论是对全民健身还是竞技体育甚至体育经济，都有很大的带动作用。同时，利用高校教育的优势和大学生高智商、接受能力强、创新意识强等特点，发现和培养那些具有运动禀赋的大学生运动员，提高他们的运动技术水平，为我国培养和输送更多的体育专门人才。

4. 对于构建和谐社会的作用

大学生走向社会后将是各个行业的骨干，他们是构建和谐社会的重要力量。体育锻炼习惯的形成，体育知识、技能和锻炼方法的掌握，使学生在走向社会后能继续科学锻炼身体，保持身体健康，从而精力充沛地投入祖国的建设。通过高校体育教育获得的较好的社会适应能力、健康的心理及一定的体育文化欣赏能力，能让大学生更好地融入社会，有利于建立和谐的人际关系，从而有利于构建和谐社会。

三、高等学校体育教育的基本途径

高等学校体育教育的目标是通过高校体育的各种组织形式来实现的。高校体育教育主要有以下几种基本组织形式：体育课、课外体育活动、课余体育训练、课外体育竞赛和体育文化节。

（一）体育课

《中华人民共和国体育法》明确规定：学校必须开设体育课，体育课是考核学生体育成绩的必有科目。体育课的内容由理论和实践两部分组成。理论课主要传授体育的科学知识，让学生掌握基本体育理论和体育锻炼实践方法，主要以专门的理论课和实践课中教师的专项理论传授为主；实践课以学生的身体练习为手段，发展和提高学生的身体素质与能力，让学生掌握运动的技术与技能，培养学生的锻炼习惯。

体育课是我国高等学校教学计划的重要组成部分，是高校体育教育的中心环节和最基本的组织形式。体育课主要是以实践为主的课程，同时注重理论与实践相结合。教师在运用基本的教学方法和遵循基本的教学原则的同时，要根据体育课的特点和实际的教学条件组织好体育教学。教师的教学示范与学生的练习活动是体育教育的重要载体。体育课还要注重特殊群体学生的健康，对部分身体异常和病、残、弱等特殊群体的学生，开设以康复、保健为主的体育课程。

（二）课外体育活动

课外体育活动是高校体育课的延续和补充。《学校体育工作条例》规定：“普通高等学校除安排有体育课、劳动课的当天外，每天应当组织学生开展各种课外体育活动。”根据学校的实际情况，因人、因时、因地制宜地开展多种形式的课外体育活动，对巩固和提高体育课的教学效果、增强学生体质、提高文化学习效率、丰富校园文化生活、增强集体凝聚力、促进精神文明建设等方面都会起到促进作用。课外体育活动主要包括学生的早操、课外运动训练及课余群体竞赛等组织形式。

（三）课余体育训练

1984年，原国家教委发布了在高校试办高水平运动队的文件，这使高等学校的课余训练迈上了一个新的台阶。大学课余运动训练是利用课余时间，对部分身体素质较好并有某项运动专长的学生进行系统训练的一种专门教育过程，它是高校体育教育的一种重要组织形式。近年来，高校高水平运动队的竞技水平不断提高，推动了学校体育活动的深入开展，极大地促进了校园体育文化的发展。

（四）课外体育竞赛

《学校体育工作条例》规定："学校体育竞赛贯彻小型多样、单项分散、基层为主、勤俭节约的原则。学校每学年至少举行一次以田径项目为主的全校性运动会。"高校体育竞赛活动不仅可以检验学校体育工作，而且可以吸引更多的学生参加到体育活动中来，推动体育活动在更大范围内开展。体育竞赛的竞争性和对抗性培养了学生的集体主义精神，锻炼了学生的意志品质，发展了学生的社会适应能力。体育竞赛能够展现一个学校的精神风貌，促进校际交流，丰富学校的校园文化生活。

（五）体育文化节

体育文化节以其具有的时代特点和独特的表现形式，成为校园文化的重要组成部分。体育文化节一般是结合有意义的节日或重大国际、国内的体育活动，利用体育周或体育日形式，开展的专题性体育主题活动。主要内容包括体育教育和体育锻炼，如体育专题报告、体育讲座、体育知识竞赛、体育表演和体育比赛等。体育文化节的活动能激发学生的体育兴趣，调动学生参与体育锻炼的积极性，对增强学生的体育意识、提高体育素养、扩大知识面、培养综合素质等方面都有重要意义。

思考题

1. 为什么要在我国高等学校开展体育教育？
2. 我国高等学校体育教育的目的和任务是什么？
3. 我国高等学校进行体育教育的途径有哪些？

第二章 体育锻炼的科学原理与方法

第一节 体育锻炼的科学原理及对人体的影响

一、体育锻炼的科学原理

人体是由各器官、系统组成的有机体，进行体育锻炼，增强体质包含着很多的科学规律。

（一）新陈代谢

新陈代谢是生命活动的基本特征，包括合成代谢与分解代谢两个相互联系的方面。机体将摄取的营养物质转化为自身物质，同时吸收能量的过程称为合成代谢，也叫同化作用；机体把自身的物质进行分解，同时释放能量的过程称为分解代谢，也叫异化作用。分解代谢所释放的能量转换为热能、机械能、电能等以维持人体正常的生命活动和生理机能所需要的一切能量。所以，物质代谢必然伴随着能量的转移，这种能量转移称为能量代谢。由此可见，新陈代谢是物质代谢与能量代谢的总和。

（二）体育锻炼的能量供应理论

人体运动时的直接能源来自体内一种特殊的高能磷酸化合物——三磷酸腺苷（ATP）。肌肉活动时，肌肉中的 ATP 在酶的催化下，迅速分解为二磷酸腺苷（ADP）和磷酸，同时放出能量供肌肉收缩。但是人体肌肉内的 ATP 含量有限，只能供极短时间消耗，因此肌肉要持续运动，就需及时补充 ATP。ATP 补充的途径有 3 条，即磷酸肌酸（CP）分解、糖的无氧酵解及糖与脂肪的有氧氧化，生理学上称之为运动时的 3 个供能系统。人体从事的各种不同强度的运动，其能量供应都来自这 3 个供能系统，而发展这 3 个供能系统的方法又各不相同。

1. 磷酸原系统（ATP—CP 系统）

磷酸肌酸（CP）是贮存在肌细胞内的一种高能磷化物，当 ATP 分解释放能后，CP 立刻分解释放以补充 ATP 的再合成，由于这一过程十分迅速，不需要氧气也不会产生乳酸，生理学上将它与 ATP 一道合称为非乳酸系统，又称磷酸原系统。生理学研究证明，全身肌肉中的 ATP—CP 系统供能能力最多只能持续 6~8 秒。因此，这一系统供能能力的强弱主要与瞬时的运动，如 50 米、100 米等短距离跑的绝对速度有关。

2. 乳酸能供能系统

当人体肌肉快速运动持续时间较长后（超过 8~10 秒），磷酸原系统已不能及时供 ATP 补充，于是机体就会动用肌糖原进行无氧酵解供能。这一系统供能时不需要氧，但会产生乳酸积累，故称为乳酸能供能系统。机体产生的乳酸在氧供应充足时，一部分继续氧化释放能量，另一部分合成肝糖原。体内乳酸积聚过多时，会产生酸中毒，使机体工作能力下降，故乳酸能系统的供能持续时间也不长（约33秒）。

3. 有氧供能系统

在氧供应充足的条件下，机体利用糖和脂肪氧化分解成二氧化碳和水，释放大量能量来合成ATP，这种有氧氧化供能过程称为有氧供能系统。其中，糖有氧氧化产生的能量是糖酵解途径的13倍，故其维持工作的时间较长。虽然磷酸原系统和乳酸能系统在运动中提供了大量能量，但归根结底，ATP、CP的合成、糖酵解产物乳酸的消除都是通过有氧氧化来实现的。所以，肌肉活动能量的最终来源还是糖和脂肪的有氧氧化，这是耐力素质的基础。

（三）体育锻炼的最大摄氧量理论

人体所需的能量只能通过体内糖、脂肪和蛋白质的分解获得，而这需要人体吸入氧气进行氧化才能实现。最大摄氧量，即运动时每分钟能够吸入并被身体利用的氧的最大数量。最大摄氧量直接反映个人的最大有氧代谢能力，一般成年人的最大摄氧量为每分钟2~3升，经过训练的运动员可达每分钟4~5升，优秀的耐力运动员可达每分钟6~7升，坚持体育锻炼能提高人体的最大摄氧量。

（四）有机体超量恢复的理论

能量物质的恢复过程大致可分为3个阶段：第一阶段是运动当中，恢复过程就已经开始，这时机体一边进行锻炼消耗能量，一边补充和恢复能量物质，但是消耗大于补充，因此能量物质的贮量逐渐下降；第二阶段是运动结束后，此时能量消耗已逐渐减少，而恢复过程不断增强，锻炼中消耗掉的能量物质不断得到补充，直至恢复到锻炼前的水平；第三阶段是超量恢复阶段，能量物质恢复到原水平后并未停止，而是继续恢复补充，在这一段时间里，能量物质的恢复可超过原有贮备的水平，比锻炼前能量物质的贮量还要多。但是，过一段时间后，能量物质的贮备又回到原来水平，这一阶段的现象叫“超量恢复”。如果经常坚持体育锻炼，不断增强能量物质的恢复过程，超量恢复便能达到更高程度，体质也就不断得到增强。见图2-1。

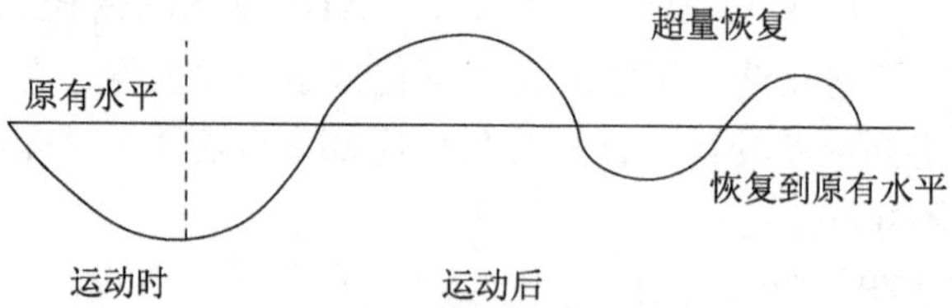

图2-1　超量恢复示意图

“超量恢复”出现的早晚与运动量的大小、疲劳程度及营养供给有关。在身体锻炼中，运用人体超量恢复的规律来指导身体锻炼，要根据身体条件、年龄和锻炼基础合理地安排运动量和锻炼持续时间，既能引起机体超量恢复，又不要超过机体适应的极限。

（五）运动技能形成的理论

1. 运动技能及其生理本质

运动技能是人体在运动中学习掌握和有效完成专门动作的能力。从生理本质来看，运动技能是复杂的、连锁的、本体感受性的运动条件反射。运动技能是复杂的运动条件反射，在运动技能形成之后，各种感觉刺激会引起大脑皮质有关中枢交替产生有规律、有顺序、有严格时间间隔的兴奋和抑制，并按一定型式和格局形成一个系统，大脑皮质形成的这种机能系统称为运动动力定型。运动动力定型建立之后，可使肌肉收缩和放松更加有规律、有顺序、有严格时间间隔地进行，所以运动技能的形成，实际上是建立运动动力定型的过程。

2. 运动技能形成的过程

运动技能的形成实质上是在大脑皮质建立运动条件反射的过程，或者说是在大脑皮质建立暂时性神经联系的过程。运动技能形成的过程，可人为地划分为4个相互联系的过程或3个阶段。

（1）泛化过程

学习任何一个动作的初期，由于体内外的刺激会通过感受器传入大脑皮质的相应中枢并产生兴奋，加上此时大脑皮质内抑制过程尚未建立，所以大脑皮质的兴奋和抑制过程都呈扩散状态。因此，将形成运动技能的初期阶段称为泛化阶段（过程）。由于大脑皮质的兴奋和抑制均处于广泛扩散状态，所以出现动作不协调、不准确，并出现多余和错误动作，而且动作完成很费力。泛化过程一般出现在学习新动作的开始阶段，所以在此阶段的教学和训练中，应特别注意动作的主要环节，不要过于抓动作细节。应用正确的示范和简练的讲解，使学生建立起正确的动作概念。

（2）分化过程

随着运动技能的逐步改进，运动技能的形成过程就由泛化过程进入分化过程。在分化过程，大脑皮质的兴奋和抑制不论在时间还是空间上均日趋集中和完善。随着抑制过程不断完善，多余动作和动作不协调的现象消失，错误动作得到了纠正，学生能顺利连贯地完成整套技术动作。虽然在分化过程初步建立了运动动力定型，但此时的运动技能掌握得还不牢固，所以在出现较强的新异刺激时，常会使已建立起的抑制过程遭到破坏，又会出现多余动作和动作不协调的现象。在分化过程要特别注意对动作细节的严格要求，并让学生多体会和思考动作的细节，使分化抑制得到进一步发展。

（3）巩固过程

分化过程之后就进入巩固过程。巩固过程的特点是，大脑皮质的兴奋和抑制过程不论在空间还是时间上都更加集中，动作也更加精确、省力、协调，动作细节完成得更加正确，甚至某些动作环节在无意识情况下也能完成。在环境条件发生变化时动作不易遭到破坏，说明运动动力定型得到巩固，在巩固过程中内脏器官的活动与肌肉的活动配合得也很协调和完善。在巩固过程中，虽然运动动力定型得到了加强，但是如果长期不进行练习，那么已形成的运动技能还会消退，而且越是难度大的、复杂性高的动作技能，越容易消退。所以，运动技能达到巩固阶段后，也应经常练习，进一步提高技术水平，使运动动作达到自动化程度。

（4）动作自动化

在无意识情况下能自如地完成某些动作称为动作自动化。比如，高水平的足球运动员在比赛中无需考虑传球、运球及停球等技术动作，正常人走路不必考虑如何迈步，骑自行车不用考虑如何持把和踏动自行车前进等，这些都是动作自动化现象。动作达到自动化阶段后，虽然在无意识情况下可完成某些动作，但要完成全部动作仍然要大脑皮质的参与。

二、体育锻炼对人体的影响

人体是由神经系统、循环系统、呼吸系统、运动系统、消化系统、泌尿系统、生殖系统、内分泌系统和各种感觉器官组成的有机体，适当的体育锻炼可以对各器官系统的功能产生良好的影响。

（一）体育锻炼对人体运动系统的影响

1. 体育锻炼对骨骼的影响

人体长期从事体育锻炼，可以改善骨的血液循环，加强骨细胞的新陈代谢，使骨径增粗、骨质增厚、骨质的排列更加规则与整齐。体育锻炼还能对骨的形态结构产生影响，表现为骨的抗折、抗弯、抗压缩等方面的能力提高。此外，体育锻炼对治疗和预防骨质疏松有明显效果。体育锻炼的效果并不是永久的，当锻炼停止后，对骨的影响作用也会逐渐消失。因此，体育锻炼应保持常态化，同时项目要多样化，以免造成骨的畸形发展。

2. 体育锻炼对关节的影响

科学地进行体育锻炼，既可以提高关节的稳定性，又可以增加关节的灵活性和运动幅度。体育锻炼可以增加关节面软骨和骨密度的厚度，使关节周围的肌肉发达、力量增强，关节囊和韧带增厚，进而使关节的稳固性加强，使关节能承受较大的负荷。在增加关节稳固性的同时，由于关节囊、韧带和关节周围肌肉的弹性和伸展性提高，关节的运动幅度和灵活性也得以提升。

3. 体育锻炼对肌肉的影响

体育锻炼可使肌纤维变粗、体积增大、弹性增加，肌肉活动的能力和耐力相应提高。经常进行锻炼的人肌肉比较发达，一般人肌肉只占体重的40%左右，而经常参加体育锻炼的人可达50%。体育锻炼可以增强肌肉力量已被大量实验所证实，而且体育锻炼增强肌肉力量的效果也非常明显，数周的力量练习就会引起肌肉力量的明显增强。有良好体育锻炼习惯的人，在运动时经常从事一些牵拉性练习，可使肌肉的弹性增加，这样可以避免在日常活动和体育锻炼中由于肌肉的剧烈收缩而造成的各种运动损伤。

（二）体育锻炼对人体心血管系统的影响

1. 心脏运动性肥大（心脏营养性粗壮）

经常参加体育锻炼的人，可使心肌纤维、心壁增厚，心肌力增强，心脏体积和容积增大，从而使血液每搏输出量增多。所以，运动员的心脏体积和容积较一般人大，这种现象称为“心脏运动性肥大”（也称心脏营养性粗壮）。一般人的心脏重量约300克，经常参加体育锻炼者的心脏重量可达400~450克；一般人的心脏容积为700~780毫升，经常参加体育锻炼者的心脏容积为1000~1025毫升；一般人的心脏横切面为11~12厘米，经常参加体育锻炼者的心脏横切面可达13~15厘米。

心脏运动性肥大与病理性增大在功能上有显著的区别。心脏病理性增大是指扩张松弛，收缩时射血能力差，心力储备低，心肌纤维内ATP活性下降，不能承受强度稍大的运动负荷。而运动性肥大的心脏外形丰实，收缩力强，心力储备高，其重量一般不会超过500克，能够适应长时间、大强度的运动负荷。

2. 窦性心动徐缓

一般人安静时的心跳是每分钟70~80次，经常参加体育锻炼的人安静时的心跳可以降到每分钟50~60次，而从事耐力运动项目的优秀运动员的心跳只有每分钟30~40次。

优秀运动员的每搏输出量增加，降低心跳频率仍能满足全身代谢需要。如果一般人每搏输出量为60毫升，每分钟心跳要75次；而经常参加体育锻炼的人，每搏输出量为90毫升，心脏每分钟只要跳动50次就能满足需要。假如优秀运动员的心跳，比一般人每分钟少10次，那么一天心脏就能少跳14400次，这就大大减轻了心脏负担，让心脏得到更多休息。

3. 心脏工作的“节省化”

进行较低强度负荷运动时，在运动量相同的情况下，经常参加体育锻炼者的心跳频率和血压变化幅度比一般人小，且不易疲劳，恢复较快，这叫心脏工作“节省化”现象，是体育锻炼给人们带来的好处。一般人就需要较大幅度地提高心跳频率，从而使心脏休息时间缩短，容易疲劳，恢复时间也较长。体育锻炼能使心血管保持很好的弹性，在剧烈运动时，训练有素的运动员的心跳可高达每分钟200次左右，这是一般人做不到的。

4. 血管弹性增加

体育锻炼可以增加血管壁的弹性，这对老年人来说是十分有益的。随着年龄的增加，血管壁弹性逐渐下降，可诱发老年性高血压等老年性疾病。老年人通过适当的体育锻炼，可增加血管壁的弹性，以预防或缓解老年性高血压症状。

（三）体育锻炼对人体血液成分的影响

1. 适当的运动能够对红细胞产生良好的作用，主要表现为可使红细胞偏低的人红细胞数量增加。但人体内的红细胞数量并不是越多越好，红细胞数量过多，会增加血液的黏滞性，加重心脏负担，对机体也是不利的。因此，体育锻炼可使红细胞数量偏少的人有所回升，但不会使红细胞数量过多。

2. 体育锻炼是否能提高机体的抗疾病能力，主要与白细胞数量及免疫球蛋白含量有关。研究证实，合理的体育锻炼可以提高白细胞的数量和功能，特别是可以提高白细胞分类中具有重要作用的淋巴细胞的数量，这对于提高机体的预防疾病能力是至关重要的。科学的体育锻炼还可以提高体内的免疫球蛋白水平，可有效地提高机体抗病、防病的能力。

（四）体育锻炼对人体呼吸系统的影响

1. 呼吸肌得到锻炼

呼吸肌主要有膈肌、肋间肌及腹壁的肌肉，在深呼吸时，肩部、背部的肌肉起辅助作用。因此，经常参加体育锻炼能使人的呼吸肌增强，胸围增大。如果呼吸肌发达、强壮有力，就能提高呼吸功能。呼吸的深度与胸廓的大小有关，呼吸肌发达，胸围会显著增加。如一般人的胸围呼吸差只有5~8厘米，经常参加体育锻炼的人呼吸慢而深，胸围呼吸差可以达到9~16厘米。

2. 肺活量增大

一般男性的肺活量为3000~4000毫升，女性为2500~3500毫升，而经常参加体育锻炼的人的肺活量能达到5000毫升以上。

3. 呼吸深度加深

从呼吸频率看，由于呼吸深度不同，呼吸的频率也不同。一般人的呼吸短而急促，约每分钟16~20次。经常参加体育锻炼的人呼吸深度较深、频率低，可达每分钟8~12次，就能使呼吸肌有较长的休息时间。

（五）体育锻炼对人体神经系统的影响

体育锻炼能使人的神经系统得到锻炼，提高神经工作过程的强度、均衡性、灵活性和神经细胞工作的耐久力。此外，体育锻炼还能使神经细胞获得更充足的能量物质和氧气的供应，从而使神经系统在紧张的工作中获得充分的能量物质。研究表明，当脑细胞工作时，大脑耗氧量占全身耗氧量的20%~25%。体育锻炼能使大脑的兴奋与抑制过程合理交替，避免神经系统的过度紧张，可以消除疲劳，使头脑清醒、思维敏捷。随着神经系统机能的改善，有机体内各器官系统尤其是运动系统的控制和调节能力也可得到提高和完善。经常参加体育锻炼的人，神经系统的兴奋性和灵活性较高，身体动作协调，不必要的动作就会减少，对外界刺激的反应会更快、更准确，可以有效地节省体力和减少体能消耗，能够从容不迫而又迅速地完成各种动作。

（六）体育锻炼对人体消化系统的影响

体育锻炼可使人的胃容量增加、排空时间缩短（正常成人的胃容量为1~3升，进食后30分钟内便开始离胃入十二指肠，约4~5小时内可完全排空），胃肠蠕动增强，促进消化液分泌，增强食欲，提高消化吸收能力，有利于青少年的生长发育。但饭后立即进行剧烈运动或剧烈运动后立即进食，都会减弱胃肠蠕动，减少消化液的分泌，对胃造成一定的伤害。

第二节　体育锻炼的科学方法

一、体育锻炼的基本原则

体育锻炼原则是锻炼中的客观规律的反映，是人们在长期体育锻炼过程中寻求最佳锻炼效果的经验总结，是从事体育锻炼者必须遵循的。

（一）自觉性原则

自觉性原则，是指参加体育锻炼者为追求行为目标所采取的一种自觉主动的行为。体育锻炼是人们认识自我、完善自我的有目的、有意识的健身活动。在人体的发展中，身体素质的提高是一个长期积累的过程。体育锻炼是自我锻炼、自我完善的过程，也是养成良好习惯的过程。要提高参加体育锻炼的自觉性和积极性，就要求锻炼者必须有明确的目的，确信锻炼的价值和作用，并以此作为行为的动力，长期不懈地坚持下去，同时认真选择适宜的身体锻炼内容和方法，增强锻炼的兴趣，最终获得良好的锻炼效果。自觉积极原则是进行体育锻炼的指导性原则，也是能否长期坚持体育锻炼的前提。

（二）经常性原则

经常性原则，是指体育锻炼是一个长期的、经常的行为，必须持之以恒，把它作为日常生活中不可缺少的一项重要内容。人体的结构和功能的变化是逐渐积累、逐渐提高和逐渐完善的过程，只有坚持经常性体育锻炼，才能使这些变化巩固和扩大。体育锻炼对人体的影响遵循“用进废退”学说和“超量恢复”原理。人体在运动时，机体会发生一系列生理机能变化。机体对这些变化有一个适应过程，而这个过程总是按照“工作阶段（活动）—相对恢复阶段（休息）—超量恢复阶段—复原阶段”的规律在变化。当进行一次身体练习时，刺激使机体新陈代谢的异化作用加强，进而获得恢复过程同化作用的加强，加快机体内部新物质的合成，使机体内部物质得到补充、增加和积累，形成

“超量恢复”，从而使人体机能水平达到一个新的高度。但是，在“超量恢复”阶段，若不施加新的刺激，这种由锻炼所产生的良性反应，就会随时间的推移而逐渐消退，直至恢复到运动前原有的机能水平。因此，只有在“超量恢复”的基础上不断对机体施加良性刺激，才能使“超量恢复”得到量的积累，从而使人的机体功能逐渐增强。这就是体育锻炼要坚持经常性的原因。另外，各种运动技术的掌握和运动技能的形成，也是建立在不断强化运动条件反射的基础上的，若长期停止练习，已经形成的条件反射也会因得不到强化而逐渐消退。因此，应制订出能够实现自我体育锻炼目标的长期计划，并严格执行。

（三）渐进性原则

渐进性原则，是指在进行体育锻炼时，必须遵循人体生理机能活动的规律和个人的实际情况，科学地安排锻炼内容、方法、负荷、难度等。体育锻炼的过程是人体对内外环境变化适应的过程，是较缓慢的由量变到质变的过程，肌肉活动时对机体的刺激使各器官和系统的结构、机能逐渐适应剧烈运动，取得平衡。所以，不能急于求成，必须逐步提高才能获得良好的效果，才能避免运动损伤和运动疾患的发生。学习动作要由易到难、由简到繁、由慢到快，逐步掌握。运动量的安排应由小到大，逐步增加，每次锻炼也要循序渐进。锻炼之前要做适应性的准备活动，并把强度大、动作复杂的练习放在最后进行。

（四）全面性原则

全面性原则，是指体育锻炼时应从人的整体出发，使身心得到全面协调的发展。在从事体育锻炼时，既要着眼于有效的改善身体形态、机能和心理素质，不断增强适应环境和抵抗疾病的能力，达到形与神的和谐统一，也要注意将身体形态和内脏器官的锻炼紧密结合，达到身体形态锻炼和内脏器官锻炼的内外统一。

（五）区别性原则

区别性原则，是指体育锻炼的内容方法和运动负荷的选择与确定，应从个人身心状况实际出发，因人而异，区别对待。人体的生理结构和发展规律虽然基本相同，但由于年龄、性别、身体功能、基本活动能力及心理等方面都存在个体差异，对体育的认识也不尽一致，使得可塑性也不相同。因此，应从个人的实际出发，制订符合个人特点的锻炼计划，才能达到身心健康发展的目的。

（六）适量性原则

适量性原则，指体育锻炼要符合身体可承受的生理负荷。运动可使身体产生一定的疲劳，但这种疲劳必须是适宜的，人体能够承受并通过积极恢复产生“超量恢复”的现象才行。运动负荷的安排是否恰当合理，直接影响锻炼的效果，负荷过大或过小对人体都不会产生良好的刺激。体育锻炼是否适量主要看运动量和强度是否合适。运动量是指完成练习的数量、次数、组数、时间、距离和重量等。运动强度是指完成练习所用的力量的大小和机体的紧张程度。人体在不同时期，生理机能都有相应的负荷极限，锻炼时的运动负荷应控制在极限范围之内。表 2-1 是根据年龄推算出的相应的运动负荷强度的心率。

表 2-1　不同年龄运动强度的心率

单位：次/分

强度 \ 年龄		20~29 岁	30~39 岁	40~49 岁	50~59 岁	60 岁及以上
大强度	100%	190	185	175	165	155
	90%	175	170	165	155	145
中等强度	80%	165	160	150	145	135
	70%	150	145	140	135	125
	60%	135	135	130	125	120
小强度	50%	125	120	115	110	110
	40%	110	110	105	100	100

可以采用基础脉搏测量法来控制运动量的大小，即在每天早晨起床前测量自己的一分钟脉搏，如果晨脉已恢复到和前一天一样，说明身体反应正常；如果次日晨脉每分钟比往常多 5 次以上，而且持续 3 天以上，并伴有身体不适感，则表明身体没有恢复正常，应适当减少运动量。

体育锻炼的基本原则是相互联系、相互制约的，不能片面强调某一原则。只有把各项原则紧密结合起来，体育锻炼才能收到显著效果。

二、体育锻炼的基本内容与方法

体育锻炼的内容、方法丰富多彩。大学生可根据自身的目的、爱好、条件和要求选择合理的运动项目、适宜的锻炼途径和方法，只要能够达到促进身心健康、增强体质的目标，可不拘形式。

（一）发展基本体能的内容与方法

1. 散步

散步是一种简单易行、活动量容易掌握又可使全身都得到活动的健身方法。

（1）普通散步法：多用于保健，一般为慢速散步，每小时 3~4 公里，每分钟 60~90 步，每次散步 30~60 分钟。

（2）快速散步法：一般用于增强心肺功能和减轻体重。要求每小时 5~7 公里，每分钟 90~120 步，每次进行 30~60 分钟，最高心率控制在 120 次/分。

（3）定量散步法：又称医疗步行，适用于心血管系统慢性病或肥胖症患者。可在平地或坡地进行，如在 3~5 度斜坡路面上散步 15 分钟，接着在平地散步 15 分钟。

（4）摆臂步行法：适用于患有呼吸系统慢性病者。步行时两臂用力前后摆动，可增加肩带和胸廓活动。

2. 跑步

跑步是一种深受欢迎、锻炼价值较高的健身方法。可根据不同年龄、性别等具体情况，选择适当的方法进行锻炼。

（1）走、跑结合法：根据不同的体质情况确定距离，逐步增加跑速和跑距。运动负荷应控制在自我感觉不疲劳，第二天脉搏可恢复到平时状态的程度。

（2）全程耐力跑：可采取一定距离的跑或持续一定时间的跑两种方法进行，此外还可采用越野跑、自然地形跑、原地跑、登山跑等各种形式的跑步锻炼。

（二）发展综合素质与运动技能的内容与方法

1. 体操

体操能有效地改善和提高中枢神经系统的机能，对发展力量、提高协调性和健康水平有很大作用。体操的锻炼方法很多，有单杠、双杠、高低杠、技巧、山羊、跳箱（马）、平衡木、吊环等。体操项目在练习时有一定的危险性，所以一定要注意安全，加强保护与帮助，防止意外伤害事故发生。

2. 球类运动

球类运动包括篮球、排球、足球、乒乓球、羽毛球、网球、棒垒球等，是深受学生喜爱并对身体有良好影响的体育运动项目。经常参加球类项目的锻炼，能增强身体素质、提高内脏功能，可以全面增强体质。球类项目的运动负荷可以根据个体特征进行调整，因此，不同性别、年龄和身体状况的人都可以有选择性地参加。

（三）形体塑造及健美的内容与方法

1. 形体塑造

（1）形体姿态训练。站立、就座、行走等形体姿态的训练，可以使大学生在举止中呈现出良好的气质和美好的仪表，形成富有个性、韵味的美感。

（2）形体柔韧性训练。柔韧性是形体美的关键所在，尤其对女性而言更为重要。它主要通过对身体各关节运动幅度的练习，达到拉长韧带、增加肌肉弹性和力量的目的。

2. 健美运动

健美运动是通过健美操、韵律操、形体操等各种徒手练习或利用哑铃、杠铃、单双杠、拉力器等各种器械，运用专门的动作方式和方法进行锻炼，达到发达肌肉、健美体魄、改善体型和陶冶情操的目的。其中，健美操和街舞深受大学生喜爱，在改善人体心血管系统的有氧代谢能力、提高身体的协调性、培养良好的艺术素养、愉悦身心和美体修型等方面都有很好的作用。

3. 体育舞蹈

体育舞蹈又称“国际标准交谊舞”，是一种以男女为伴的步行式双人舞的体育项目。体育舞蹈既具有体育的教育性、锻炼性、竞技性，又具有舞蹈的自娱性和娱人性，它融体育、社交、娱乐和艺术于一体，被称为室内的有氧运动和形体语言，经常参加练习，有助于健康，特别有利于形体的改善。

（1）摩登舞：包括华尔兹、探戈、狐步舞、快步舞、维也纳华尔兹。

（2）拉丁舞：包括伦巴、恰恰、桑巴、斗牛舞（帕索多不利）、牛仔舞（加依夫）。

（3）集体舞：由 8 对男女选手同时参加比赛和表演，并把国际标准交谊舞的 10 种舞种组合起来进行的集体项目。

（四）传统体育锻炼的内容与方法

传统体育锻炼内容主要指武术。武术在我国几千年的文化发展史上，经过无数人的研讨和锤炼，已经具有了独树一帜的特点和作用。它讲究形神兼备，注意动静结合，追求内外合一，既能增强体质，还能培养勇敢、机智和敏捷等优良品质和性格。武术的运动量可大可小，不受场地、器材、气候条件等的限制，不同年龄、性别和体质的人均可参加锻炼。

（五）其他内容与方法

主要包括各种体育游戏，中国民间流传的体育游戏名目繁多，它们能够有效地促进人体身心健康，提高基本活动能力，达到健身的目的。适合大学生身心特点，被广大大学生所喜爱的体育游戏有拔河、跳绳、扔沙袋、放风筝、踢毽子、荡秋千等。此外，游泳、登山、自行车远行、野外郊游、攀岩、轮滑、飞盘、台球等也都是具有较高体育锻炼价值的运动项目与锻炼方法。

思考题

1. 进行体育锻炼为什么要讲求科学？
2. 进行体育锻炼的科学基础理论有哪些？
3. 如何才能进行科学有效的体育锻炼？

第三章　体育锻炼与大学生身心健康

第一节　健康的概念、标准和维护健康的方式

一、健康的概念

世界卫生组织（WHO）1948 年首先提出了健康的含义，认为“健康不仅是免于疾病和衰弱，而且是保持身体上、精神上和社会适应方面的完善状态”。1978 年，世界卫生组织又在《阿拉木图宣言》中重申：“健康不仅是疾病和体弱的匿迹，而且是身心健康、社会幸福的完美状态。”1989 年，世界卫生组织将健康重新定义为：“心理健康、身体健康、道德健康和社会适应良好。”最近，该组织又指出“道德健康”也应该包括在健康的含义中，一个人只有在躯体健康、心理健康、社会适应良好和道德健康 4 个方面都健全才能算是完全健康的人。

文明社会进入 21 世纪后，人们开始对健康有了新的理解和认识，开始从整体上把握概念。完整意义上的健康新概念是：道德健康为统帅，生理健康是基础，在此基础上心理健康及社会适应全面发展，有机整合。

（1）道德健康是指能够按照社会规范的准则和要求来支配行为，能为人类的幸福做贡献。

（2）躯体健康（生理健康）是指躯体结构和功能正常，具有生活自理能力。

（3）心理健康是指个体能够正确认识自己，及时调整自己的心态，使心理处于良好状态以适应外界的变化。

（4）社会适应良好是指对社会生活的各种变化，能以良好的思想和行为去适应。

二、健康的涵义

（一）健康的内涵

健康的内涵包括体力、技能、形态、卫生、保健、精神、人格和环境 8 个方面。

（二）健康的标志

（1）精力充沛，能从容不迫地应对日常生活和工作。

（2）处事乐观，态度积极，乐于承担任务而不挑剔。

（3）善于休息，睡眠良好。

（4）应变能力强，能适应各种环境的变化。

（5）对一般感冒和传染病有一定抵抗力。

（6）体重适当，体形匀称，头、臂、臀比例协调。

（7）眼睛明亮，反应敏锐，眼睑不发炎。

（8）牙齿清洁，无缺损、无疼痛，齿龈颜色正常，无出血。

（9）头发光泽，无头屑。

（10）肌肉、皮肤富有弹性，走路轻松。

（三）身体健康的检查标准

世界卫生组织就人体健康问题提出了几项既易记又易理解的新标准，这几项标准包含了人体生理健康标志和心理精神健康标志，简称“五快三良好”标准。

1. “五快”的生理健康标准

（1）吃得快，是指胃口好、不挑食、吃得迅速，表明内脏功能正常。

（2）便得快，是指上厕所时能很快排通大小便，表明肠胃功能良好。

（3）睡得快，是指上床即能熟睡、深睡，醒来时精神饱满、头脑清醒，表明中枢神经系统的兴奋、抑制功能协调，且内脏不受任何病理信息的干扰。

（4）说得快，是指语言表达准确、清晰流利，表明思维清楚而敏捷、反应良好，心肺功能正常。

（5）走得快，是指行动自如，且转动敏捷，因为人的疾病和衰老往往先从下肢开始。

2. “三良好”的心理健康标准

（1）良好的个性，是指性格温和，意志坚强，感情丰富，胸怀坦荡，心境达观，不被烦恼、痛苦、伤感所左右。

（2）良好的处事能力，是指沉浮自如，客观观察问题，具有自我控制能力，能适应复杂的社会环境，对事物的变迁保持良好的情绪，常有知足感。

（3）良好的人际关系，是指待人接物宽厚，不过分计较小事，能助人为乐、与人为善。

（四）心理健康的标准

1. 国外评价标准

随着世界性精神疾病的发病率不断上升，为了教育和引导公众主动关注心理健康，美国心理学家马斯洛和米特尔曼提出了10条心理健康的评价标准：

（1）有足够的安全感。

（2）能充分地了解自己，并能对自己的能力做出适度的评价。

（3）生活理想切合实际。

（4）不脱离周围现实环境。

（5）能保持人格的完整与和谐。

（6）善于从经验中学习。

（7）能保持良好的人际关系。

（8）能适度地发泄情绪和控制情绪。

（9）在符合集体要求的前提下，能有限度地发挥个性。

（10）在不违背社会规范的前提下，能恰当地满足个人需求。

2. 国内评价标准

中国社会调查事务所（SSIC）在北京、广州、上海、天津、武汉、沈阳等城市做了问卷调查，认为判断心理是否健康有如下标准：

（1）情绪是否稳定愉快。

（2）智力是否正常。

（3）思想与行为是否统一，若不统一也是有病的表现。

（4）反应要适度，反应过快或反应迟钝，都是不健康的表现。

（5）人际关系是否协调。

（6）生理年龄同心理年龄是否相符。

三、亚健康状态

健康是人体的最佳状态，称为第一状态。失去健康的疾病状态，称为第二状态，表现为对外界环境变化的适应能力降低，劳动能力受到限制或丧失，并出现一系列的临床症状。

当今社会，生活节奏加快，竞争日益激烈，生活压力日趋增长，人们会出现头痛、头晕、心悸、失眠、食欲不振、疲乏无力等症状。总之，自觉生理不适、心理疲惫、对社会适应能力差，但医学检查并未发现明确的机体疾病，这种介于健康和疾病的边缘状态，被称为第三状态、灰色状态或亚健康状态。

导致人体第三状态的因素，一是由于过度疲劳，身心透支而入不敷出；二是由于不科学的生活方式，如不吃早餐、偏食、暴饮暴食、饥一顿饱一顿等引起营养不良而使机体失调；三是由于环境污染、接触过多有害物质。另外，伴随人体生物钟周期低潮或人体自然老化，也可能出现第三状态。应当指出的是，第三状态在很大程度上是慢性疾病的潜伏期。

人的机体有一定的适应能力，第三状态既可趋向健康，也可坠入疾病。如果已经处于或即将进入第三状态，只要采取科学的生活方式，通过饮食、心理的调养和环境的改变，补充体内的氧气，祛除致病因素，就能改善和消除第三状态，早日回到第一状态。

四、维护健康的关键因素

1988 年，据世界卫生组织宣布，每个人的健康 60%取决于自己，15%取决于遗传，10%取决于社会因素，8%取决于医疗条件，7%取决于生活环境和地理气候条件的影响。然而，就每个人本身来说，遗传、社会因素和医疗条件、生活环境、地理气候条件都是客观存在，除特殊情况外，很难改变。也就是说，这些都属于相对固定的因素，它们对人的寿命造成的影响是不以人的意志为转移的。至于职业与经济状况，也是相对固定的，个人的文化修养、涵养、志趣、嗜好及家庭成员间的相处关系，在一般情况下可长期保持原状，不会发生大的变化；而饮食、运动、情绪和心理变化直接关系每个人每天的物质和精神生活。故在正常情况下，足以影响健康的关键因素是每日饮食是否适宜、体育锻炼是否适当，以及情绪（包括精神和心理状态）是否良好或稳定。因此，苏联医学博士兹马诺夫斯基提出了人的健康公式：

$$\text{人的健康}=\frac{\text{情绪良好（或稳定）}+\text{运动（锻炼）得当}+\text{饮食合理（或适宜）}}{\text{懒惰}+\text{烟酒}}$$

从上述公式中可以清楚地看到，人的健康与情绪良好（或稳定）、运动（锻炼）得当和饮食合理（或适宜）成正比，而与懒惰成性、嗜烟嗜酒成反比。

（一）合理的饮食

对于每个人来说，合理的饮食是保健因素中的关键，远比其他因素更为重要，其理由是：

（1）文体活动的开展、良好情绪的保持是以恰当的饮食为前提的。如果饮食不当而生病或体质变弱，就没有精力从事学习和体育锻炼，也难以保持良好的情绪。

（2）各种食物成分是构成人体细胞、组织、器官及其生长、更新的原料，更是维持内分泌及新陈代谢等生理活动不可缺少的物质。所以，人的健康状态和情绪的好坏，直接受到食物的制约。

（3）食物既可养生保健、防病，也能致病，这主要取决于是否合理摄取饮食。

（4）食物是每日生活、劳动和生命存在的物质基础，缺少或过量，皆不利于身体健康。

（二）适当的体育锻炼

适当的体育锻炼，能提高大脑皮层神经活动的强度、灵活性和均衡性，能使神经细胞得到充足的氧气和营养物质，使大脑清醒、精力旺盛；可以使心肌纤维增粗，心肌中毛细血管增加，心肌细胞中的收缩蛋白、贮养的肌红蛋白及供能的肌糖原的含量都大大增加，催化生物化学反应的各种酶的活性提高，从而提高心脏的生理功能；可以提高人体运动系统机能，提高大学生的基本活动能力；还可以增强呼吸机能和肠胃消化的功能，并能起到调节情绪、健身祛病、抵御衰老的作用。

（三）保持良好的情绪

世界著名长寿学者胡弗兰德说，在一切不利的因素中，最能使人短寿夭亡的是不好的情绪和恶劣的心境。情绪良好，即心理上的稳定，可抑制不必要的紧张心态，抵御或排除忧愁、烦恼、恐惧等不良影响，从而可以避免内分泌失调，以保持血液质量、脏器功能及神经系统的正常活动。健康可以影响人的情绪，情绪也可以影响人的健康。

五、心理健康与社会适应

心理健康包含两个方面的含义：一是指心理健康状态，个体处于这种状态时，不仅自我感觉良好，而且与社会契合和谐；二是指维持心理健康，减少行为问题和精神疾病。

（一）促进智力发展

美国生理学家实验证明，运动能有效地增加大脑的重量和皮层的结构，促进大脑相应部位神经中枢的发达，使大脑的兴奋与抑制过程合理交替，从而使思维、注意力、判断、分析、综合和感觉反应等大脑综合能力得到提高。通过体育锻炼，能使神经细胞获得更充足的能量物质和氧气，从而使神经系统在紧张的工作过程中获得充分的能量物质保证。研究表明，当脑细胞工作时，大脑耗氧量占全身耗氧量的20%~25%。体育锻炼能避免神经系统过度紧张，可以消除疲劳，使头脑清醒、思维敏捷。在大学生的学习生活中，体育锻炼还是一个积极的休息手段。

（二）调节改善情绪

情绪是人对客观事物的一种态度。情绪的变化影响人的肌肉、血管、内脏及内分泌腺的变化。实验证明，人处在良好情绪中时，其神经系统、心血管系统、消化系统乃至运动系统都处在良好的适应状态；而不良情绪，如忧虑、沮丧、惧怕、贪求、怯懦、忌妒和憎恨等，都不利于人的健康。体育活动是改善不良情绪的一种非常有效的方法。体育锻炼过程中，大脑处于较强的活动状态，体温升高及脑内啡肽释放等原因，可以转移个体不愉快的意识、情绪和行为，让个体摆脱痛苦和烦恼，振作精神。当代大学生面临学业考试、专业选择、就业分配等多方面竞争，很容易产生沮丧、抑郁、焦虑、紧张等不良情绪，经常参加体育锻炼可使紧张情绪得到缓解，让焦虑反应降低，改善不良的情绪状态。

（三）有助于人格完善

体育锻炼是一种身体活动，在这一进程中需要不断克服各种客观困难（如气候条件的变化、动作的难度、运动损伤等）和主观困难（如惰性、胆怯、疲劳等）。在克服困难的过程中，体育锻炼能够培养坚忍顽强的意志品质，增强承受挫折的能力，有助于个体形成积极进取的生活态度。

体育并不是单纯的身体活动，有时表现为一种有规律、有规则和道德规范的行为。如参加体育竞赛，必须严格遵循优胜劣汰的原则，在规则允许的条件下，竞赛为个人与集体提供了充分发挥能力的空间，以争取最大的胜利。同时，在这种前提下产生的结果，必须得到大家的认同。这些制度、规范对人的思维方式、价值观念、行为规范和情感方式，具有潜移默化的综合影响功能。这种综合影响在长期的体育活动中能被一个人有意识或无意识地内化为自觉要求，有利于形成不畏艰难、果断机智、勇敢顽强的性格，以及培养正确评价他人和自我评价的意识，能提升自我知觉、确立良好的自我概念，提高抑制消极情绪和控制冲动行为的能力。

（四）增强社会交往能力

随着社会化的进程愈演愈烈，一方面，对工作中的团队精神及协同合作要求越来越高；另一方面，网络时代来临，生活在大城市的人们越来越缺乏直接的社会交往机会。体育活动就是一个增加人与人接触的最好形式，特别是一些集体运动项目，更是需要紧密协作和配合。参加体育锻炼，可以满足个体的社会交往需要，丰富和发展人们的生活方式，这有利于个体忘却工作、生活带来的烦恼，消除精神压力和孤独感，有效地促进与他人协作能力的养成，提高心理素质，提高对现代社会发展的适应性。

六、体育运动与大学生生理、心理健康

我国大学生的年龄一般在18~25岁。这个时期是大学生在生理和心理方面飞速发展的时期，也是他们一生中生命力最旺盛、最关键的时期。如果这一时期发展良好，将为其日后的学习、工作、生活打下良好的基础。

（一）大学生的主要生理特点

（1）身高、体重等身体形态趋于稳定。

（2）神经系统逐步完善。神经兴奋与抑制发展趋于均衡，灵活性提高，机能逐步完善。

（3）运动系统的运动能力逐步提高，呼吸系统与心血管系统也逐渐发展完善。

（4）此时的身体机能特点和身体素质发展程度决定其运动能力的发展。

（二）大学生的心理特点

大学生的年龄特征决定其心理以不成熟、不稳定、不平衡为主要特征。其中，自我意识骤然增强是核心问题，围绕这一核心问题，他们的认知、情感、意志、个性等主要心理特征处在一个动态的调节过程中，并且由被动调节转变为自我主动调节。这一变化有明显的特征：

（1）自我意识突出，要求更深入地了解自己的成长；自我评价日趋成熟；自尊心伴随着成长不断发展；人生观初步形成。

（2）思维发展趋于抽象概括和辩证性、独立性和批判性、组织性和深刻性。

（3）情感激烈复杂，情绪体验强烈两极性突出，情感和情绪内容丰富而深刻。

（4）意志力增强，不轻言放弃。

（5）性格基本形成。

（三）体育锻炼促进大学生身心健康

大学生的身体形态发展处在青春发育后期到基本成熟期之间，发展速度虽然较慢，但骨骼肌肉正处在重要发育时期，通过合理科学的体育活动，加强肌肉的力量、协调、灵敏等练习，同样能使身体形态得到很好的改善。

心血管系统和呼吸系统的发育过程比较长，大学期间是很重要的发育阶段，重视心肺功能的锻炼，加强耐力训练，有利于提高大学生的运动能力。大学生处于身体素质发展的高峰时期，加强身体素质的全面训练，能提高运动能力和技术水平。

大学生从事各种体育活动，能保持心情舒畅、精神愉快，调节不健康的情绪，还能培养坚强的意志和集体协作精神，并有助于完成社会性发展。这将对培养和形成良好的心理素质起到积极的促进作用。

综上所述，大学生在生理和心理上处在日趋成熟的时期，各方面的发展接近成人水平。大学时期是一个人独立地走向社会生活的准备时期，也是一个人开始认真思考自己未来生活道路的时期。教育工作者应当在了解大学生的生理、心理特点的基础上，在尊重他们的同时，正确地引导他们在前进的道路上健康成长。

第二节　大学生体质健康评价标准

一、体质与健康

（一）体质

体质，即人体质量。它是指在遗传性和获得性的基础上表现出来的人体形态结构、生理功能和心理因素的综合的、相对稳定的特征。影响体质的因素是多方面的，其中遗传、环境和体育锻炼这 3 个方面起了重要的作用。体质在其形成和发展过程中，具有明显的个体差异性和阶段性。人的体质的差异，主要表现在形态发育、生理机能、心理状态、身体素质、运动能力，以及对环境的适应和对疾病的抵抗力等方面；在水平层面上包括了从最佳功能状态，到严重疾病和功能障碍的多种不同的水平。同时，在人的不同生长发育阶段，如儿童期、青少年期、中老年期，体质的状况是不断发展和变化的，既有共同的特征，又有不同年龄阶段的特殊特征。人们可以通过改善物质生活条件、建立健康的生活方式和进行有目的、有计划、科学的身体锻炼等来保持良好的体质状况，不断增强体质。一个人体质的好坏，主要表现在以下 5 个方面：

（1）身体形态发育水平，包括体型、姿势、营养状况、体格及身体成分等。

（2）生理功能水平，即机体新陈代谢水平及各器官、系统的工作能力。

（3）身体素质和运动能力发展水平，即耐力、柔韧性、力量、速度、平衡、灵敏、协调等素质，以及走、跑、跳、投、攀爬等身体基本活动能力。

（4）心理发育（或发展）水平，即本体感知能力、个性、意志等。

（5）适应能力，即对内外环境条件的适应能力、应激能力和对疾病的抵抗力。

这 5 个方面的状况，决定着人们的体质水平。在进行体质测量和评价，以及检查增强体质的实际效果时，必须看到体质的综合性特点，以及测量和评定的多指标性质。

（二）体质与健康的关系

如前所述，体质与健康是从不同侧面、不同范畴来看待人体状况的两个相互关联的概念，健康的范畴要大于体质。从体质的范畴来看，它更趋向于人体的形态发育、生理机能、心理发展、身体素质、运动能力，以及对内外环境的适应性和抵抗疾病的能力等。从健康的范畴看，它除了包括体质的范畴以外，还强调对环境（包括自然环境和社会环境）的适应、心理卫生、对疾病的预防、卫生保健及生活方式对健康的影响等。

（三）大学生体质健康评价的意义

大学生体质健康评价是高等学校体育工作中的重要环节，也是整个学校教育评价体系的重要组成部分。建立全面、科学的学生体质健康评价体系，可以使学生及时了解自己的体质健康状况，调整学习和锻炼的目标。同时，评价过程本身也是一次很好的体育宣传和教育的过程，是一次自身健康意识提高的过程。更为重要的是，通过评价可以使家长、学校、社会及时了解学生的体质健康状况，引起家长和社会的重视和关心，让学校教育的决策部门及时获得学生体质健康状况的真实有效的信息，为学校和教育管理部门制定和调整有关学生体育教育方面的政策提供科学依据。所以说，正确、合理地对大学生进行体质健康评价，对于促进学校体育和教育工作有着极为重要的意义。

二、《国家学生体质健康标准》

新中国成立以来，党和政府非常关心和重视青少年的体质健康工作。从 20 世纪 50 年代开始，国家先后推行了《准备劳动与卫国体育制度》《青少年体育锻炼标准》《国家体育锻炼标准》《大学生体育合格标准》《中学生体育合格标准》《小学生体育合格标准》等一系列规章制度。这些制度的推行对促进全社会关注学校体育，督促学生积极地参加体育锻炼，养成良好的体育锻炼习惯，保证学生身体正常发育和增强体质起到了积极的促进作用。然而，随着时代的发展和人们对健康的认识越来越深刻，原有的标准和评价体系已经不能完全适应社会发展的需要。

为了全面贯彻《中共中央、国务院关于深化教育改革全面推进素质教育的决定》精神，树立“健康第一”的学校体育教育指导思想，切实加强学校体育工作，不断促进和提高学生体质健康水平，教育部和国家体育总局于 2002 年 7 月颁布出台了《学生体质健康标准（试行方案）》，开始在全国各级各类学校试行。2007 年 4 月，教育部、国家体育总局在认真总结试行工作的基础上，根据新的形势对《学生体质健康标准（试行方案）》进行了修改和完善，并正式定名为《国家学生体质健康标准》（以下简称《标准》），并在全国各级各类学校全面实施。2014 年 7 月，为建立健全国家学生体质健康监测评价机制，进一步推动各地加强学校体育工作，促进青少年身心健康、体魄强健的全面发展，教育部再次对现行《标准》进行了修订，颁布了《国家学生体质健康标准》（2014 年修订），要求全国各级各类学校认真贯彻执行。

《标准》是贯彻落实“健康第一”的指导思想，促进学生体质健康发展、激励学生积极进行身体锻炼的教育手段，是国家学生发展核心素养体系和学业质量标准的重要组成部分，是大学生体质健康的个体评价标准，也是大学生毕业的基本条件之一。《标准》从身体形态、身体机能和身体素质等方面综合评定学生的体质健康水平，测试项目及各单项分数权重见表 3-1。

表 3-1 《国家学生体质健康标准》（2014 年修订）大学生测试项目及各单项分数

评价指标	测试项目	分数
身体形态	体重指数 BMI（测身高、体重）	15 分
身体机能	肺活量	15 分
身体素质	50 米跑	20 分
	坐位体前屈	10 分
	立定跳远	10 分
	引体向上（男）/1 分钟仰卧起坐（女）	10 分
	1000 米跑（男）/800 米跑（女）	20 分

注：体重指数 BMI=体重（千克）/身高^2（米^2）。

《标准》规定各学校每学年开展覆盖本校各年级学生的《标准》测试工作，测试数据上传至“国家学生体质健康标准数据管理系统”。学生《标准》测试成绩不及格者，在本学年度准予补测一次，补测仍不及格，则学年成绩评定为不及格。学生成绩 90 分及以上评定为优秀，80~89.9 分为良好，60~79.9 分为及格，59.9 分及以下为不及格。学生成绩记入《国家学生体质健康标准登记卡》，毕业时放入学生档案。学生毕业时的成绩按毕业当年学年总分的 50%与其他学年平均得分的 50%之和进行评定，毕业时《标准》总成绩达不到 50 分者按结业或肄业处理。

学生因病或残疾可向学校提交暂缓或免予执行《标准》的申请，经医疗单位证明，体育教学部门核准，可暂缓或免予执行《标准》，并填写《免予执行〈国家学生体质健康标准〉申请表》，存入学生档案。确实丧失运动能力、被免予执行《标准》的残疾学生，仍可参加评优与评奖，毕业时《标准》成绩须注明免测。《标准》中的大学生体重指数（BMI）评分表见表 3-2。

表 3-2 大学生体重指数（BMI）评分表

（单位：千克/米^2）

等级	单项得分	男生 BMI	女生 BMI
正常	100	17.9~23.9	17.2~23.9
低体重	80	≤17.8	≤17.1
超重		24.0~27.9	24.0~27.9
肥胖	60	≥28.0	≥28.0

注：体重指数 BMI=体重（千克）/身高^2（米^2）。

《国家学生体质健康标准》（2014 年修订）大学生各单项评分表参见本书附录一。

第三节 大学体育课程思政教育

一、大学体育课程思政概述

大学体育课程是高等院校公共基础课的重要组成部分，大学体育课程具备独特的思政属性和德育优势。毛泽东在《体育之研究》中指出:“体育一道,配德育与智育,而德智皆寄于体。无体是无德智也。”寓德于体,深刻揭示了体育在人的全面发展中的基础性作用和独特功能。在培养学生的过程中,立德始终是体育课程思政教育的重要内容,要充分发挥体育课程的德育优势,寓德于体。2020年教育部印发的《高等学校课程思政建设指导纲要》提出,要打造一批有特色的体育课程,帮助学生在体育锻炼中享受乐趣、增强体质、健全人格、锤炼意志。大学体育不单单是对运动技术的传授,更重要的是学生的全面发展,即从身体素质的增强到人格的完善塑造。教育的根本任务是立德树人,而大学体育课程思政教育是实现立德树人根本任务的重要内容和途径之一。

课程思政是推进“三全育人”综合改革的重要载体和有效机制,将体育课程思政教育融入大学全员、全过程、全方位育人体系中,营造体育课程与思想政治理论课同向同行的协同育人机制,丰富、完善和拓展体育课程思政教育内容,是落实立德树人根本任务的重要举措。体育活动中,学生之间不仅是技术、战术、体能等实力的竞争,更是意志、精神和作风的较量,用体育运动特有的拼搏、团结、协作等体育精神去感染教育学生,这种教育功能是其他课程难以企及或替代的。体育课程思政要充分挖掘大学体育所蕴含的思想政治教育元素,将其融入并运用到体育教学之中,使大学生在学习掌握体育运动知识和技能的同时接受到思想上的教育和洗礼。在教学中通过引入我国优秀运动员顽强拼搏,为国争光的感人事迹,引导大学生深刻感悟家国情怀和民族精神,培养大学生的爱国主义精神,不断提高大学生的思想政治素养,促进他们健康成长和全面发展。

二、大学体育课程中包含的思政教育元素

(一)拼搏进取、追求卓越的竞争性元素

体育的本质特性决定了体育运动具有一定的竞争性,竞争是大多数体育项目的固有属性。在体育课程教学中,教师通过教学情境的设计,为学生在学习掌握某项运动技能的过程中创造竞争的环境和氛围,并教育学生如何正确处理竞争与合作之间的关系,引导学生在学习掌握运动技能和体育竞赛过程中与他人展开公平竞争,激发进取精神,在竞争中不断提升自我,拼搏超越,不断实现新的突破,可以培养学生拼搏进取、追求卓越的意志品质。

(二)团结协作、互利共赢的合作性元素

体育课程的特点决定了在教学活动开展的过程中需要学生之间积极进行合作,特别是在集体项目的比赛中队员间的合作非常重要,往往直接影响比赛的结果。在体育教学和竞赛活动中强化合作教育,让学生在体育活动中感受到通过与他人之间的合作,可以更好地激发出每个人的优势,形成团队优势,互利共赢,进而培养学生的集体主义意识和团结合作精神。

(三)遵规守纪、遵纪守法的规则性元素

在体育运动中处处包含着规则元素,如赛事组织规则、时间安排规则、项目竞赛规则等。在体育教学过程中有目的地引入规则性教育,培养和强化学生的规则意识,规范学生的行为,纠正学生自由、散漫的不良习惯,崇尚“契约”精神,并进一步延伸到对社会生活各项规则的遵守,可以培养学生遵纪守法的优良品行,对于学生成人成才有着重要作用。

（四）维护公平、坚守正义的公平性元素

体育竞赛的灵魂就是公平竞争，体育的公平性主要体现在为参与者提供公平的环境、公平的规则、公平的权利和公平的裁决等方面。在体育课程中处处彰显着公平性元素，例如体育教学机会的公平、公共资源分配的公平、成绩考核的公平、体育竞赛的公平公正等。在体育课程教学中融入公平性思政元素，可以树立学生的公平意识，培养学生维护公平、坚守正义的优良品质。

三、大学体育课程思政在“三全育人”中的功能与价值

“三全育人”是以立德树人为根本任务，在大学建立起全员育人、全程育人、全方位育人的联动育人机制。育人是一项系统工程，需要党和国家的有力指挥，需要全员的同心同向、全过程的持续培育、全方位的同频共振，培养德、智、体、美、劳全面发展的社会主义建设者和接班人。体育课程思政旨在教学过程中帮助大学生塑造正确的世界观、人生观和价值观，充分发挥体育在立德树人方面的独特作用，突出体育课程思政培根铸魂的功能与价值。

（一）锤炼意志品质，完善人格塑造

体育教育主要是通过大量的身体运动来完成的。学生想要熟练掌握运动技能就需要经过大量反复的身体活动练习，甚至还需要承受较大的运动负荷，尤其是面对长距离跑、游泳、球类技术等需要反复练习的项目，往往需要长时间保持一定强度的运动，学生在大量的体能运动中锤炼了意志。可见，运动实践教学过程本身就能很好地培养大学生吃苦耐劳、顽强拼搏、坚韧不拔的意志品质。同时，学生在集体活动中潜移默化地培养了相互协作、团结拼搏的高尚品德，进一步完善和健全了人格品质。

（二）强化行为规范，加强道德修养

大学体育可以规范学生的行为，增强学生的道德观念。体育课堂教学常规和组织管理，重视强调组织纪律性和行为规范，从而使学生形成良好的体育道德规范。各项体育比赛都要求运动员必须遵守竞赛规则，尊重对手，恪守体育精神，公平公正地参与比赛。大学生通过参加体育比赛可以培养规则意识和团结协作精神，有利于在生活中养成遵纪守法、尊重他人、善于自我约束的道德修养，践行公平公正的社会道德规范。

（三）激发学习积极性，促进全面发展

体育课程的影响与教化能够使学生获得身体上的愉悦和精神上的满足，尤其是集体运动项目能够提升大学生的人际交往、团队协作和社会适应能力，培养大学生团队的凝聚力和集体荣誉感，增强大学生在团队中的责任感和归属感。身体活动与练习还可以改善大学生的形体、形象与气质，提升大学生的自我认知和信心。以上这些积极的运动和情感体验能够激发大学生参与体育学习的积极性，在活跃体育课堂教学氛围的同时，有助于提升学习效果，促进大学生身心健康和全面发展。

四、大学体育课程思政教育的实践路径

（一）体育课堂教学

课堂教学作为大学体育教学最基础、最重要的实践活动，是体育课程思政教育实现立德树人根本任务的主渠道和主阵地。体育课堂面向全体大学生，能全面、有效地发挥体育课程中的思政教育功能。体育教师要充分利用课堂教学的主阵地，在体育教学全过程中融入课程思政教育元素，让大学生在学习掌握体育基本知识和基本运动技能的过程中同步接受思想政治教育，践行社会主义核心价值观。课堂教学要贯彻“健康第一”的指导思想，把立德树人放在首要位置，形成“育体”和“铸魂”并重的体育教育理念，将体育课程思政元素全面融入体育教学体系中，重视与突显体育课程思政的功能与价值。

（二）课外体育活动

课外体育活动是大学体育教育重要的补充，大学生体育社团在学校课外体育活动中发挥着重要作用。大学生体育社团是由学生根据自身兴趣、爱好和特长，由不同年级、不同专业、不同院系的学生，遵照共同喜好的体育项目活动章程组成的学生组织。大学生通过参加体育社团活动，在尊崇个性的基础上与他人合作交流，在增强身心健康的过程中，培养了社会交际能力。课外体育活动中体育社团的管理制度和运行模式，为组织者和参与者搭建起培养自身管理和沟通能力的平台，大学生在参与课外体育活动过程中将自身融入社会生活进行自我管理和发展，潜移默化地接受思想政治教育。

（三）体育竞赛活动

体育竞赛是在遵从一致的规则要求下开展的竞技类体育活动，参与者以公平竞争的方式取得优异成绩。体育竞赛能够顺利地进行，就需要用特定规则来约束参与者的行为。大学生参与体育竞赛不仅可以培养顽强拼搏的进取精神，还接受了公平公正的法治精神教育，增强了纪律意识和规则意识，提升了社会适应能力。此外，体育竞赛中包含了专注、团结、互助和尊重对手等要求，这些正是当代大学生成人成才需要的优秀品质。在体育竞赛中，场下的学生被场上积极拼搏的学生所感动，大家共同追逐集体荣誉，提升凝聚力，享受欢庆热闹的比赛氛围，并学会了坦然面对胜负输赢，以及对体育精神的传承与思考，这些正是大学体育课程思政教育要达到的目的。

思考题

1. 大学生应该如何维护自己的健康，大学生为何应重视体育锻炼？
2. 大学生可采取哪种方式评价自己的身体机能？
3. 请结合身体形态、机能、素质的评价，浅谈如何发展自己的身体素质及运动能力。
4. 大学体育课程思政在“三全育人”中的功能与价值主要有哪些？

第四章　体育锻炼的卫生保健与医务监督

第一节　体育锻炼中的生理卫生常识

体育锻炼是增进身体健康，增强体质的主要手段。体育锻炼必须遵循人体运动时的生理变化规律，并充分注意营养、休息和卫生等，才能达到预期的目的。不按科学规律进行锻炼，不注意运动卫生，反而会损害健康。因此，体育必须与生理卫生相结合，体育锻炼前必须了解有关的运动生理卫生知识。

一、重视准备活动和整理活动

体育运动过程是人体由静态到动态再到静态的变化过程。准备活动和整理活动就是实现这种“变化”的过渡手段。

（一）*准备活动*

准备活动是在运动或比赛前所做的各种身体练习。其目的主要是使人体为即将进行的运动或比赛做好机能上的动员和准备。

1. *准备活动的作用*

（1）能克服机体的生理惰性。人体的各器官都具有一定惰性，一般来说，运动器官的发动能力较快些，而内脏器官需 3~5 分钟动员才能进入较高的工作状态。运动前做好准备活动，能提高心血管系统和呼吸系统的功能，使机体逐步适应剧烈运动的需要。

（2）能加速肌肉组织的新陈代谢，提高氧的利用率。准备活动使体温升高，增强了肌肉组织的新陈代谢，进而提高氧的利用率，为人体进入运动状态提供了良好的物质基础。

（3）能调节运动情绪。节奏快、强度大的练习，可提高锻炼的兴奋性；节奏慢、强度小的练习，可降低过高的兴奋性，适当的准备活动能使人体进入适宜的运动状态。

（4）能预防运动损伤。准备活动能增强肌肉、肌腱和韧带的弹性和伸展性，使关节滑膜液分泌增多，关节活动范围加大，从而避免运动损伤和肌肉痉挛。

2. *准备活动的要求*

准备活动有两种：一种是一般准备练习，如跑步、徒手操等；另一种是专项准备练习，如在打篮球之前先做投篮、传球、运球等练习，在游泳之前先在陆地上练习划臂、蹬腿、呼吸等。准备活动的运动量和时间的长短，应根据锻炼的项目、内容、气候变化和自己的身体状况而有所区别，一般以身体发热或微微出汗为宜，心率上升到 130~160 次/分，使内脏器官、肢体的活动幅度和肌肉力量等方面达到适宜工作状态。

（二）*整理活动*

整理活动是运动或比赛结束后做的放松和整理的肢体和心理活动。其目的在于使人体由紧张的运动状态逐步过渡到相对安静的身体状态。

1. 整理活动的作用

（1）有助于人体机能尽快恢复常态。由运动引起的一系列生理、心理变化需要一个逐步恢复的过程，整理活动可促使这一过程的转化。

（2）整理活动是一个轻松、活泼、柔和的活动过程，有助于肌肉的血液畅流，排出二氧化碳，消除代谢产物，达到减轻肌肉酸痛、消除疲劳的效果。

2. 整理活动的要求

整理活动应着重于全身性放松。尽量采用轻松、活泼、柔和的练习，活动量逐渐减少，节奏逐步减慢，促使呼吸频率和心率下降。如在长跑到达终点后，再慢跑一段或边走边做深呼吸和放松徒手操。特别在紧张剧烈的运动之后，一定要进行全身放松活动，以免身体受到损伤。整理活动之后，还要注意使身体保暖，以防着凉，引起感冒。

二、运动饮食卫生

（一）运动与营养卫生

人体所需要的营养素主要有糖、脂肪、蛋白质、维生素、矿物质和水，这些营养素各有独特的营养功能，在代谢过程中又密切联系，共同参与，推动和调节生命活动。营养供给不足或过量都不利于健康。

1. 粮食类食物

粮食类食物是热能供给的主要来源，每天进食的数量应与一天热能的消耗相适应，并以粗细搭配为宜。据调查，我国男大学生每天能量消耗约 10.4×10^3 千焦，女生约 8.7×10^3 千焦。积极参加体育锻炼的男生可达 13.8×10^3 千焦，女生为 10.4×10^3 千焦。如长期热量供给不足，会引起身体瘦弱、抵抗力减弱，但摄取热量过多，也易引起脂肪过多堆积。

2. 蛋白质食物

蛋白质食物是人体肌肉的主要原料，主要来自瘦肉、鱼虾、蛋类、乳类和豆制品等。一般成人每天每千克体重需蛋白质 1.2~1.5 克，经常从事锻炼者比一般人高 50%~80%。如果长期蛋白质摄入量不足，可引起营养不良和贫血等症。

3. 蔬菜类食物

蔬菜类食物是维生素的主要来源。维生素对经常锻炼的人来说非常重要，这不仅是保证身体健康所必需的，而且直接影响人体活动的能力。维生素主要存在于新鲜蔬菜中，最好每人每天能吃 400~500 克蔬菜，有条件者还可每天食用一定量的水果。

（二）运动饮食卫生习惯

1. 运动后不宜立即就餐

运动时大量血液流入运动器官，胃肠器官的血液量相对较少，胃液分泌亦少，消化系统功能处于相对抑制状态。运动后立即进餐，必然影响食物的消化和吸收，会引起消化不良或其他消化道疾病，合理的进食时间一般在运动后半小时。

2. 饭后不宜立即进行剧烈运动

饭后立即进行剧烈运动，不仅易产生消化不良，还可引起腹痛、恶心等症状，也可造成胃下垂等疾病。

3. 合理安排一日三餐

据调查，凡是不吃早餐的人，上午握力减小，神经肌肉震颤增强，血糖降低，易出现注意力不集中、头晕、心慌等现象。另外，空腹时间长，也是引起肠胃病的主要原因。所以，早餐可增加一些奶类、蛋类食品。午餐一定要吃饱，因为下午的工作、学习和活动量都较大。晚餐不应吃得太饱，以免影响晚间的学习、工作效率和睡眠。应注意的是，由于运动后易产生饥饿感，用餐时不要狼吞虎咽，更不能暴饮暴食。另外，在比赛前或疲劳时，不宜吃太油腻的食品。

4. 运动中提倡少量、多次的饮水方式

水在人的生命活动中具有重要作用，水占成人体重的60%~70%，人体与外界环境的物质交换以水为最多。运动时出汗多，体内缺少水分，必须及时补充，否则会影响人体正常生理机能活动。但是，运动前和运动中不宜一次性大量饮水，饮水过多会使胃膨胀，妨碍膈肌活动，影响呼吸，还会使血液浓度下降，血流量增大，增加心脏负担，这样既不利于健康，也不利于运动。运动后亦不宜一次性大量饮水，否则会加重心脏负担，影响整理活动的正常进行，影响生理机能的恢复。

5. 夏天运动后不宜大量喝冰冻饮料

冰冻饮料会刺激胃肠，导致胃肠痉挛，发生腹痛、恶心、呕吐等现象，还会使胃肠血管收缩，血量减少，影响对食物的消化和吸收。

三、运动环境卫生

良好的运动环境，可以激发锻炼者的运动情绪，提高锻炼效率。反之，可抑制锻炼者的情绪，还可引起生理异常反应或诱发运动损伤。

（一）运动与空气卫生

空气是人类赖以生存的条件之一，空气中的氧气是人体生命活动的重要物质。新鲜空气中含有大量负离子，能调节大脑皮层功能，促进腺体分泌，改善呼吸功能，振奋精神，消除疲劳，进而有效地提高锻炼效果。然而，空气中一旦存在有毒气体，被人体摄入后，常会引起某些器官、系统的损害和病变。如一氧化碳与体内血红蛋白结合形成碳氧血红蛋白，使血红蛋白丧失携氧能力，导致人体缺氧；二氧化碳会损害肝脏。因此，应避免在空气污浊和恶劣的环境中锻炼。如气压过低、空气湿度过大，易使机体的散热机能受到阻碍；气温过高易中暑；风速过大会影响运动进行。体育锻炼尽可能在室外进行，特别是在空气新鲜、环境幽雅的地方进行。在室内锻炼时，要开窗通风，保持室内空气清新。

（二）运动与音响卫生

噪声是一种环境污染因素，它主要来自机器、汽车、高音喇叭、爆炸及人群喧闹等。噪声会严重影响人的情绪和正常的生理活动。体育锻炼时常会受噪声干扰而影响运动技术的形成和锻炼效果，甚至造成运动损伤。因此，锻炼环境应保持相对安静，理想的音响强度不超过35分贝。

（三）运动与采光卫生

合理采光可使环境气氛和谐，有利于健康，也有利于锻炼活动的顺利进行。不合理采光会直接影响锻炼者的视力，妨碍锻炼活动的顺利进行，还容易发生运动损伤。采光分自然采光和人工采光，运动场地采光要光线充足，室内照明以光线柔和、均匀、不闪烁、不炫目、不明显改变室内温度为宜，一般不小于50勒克斯。为了增加亮度，窗户玻璃要清洁，室内装潢最好以浅色为宜，使锻炼者感觉愉快和舒适。

（四）运动与场地卫生

1. 田径场卫生

跑道应当平坦、坚实而有弹性，无灰尘并保持一定的湿度。跳跃沙坑要有50～60厘米厚度的沙，保持松软，没有杂物。沙坑周围宜用木质制作，并用橡皮包扎与地面齐平。投掷区应有明显的标记，以免造成伤害事故。

2. 球场卫生

足球场最好铺有草皮，场地平坦、整洁、无杂物。篮、排、网球场地要平整，硬度适中，没有浮土，球场周围应有足够的余地。

3. 游泳池卫生

游泳池的水质要符合卫生部门的要求，池水温度保持在22～26℃，水的pH值应保持在6.5～8.5，水中含氯量应达到0.3～0.5毫克/升，浸脚消毒池水的余氯含量在5～10毫克/升。池水细菌总数不得超过1000个/毫升，大肠菌群不得超过18个/升，水质透明度应达到静水时能看到池底的任何地方的要求。为了保持池水清洁，游泳前必须全身淋浴，并通过消毒脚池后入池。此外，深水区和浅水区要有明显的标记。

四、运动衣着与器材卫生

运动衣着和运动鞋应符合运动项目要求，并具有透气、吸湿等性能。运动衣着要轻便、舒适、美观大方。夏季应以浅色薄运动衣裤为好，冬季注意保暖，但又不妨碍运动。运动衣裤要勤换、勤洗，以免汗液和细菌污染机体。

运动器械要坚固，安装得当，并注意检查维修，防止生锈及连接处脱落。健美、举重器材用后放回原处，体操垫硬度应适中并保持整洁、美观。

五、女子体育卫生

（一）女子体育锻炼的一般要求

女子的呼吸和血管系统机能不如男子，锻炼中的总体运动量比男子要小一些。女子肩部较窄，臂力较弱，故避免做过多的持久的支撑、悬垂和大幅度摆动。女子在青少年时期，骨盆尚未发育完全，不要过多地进行负担量过大的负重练习，避免采用剧烈震动和引起腹压升高的练习，如从高处跳下、举重和憋气等练习。根据女子爱美心理和柔韧性较好的生理特征，可多选择节奏性较强、轻松活泼的练习，如艺术体操、舞蹈及球类等项目。为塑造形体美，可多选择增强腰背、腹肌和盆底肌的练习，如仰卧起坐、仰卧举腿等。要重视全面身体素质锻炼，克服和改善女生的生理弱点，努力提高力量、耐力等身体素质，能够终身受益。

（二）月经期体育卫生要求

月经是女性正常的生理现象，身体健康、月经正常者，一般不出现明显的生理机能变化，在经期可参加适量的体育活动。这不仅可以改善盆腔血液循环，减少盆腔充血，而且由于运动对子宫的柔和按摩作用，有利于经血排出，并且可以调整大脑皮质的兴奋和抑制过程，有利于人体机能的正常运行。女子在月经期进行体育锻炼时应注意以下几点：

（1）适当减轻运动量，运动时间不宜过长。对月经初潮的少女，由于经期尚不稳定，运动量要小些。对恐惧月经期间锻炼者，要多帮助指导，使之逐步形成经期锻炼的习惯。健康状况好、月经稳定者，经期第1～2天可进行轻微性体育活动，如广播操、传垫排球等，第3~4天可逐渐加大运动量，如进行球类活动和慢跑等，第5~6天便可正常地参加锻炼。

（2）月经期间应避免做震动大的跳跃、憋气和静力性练习，更不宜游泳。月经来潮时子宫开放，子宫内膜破裂出血，游泳容易使病菌侵入内生殖器，引起炎症性病变。

（3）如果出现月经紊乱（月经过多、过少或经期不准）、痛经和明显腰部酸痛等情况，应暂停体育活动。

为了及时了解和掌握女性月经情况，可建立“月经卡”制度以合理安排运动量。

六、自我医务监督与保健

自我医务监督，是指个体在体育锻炼过程中，对自身生理机能和健康状况观察和评定的方法。自我医务监督有利于及时了解自己在锻炼过程中的生理机能变化，防止过度疲劳，为合理安排锻炼计划、内容和方法提供依据。

（一）自我医务监督的内容

（1）自觉状态，包括身体感觉、运动情绪、睡眠、食欲、排汗等状态。

（2）生理指标，包括脉搏、肺活量、体重和尿便等指标。

（3）运动成绩，包括身体素质和专项成绩。

（4）其他伤病情况。另外女生还有月经状况监督等。

（二）自我医务监督的要求

对于一般同学，医务监督每周记录一次（体育课后），校运动队队员可在每次训练后记录一次。自我医务监督卡如表4-1所示。

表4-1　自我医务监督卡

类别	内容	反应
自觉状态	身体感觉 运动情绪 睡眠 食欲 排汗情况	正常、一般、较差 正常、一般、较差 正常、一般、较差 正常、一般、较差 正常、一般、较差
生理指标	脉搏（次/分） 肺活量（毫升） 体重（千克） 尿便情况	有规律、不规律、杂乱 增加、保持、减轻 增加、保持、减轻 正常、混稀
运动成绩	素质成绩 专项成绩	提高、保持、下降 提高、保持、下降
女生经期情况		正常、不正常
其他	伤病情况	（记录伤病原因和程度）

班级　　　　　　　　姓名　　　　　　　　日期

（三）自我医务监督的方法

具体方法是将体育锻炼后出现的各种生理反应和所测定的有关数据，在医务监督表所属栏中记录下来，然后对各项记录进行综合分析和判断，检查内容、方法、运动负荷是否合理、科学。如果发现异常，应及时检查和分析原因并向体育教师报告，在教师的指导下及时调整练习内容和运动负荷，必要时暂停锻炼或找医生做进一步检查。但是，每次锻炼后所呈现出来的各种生理反应和自我感觉不可能完全相同，有的可能属于“正常”，也有的可能属于“一般”，甚至个别指标属于“减轻”或“较差”，对此要有明确的自我判断。

第二节　常见的运动中生理反应和疾病的处置

一、极点和第二次呼吸

中长跑时能量消耗大，特别当下肢回流血量减少，使脑的供血、供氧产生暂时性不足时，就会出现呼吸急促、胸闷难忍、下肢沉重、动作不协调的现象，这在生理学上称为“极点”。当“极点”出现时，情绪要稳定，并适当减慢跑速，加深呼吸，坚持下去，上述生理现象将会逐渐缓解与消失。这是由于，一方面氧供给逐步得到增加，另一方面机体的适应性使机体功能得到改善，从而运动能力提高，动作重新变得协调和有力，标志着“极点”已经有所克服，生理过程出现新的平衡。此种现象运动生理学称之为“第二次呼吸”。

“极点”与“第二次呼吸”是中长跑运动中常见的生理现象，无须疑虑和恐惧，即使是一位优秀的中长跑运动员，也常出现“极点”现象，但随着训练水平的提高，上述生理反应会逐步推迟和减轻。

二、肌肉酸痛

不少人有过这样的体会，在一次活动量较大的锻炼后，或是隔了较长时间未锻炼，刚开始锻炼之后，常会出现运动后肌肉酸痛症状。这种酸痛不是发生在运动中或运动后即刻，而是发生在运动结束 1~2 天之后，因此也称为肌肉延迟性疼痛。

1. 原因

当肌肉一次活动量大，或隔了较长时间未锻炼而刚恢复锻炼时，肌肉对负重负荷及收缩放松活动未完全适应，会引起局部肌纤维及结缔组织的细微损伤，以及部分纤维产生痉挛。生理和生化的研究结果证实了酸痛时这种局部细微损伤及肌纤维痉挛的存在。由于这种肌纤维细微损伤及痉挛是局部的，因而就整块肌肉而言，仍能完成运动功能，但存在肌肉酸痛感。

2. 处理

（1）热敷：可对酸痛的局部肌肉进行热敷，促进血液循环及代谢，有助于修复损伤组织及缓解痉挛。

（2）伸展练习：可对酸痛局部进行静力牵张练习，保持伸展状态 2 分钟，然后休息 1 分钟，重复进行，每天做几次这种伸展练习，有助缓解痉挛。但做时注意不可用力过猛，以免牵拉时再使肌纤维损伤。

（3）按摩：按摩有使肌肉放松、促进血液循环的作用，有助于修复损伤及缓解痉挛。

（4）口服维生素 C：维生素 C 有促进结缔组织中胶原合成的作用，有助于受损伤结缔组织的修复，从而减轻和缓解酸痛。

另外，针灸、电疗等手段对缓解酸痛也有一定作用。

3. 预防

根据不同体质、不同健康状况科学地安排锻炼负荷，负荷不要过大，也不宜增加过猛。锻炼时，尽量避免长时间集中练习身体某一部位，以免局部肌肉负担过重。准备活动中，注意充分活动即将进行负荷练习的局部肌肉，对损伤有预防作用。整理活动中除进行一般性放松练习外，还应重视进行肌肉的伸展牵拉练习。这种伸展练习有助于预防局部肌纤维痉挛，从而避免酸痛的发生。

三、运动中腹痛

1. 原因

人体进入运动状态后，下腔静脉压上升，血液回流受阻，致使腹部脏器功能失调，引起腹痛；有的因运动时呼吸紊乱、膈肌运动异常，引起肝脾膜张力性疼痛；也有的因运动前吃得过饱，饮水过多及腹部受凉，引起胃肠痉挛，导致疼痛。运动性腹痛多数在中长跑运动时发生。

2. 征象

运动性腹痛的部位不固定，一般因肠痉挛、肠结核引起腹腔中部处疼痛；食后运动性腹痛常发生在上腹部或中部；肝脾膜张力性疼痛，常在左右两侧腹部。

3. 处理

对因静脉血回流障碍和准备活动不足或呼吸紊乱引起的腹痛，可采取降低运动强度，放慢跑速，同时按摩疼痛部位，并做深呼吸等方法减轻疼痛。对于胃肠饱胀、肠痉挛和慢性疾患引起的腹痛，如采取上述措施后无效时，应停止运动。

4. 预防

合理安排运动时间，饭后至少一小时后才进行活动，运动前要做好准备活动，运动时要循序渐进。对于患有各种慢性疾病及病愈之前的体育锻炼，需在医生和体育教师指导下进行。

四、肌肉痉挛

1. 原因

在剧烈运动中，由于肌肉快速连续性收缩，导致肌肉收缩与放松的协调交替关系破坏，特别在局部肌肉处于疲劳时，更易发生肌肉痉挛。受到寒冷的刺激或因情绪过于紧张，也可引起肌肉痉挛。

2. 征象

肌肉痉挛时，局部肌肉产生剧烈性收缩并变得坚硬和隆起，疼痛难忍，且一时不易缓解。

3. 处理

立即对痉挛部位的肌肉进行牵引。当腓肠肌痉挛时，伸直膝关节，并做足的背伸动作；若足部屈拇肌、屈趾肌痉挛时，用力将足和足趾背伸。处理痉挛时最好有同伴协助，但切忌施力过猛。此外，可配合局部按摩、点穴（承山、涌泉、委中穴等），以加速缓解痉挛。

4. 预防

运动前做好准备活动，对容易发生痉挛的肌肉，可事先进行按摩。冬季锻炼时，要注意保暖，夏季进行剧烈运动时，应注意补充盐分。游泳锻炼下水前，应先用冷水淋浴，游泳时间不宜过长。疲劳和饥饿时，不要进行剧烈运动。

五、中暑

1. 原因

在高温环境中，特别在温度高、通风不良、头部又缺乏保护、被烈日直接照射的情况下进行体育锻炼，易因体温调节功能障碍发生中暑。

2. 征象

轻度中暑，可出现面部潮红、头晕、头痛、胸闷、皮肤灼热、体温升高现象。严重时，将出现恶心、呕吐、脉搏快而细弱、精神失常、虚脱抽搐、血压下降，甚至昏迷。

3. 处理

迅速将患者移至通风、阴凉处，解开衣领，冷敷额部，用温水擦身，并给予含盐清凉饮料或十滴水，数小时后即可恢复正常。严重患者，经临时处理后，应迅速转送医院治疗。

4. 预防

在高温炎热季节锻炼时，应适当减少运动量，缩短运动时间，避免在烈日下长时间锻炼。夏天在室外锻炼时，宜穿浅色衣服，戴遮阳帽。在室内锻炼时，应有良好的通风，并注意服用低糖含盐饮料。

六、运动性昏厥

运动中，由于脑部供血不足，当氧债不断积累达到一定程度时，即可发生一时性知觉丧失，这一现象被称为运动性昏厥。

1. 原因

剧烈运动或长时间运动时，大量血液积聚在下肢，回心血流量减少，导致脑部供血不足而出现昏厥。如跑后立即停止不动，亦可出现"重力休克"现象。

2. 征象

全身无力，眼前一时发黑，面色苍白，手足发凉，失去知觉而昏倒。生理检测脉搏减弱，呼吸缓慢，血压降低等。

3. 处理

立即让患者平卧，足略高于头部，并进行向心方向按摩，同时指压人中、合谷等穴位。如有呕吐，应将患者头偏向一侧，以利呼吸道畅通。如停止呼吸，应立即进行人工呼吸。轻度征象者，由同伴搀扶慢走，并进行深呼吸，即可缓解症状。重症患者，经临场处理后，送医院治疗。

4. 预防

不要在饥饿情况下进行剧烈运动，疾跑后不要立即停下来，久蹲后也不要突然起立，平时要加强体育锻炼，以增强体质。

七、运动性贫血

我国成年健康男性每 100 毫升血液中含血红蛋白量为 12.5～16 克，女性为 11.5～15 克。若低于这一生理数值，被视为贫血。因运动引起的血红蛋白量减少，称为运动性贫血。

1. 原因

运动时机体对蛋白质与铁的需求增加，一旦需求量得不到满足，即可引起运动性贫血。此外，运动时脾脏释放的溶血卵磷脂能使红细胞的脆性度增加，加上剧烈运动时血流加快，易引起红细胞破裂，导致运动性贫血。再者，由于偏食或爱吃零食，影响正常营养摄入或长期性腹泻影响营养吸收，运动时也会出现贫血现象。

2. 征象

运动性贫血发病缓慢，平时表现为头晕、恶心、气喘、体力下降，运动后出现心悸、心率加快、面色苍白等。

3. 处理

如运动中（后）出现头晕、无力、恶心等现象时，应适当减少运动量，必要时暂停运动。补充富含蛋白质和铁的食物，口服硫酸亚铁片剂和维生素 C，对缺铁性贫血的治疗有明显的效果。

4. 预防

锻炼时要遵循循序渐进原则，并克服偏食习惯。

八、游泳性中耳炎

1. 原因

游泳时水进入外耳道后，使鼓膜泡软，可引起鼓膜破损，细菌进入中耳形成炎症。此外，游泳时呛水，细菌也可能从咽鼓管进入中耳而引起。

2. 征象

表现为耳内剧烈疼痛，有时还会引起热和头痛，也可见外耳道有黄色液体流出。

3. 处理

停止游泳，用生理盐水和络合碘清洗消毒，送医院治疗。

4. 预防

游泳时可用耳塞堵住外耳道口，防止水进入耳道。若耳内灌水，可采用头偏向耳朵有水一侧，用同侧腿进行原地跳的方法使水震动排出，然后再用棉花擦干外耳道，切忌挖耳。患感冒、上呼吸道感染时应停止游泳。

第三节　常见运动损伤的处置与预防

在体育活动中发生的损伤统称为运动损伤，它与一般生活及劳动中的损伤有所不同，与运动项目及其技术动作有着密切的关系。大学生了解并掌握常见运动损伤的原因、特点、预防措施和处理方法，将治疗和训练相结合，就能达到预防和治疗运动损伤、提高治疗效果、缩短康复时间的目的。进行科学的锻炼，减少或避免运动损伤，可以使体育锻炼最大限度地起到增强体质、促进身心健康的积极作用。

一、运动损伤的原因

体育运动中造成损伤的原因是多方面的，既有锻炼者的运动基础、体质水平方面的原因，也有运动项目特点、技术难度方面的原因，还有活动内容安排、运动量、运动环境等方面的原因，概括起来主要有以下几个方面。

（一）思想麻痹大意

这是所有运动损伤中最主要的因素，包括对预防损伤的意义认识不足、运动前未检查器械、预防措施不力、存在好胜心理和好奇心理等。另外，运动前不做准备活动或准备活动不足，导致人体机能未达到运动状态、肌肉弹性差、韧带伸展和关节活动范围小，以及身体协调性低下等也可致伤。

（二）运动情绪不适宜

运动情绪低下或在畏难、恐惧、害羞、犹豫，以及过度兴奋、过分紧张时可能发生伤害事故。

（三）缺乏运动经验与自我保护能力

由于缺乏运动经验和自我保护能力而致伤，如摔倒时用肘部或直臂撑地，造成肘关节或尺（或桡）骨损伤。由高处跳下时，用脚跟着地或屈膝缓冲不够，易造成腿部、腰部或内脏震伤。

（四）技术上的缺点和错误

如排球传球时，由于手形不正确引起手指扭挫伤。学习跳马（箱）时，助跑速度过快，向前冲力过大，或助跑与踏跳不协调，致使身体前冲摔倒等。

（五）内容组合不科学，运动量安排过大

在一次运动锻炼中，没有科学地安排好身体各部位练习的组合，导致局部负担过重而造成损伤。运动量安排过大，造成机体疲劳，从而使动作控制能力降低引起受伤。

（六）纪律松懈或组织不严密

纪律松懈，特别是在场地狭窄、人员拥挤的地方任意冲撞，造成伤害事故。有的因组织方法不当致伤。

（七）运动环境不好

运动场地高低不平，器械安装不坚固或年久失修，又缺乏保护措施；运动时的服装不符合要求；环境因素，如空气污浊、噪声大、光线暗淡、气温过高或过低等，都能成为致伤的原因。身体状况不佳，身体疲劳或睡眠、休息不好，带伤、带病或伤病初愈，身体机能相对较弱，在这些情况下运动，如不适当降低练习的强度和难度则很容易致伤。

（八）身体的弱点与技术动作的特殊要求不适应

如处于半蹲位时，膝关节周围的韧带较松弛，关节稳定性相对减弱，在完成伸膝发力和屈膝的落地缓冲时易发生伤害。小腿在屈膝情况下外展而突然伸直更易发生伤害。

二、常见运动损伤的处理

（一）软组织损伤

这类损伤可分为开放性损伤和闭合性损伤两类。前者有擦伤、撕裂伤、刺伤等，后者有挫伤、肌肉拉伤、肌腱腱鞘炎等。

1. 擦伤

（1）原因与症状：运动时皮肤受挫致伤。如跑步时摔倒、体操运动时身体擦磨器械受伤，擦伤后皮肤出血或组织液渗出。

（2）处置：小面积擦伤，可用红药水涂抹伤口。大面积擦伤，先用生理盐水洗净，后涂抹红药水，再用消毒布覆盖，最后用纱布包扎。

2. 撕裂伤

（1）原因与症状：在剧烈、紧张运动时，或受到突然强烈撞击后，造成肌肉撕裂，包括开放伤和闭合伤。常见有眉际撕裂、跟腱撕裂等。开放伤顿时出血，周围肿胀，闭合伤触及时有凹陷感和剧烈疼痛。

（2）处置：轻度开放伤，用红药水涂伤口即可。裂口大时，需止血和缝合伤口，必要时注射破伤风抗毒血清，以防破伤风症。如肌腱断裂，则需手术缝合。

3. 挫伤

（1）原因与症状：因撞击器械或练习者之间相互碰撞造成挫伤。单纯挫伤在损伤处出现红肿，皮下出血，并有疼痛。内脏器官损伤时，出现头晕、脸色苍白、心慌气短、出虚汗、四肢发凉、烦躁不安等症状，甚至休克。

（2）处置：在24小时内冷敷或加压包扎，抬高患肢或外敷中药；24小时后可按摩或理疗。进入恢复期可进行一些功能性锻炼。如果怀疑内脏损伤，则做临时性处理后，送医院检查和治疗。

4. 肌肉拉伤

（1）原因与症状：通常是在外力直接作用下，使肌肉过度主动收缩或被拉长引起肌肉拉伤。特别是在准备活动不充分、动作不协调时，以及在肌肉弹性、伸展性、肌力差者中更易拉伤。损伤后伤处肿胀、压痛、肌肉痉挛，触诊可摸到硬块，严重的肌肉拉伤是肌肉撕裂。

（2）处置：轻者即刻冷敷，局部加压包扎，抬高患肢，24小时后可施行按摩或理疗。如果肌肉已大部分或完全断裂，在加压包扎急救后，立即送医院手术治疗。

（二）关节、韧带扭伤

1. 肩关节扭伤

（1）原因与症状：一般因肩关节用力过猛及反复劳损所致，也有因技术错误，违反解剖学原理而造成损伤。如投掷、排球扣球和大力发球时常出现这类损伤。其症状有压痛、疼痛，急性期有肿胀，慢性期三角肌可能出现萎缩，肩关节活动受限。

（2）处置：单纯韧带扭伤，可冷敷、加压包扎。24小时后可采用理疗、按摩和针灸治疗。出现韧带断裂时，应立即送医院缝合和固定处理。当肩关节肿胀和疼痛减轻后，可适当进行功能性锻炼，但不宜过早活动，以防转入慢性。

2. 髌骨劳损

（1）原因与症状：髌骨具有保护股骨关节面、维护关节外形和传递股四头肌力量的作用，是维护膝关节正常功能的主要结构。髌骨劳损是膝关节长期负担过重或反复损伤累积而成的，也可因一次直接外力撞击致伤，如篮球滑步急停、跳高和跳远时踏跳不合理或摔倒受撞击，都可导致这种损伤。

（2）处置：采用中药外敷、针灸、按摩等。平时加强膝关节肌群力量练习，如采用高位静力半蹲，每次保持3~5分钟即可。伤情好转时，可逐渐增加时间，每日进行1~2次。

3. 踝关节扭伤

（1）原因与症状：运动中跳起落下起时失去平衡，踝关节过度内翻或外翻致伤。在准备活动不充分、场地不平坦的情况下，更易造成这类损伤。主要症状为伤处疼痛、肿胀，韧带损伤处有明显压痛、皮下淤血。

（2）处置：受伤后应立即冷敷，用绷带固定包扎，并抬高伤肢。24小时后，根据伤情采取综合治疗，如外敷伤药、理疗、按摩等，必要时做封闭疗法。待伤情好转后，进行功能性练习。对严重者可用石膏固定。

4. 急性腰伤

（1）原因与症状：运动时，身体重心不稳定或肌肉收缩不协调，引起腰部扭伤。多数因腰部受力过重，或脊柱运动时超过了正常生理范围。例如，挺身式跳远中，展体过大；举重上挺时，过分挺胸；跳水时，下肢后摆过大，都有可能造成腰部扭伤。损伤后，当场疼痛，有时瞬间听到“格格”响声，有时出现腰部肌肉痉挛或运动受限。

（2）处置：腰部急性扭伤后，让患者平卧，一般不应立即扶动。如果剧烈疼痛，则用担架抬送医院诊治。处理后，应卧硬板床或腰垫一枕头，使肌肉韧带处于放松状态，也可针灸、外敷伤药或按摩。

（三）关节脱位

关节脱位是指使关节面失去正常的连接位（或称脱臼）。

（1）原因与症状：一般因受间接外力作用所致。如摔倒时用手撑地可引起肘关节或肩关节脱位。严重的关节脱臼伴有关节囊撕裂，甚至可损伤神经，与健肢对比不对称，因软组织损伤而出现炎症反应，局部疼痛、压痛和关节肿胀，并失去正常活动功能，甚至发生肌肉痉挛等现象。

（2）处置：用长度和宽度相称的夹板固定伤肢。如果没有夹板，可将伤肢固定在自己的躯干或健肢上，防止震动，随后及时送医院治疗。必须指出，如果没有把握做整复处置时，切不可随意做整复手术，以免再度伤害。

（四）骨折

（1）原因与症状：运动中，身体某部位受到直接或间接的暴力撞击时，易造成骨折。例如，在踢足球时小腿被踢，造成胫骨骨折；摔倒时手臂直接撑地引起尺骨或桡骨骨折；跪倒时可造成髌骨骨折等。骨折是比较严重的损伤，但发病率很低。骨折分不完全性骨折和完全性骨折两种。常见的骨折有肱骨骨折、前臂骨骨折、手骨骨折、大腿骨骨折、小腿骨骨折、肋骨骨折和脊柱骨折等。骨折发生后，患部立即出现肿胀，皮下出血，伴有剧烈疼痛，肢体失去正常功能，肌肉产生痉挛，有时骨折部位发生变形，移动时可听到骨摩擦声。严重骨折时，伴有出血和神经损伤、发热、口渴，直至休克等全身性症状。

（2）处置：若出现休克，应先进行处理，即点人中穴，并进行口对口人工呼吸或心脏外按压术。若伴有伤口出血，应同时实施止血和包扎。骨折后暂勿移动患肢，应用夹板或其他代用品固定伤肢，及时送医院检查和治疗。

（五）脑震荡

（1）原因与症状：脑震荡是指头部受外力打击后，使大脑管理平衡的膜半规管、椭圆囊等感受器机能失调，直到引起意识和机能的一时性障碍。在体育锻炼时，两人头部相撞，或头部撞击硬物，或从高处跌下时头部撞地，都可造成脑震荡。致伤后，患者神志昏迷，脉搏徐缓，瞳孔稍大但对称，神经反射减弱或消失。清醒后，患者常有头痛、头晕、恶心呕吐感，平时情绪烦躁，注意力不易集中，并伴有耳鸣、心悸、多汗、失眠、记忆力减退等症状。

（2）处置：立即让患者平卧，头部冷敷。若昏迷，即指压人中、内关、合谷穴。若发生呼吸障碍，立即进行人工呼吸。上述处理后，出现反复昏迷或耳、鼻、口出血，两瞳孔放大又不对称时，表明病情严重，应立即护送医院治疗。在运送途中，要让患者平卧，固定头部，避免颠簸。脑震荡一般都可自愈，无须住院治疗，但要注意休息和必要的药物治疗，保持情绪安定，减少脑力劳动。在恢复过程中，可定期做脑震荡平衡试验，以检查病况进展。其方法是，闭目、单腿站立、两臂平举，如果能保持平衡，表明脑震荡已基本治愈。这时，可适当参加体育锻炼，但要避免滚翻或旋转性动作。

三、运动损伤的预防

预防运动损伤的发生，要加强运动安全教育，克服麻痹思想。提高预防损伤的意识，认真地做好准备活动，对可能发生运动损伤的环节和易伤部位，做好预防措施。合理安排运动，做练习时防止局部运动器官负担过重。

此外，要加强保护与帮助。在加强同伴间的相互保护与帮助的同时，特别要加强和提高自我保护能力。如摔倒时，立即屈肘、低头、团身滚动；由高处跳下时，用前脚掌着地，同时屈膝缓冲。要加强易伤部位的锻炼，这是一种预防效果较好的积极的手段。如为预防关节扭伤，应增强关节肌肉、韧带的力量、强度和柔韧性，以加强关节的稳定性；为防止肌肉拉伤，在发展肌肉力量的同时，还应注意发展肌肉的伸展性。

四、运动损伤的急救

（一）急救的意义和原则

对体育运动中发生的严重损伤进行及时、正确的临时性处理，可减轻患者痛苦，减少并发症和感染，并为转送医院进一步治疗创造条件，这对挽救生命安全具有十分重要的意义。急救是一项技术性、判断性很强的工作，必须遵循如下原则：

（1）抓住主要矛盾，先急后缓。现场急救，如果同时出现多种损伤时，必须抓住主要矛盾进行急救。如发现休克，应先施行抗休克急救——针刺人中、内关穴，并及时进行人工呼吸；伴有出血时，应同时施行止血，然后对其他损伤进行处理。

（2）判断准确，施行正确技术。急救人员要正确判断损伤的性质和程度，并施行正确的抢救技术。急救要分秒必争，临危不惧，当机立断，切勿延误时机。抢救有效后，尽快转送医院进一步治疗。在运送途中，要保持患者平稳安静，随时观察病情，必要时继续进行人工呼吸。

（二）急救方法

1. 止血法

（1）冷敷法：常用于急性闭合性软组织损伤，最简便的方法是用冷水冲洗或用冷毛巾敷于伤处，有条件的可使用氯乙烷喷射。

（2）抬高伤肢法：把出血的肢体抬高超过心脏水平，这样可降低出血部位的血压，减少出血。

（3）压迫法：有指压法、绷带法和止血带法。指压法常用于动脉出血，方法是用指腹直接压迫出血部位。但由于直接触及伤口，容易引起感染，最好敷上消毒纱布后进行指压。也可指压出血部位的上端动脉管，以切断血流渠道。常用指压法有颌外动脉指压止血法（位于下颌角前 1.5 厘米处）、肱动脉指压止血法、股动脉指压止血法和胫前（后）动脉指压止血法。绷带包扎止血法较多，要根据受伤部位和伤势，进行不同方法的包扎。如环形包扎法、螺旋形包扎法、反折螺旋形包扎法、“8”字形包扎法和三角巾包扎法等。

2. 人工呼吸法

（1）口对口人工呼吸法：首先清除患者口中的分泌物或呕吐物，松开衣领、裤带和胸腹部衣服，让患者仰卧，使头部后仰保持呼吸道畅通，托起下颌，捏住鼻孔，压住环状软骨（压迫食道）以防空气进入胃内。然后施救者深吸一口气，两口相对，将大口气吹入患者口中，吹气后将捏鼻孔的手松开。如此反复进行，吹气频率为每分钟 16~18 次，直至患者恢复自主呼吸为止。

（2）心脏胸外按压法：让患者仰卧在木板或平地上，施救者两手上下重叠，将掌根置于患者胸骨下半部，肘关节伸直，借助自身体重和肩臂部力量，适度用力下压，将患者胸壁下压 3~4 厘米为度，随即松手，胸壁将自然回弹。如此反复进行。按压频率为成人每分钟 60~80 次，小儿用单手按压即可，每分钟 90~100 次，直至恢复心脏自主跳动为止。

必要时口对口呼吸法和心脏胸外按压法同时进行。施救者之间应密切配合，一般胸外按压 30 次，吹气 2 次，反复交替进行，同时每隔 5 分钟检查一次心肺复苏效果，每次检查时心肺复苏术不得中断 5 秒以上。

3. 搬运法

经现场急救处理后，应迅速安全地将伤员转移到宿舍休息或医院治疗。搬运方法有徒手搬运法（扶持法、托抱法）、双人椅托法、三人托抱法、担架法和车辆运送法等。

（三）溺水及其急救

溺水时，水经呼吸道进入肺内，造成呼吸道阻塞或因吸入刺激引起喉部肌肉痉挛，导致窒息昏迷。如果时间稍长，会因缺氧而危及生命。

窒息后，溺水者脸色苍白，眼睛充血，口鼻充满泡沫，四肢冰冷，神志昏迷，胃腹满水鼓起，直至呼吸、心跳停止。

急救步骤如下：第一，将溺水者救上岸后，立即清除口腔异物，并进行倒水。第二，及时进行人工呼吸。第三，清醒后立即送医院进一步治疗。在运送途中密切观察溺水者情况，必要时继续进行人工呼吸。

五、运动处方

运动处方是 20 世纪 50 年代由美国生理学家卡波维奇提出的，最初是作为体育医疗的一种措施。近几年来，随着大众体育的开展，运动处方发展成为指导锻炼者进行一般身体锻炼的医务监督。通俗地讲，运动处方类似医生给病人开的医疗处方，即由医生或体育工作者根据锻炼者按其年龄、性别、健康状况、身体锻炼经历和心肺或运动器官的机能水平等，用处方的形式规定适当的运动内容、锻炼方法和运动量的大小。它是指导人们有目的、有计划、科学地进行锻炼的重要方式和环节，尤其是在倡导终身锻炼的今天，掌握必要的锻炼知识和自我评价的方法，具有重要的指导意义。

（一）运动处方的四个构成要素

（1）合理的运动强度：运动的激烈程度应有多大？

（2）合理的运动项目：选择什么运动项目最合适？

（3）合理的运动时间：每次运动应持续多长时间？

（4）合理的运动频率：一星期应锻炼几次？

（二）制定运动处方的原则

（1）个体化原则。

（2）运动量循序渐进原则。

（3）运动中自我评估原则。

（4）充分考虑自然条件原则。

（三）运动处方的实施

在实践中，运动处方实施是一个循环反复的过程，是一个集可行性、科学性、可操作性于一体的过程，也是一个不断提高体育教师业务能力、增强学生自觉锻炼身体意识的过程。运动处方主要通过负荷与休息这两大要素的多种组合实施。

1. 运动处方的实施过程

首先要对体育锻炼者的基本情况进行了解，根据具体情况制定处方。实施处方要有一定的周期，任务不同，所需的周期长短亦不同。实施处方一段时间之后应通过测试了解实施的效果，经过分析，调整处方，再实施新的运动处方。如此循环往复，直至完成特定的目标，然后转向新的目标。运动处方的实施过程如图4-1所示。

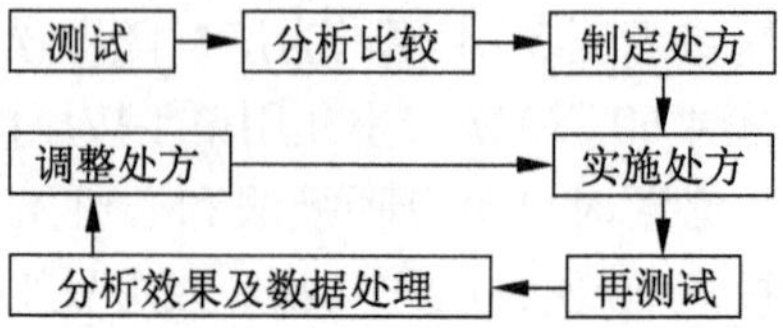

图4-1　运动处方实施过程

2. 运动处方的实施原则

（1）区别对待原则。

（2）运动负荷有效性原则。

（3）运动负荷不断增长原则。

（4）运动处方适宜性原则。

（5）趣味性原则。

（四）运动处方示例（瘦身）

1. 运动处方

以步行方式，每周进行4次有氧锻炼，实现减重8千克的目标（体重指数降至25.7）。整个处方分3个阶段。

起始阶段4周，步行速度逐步从2.5公里/小时增加到3.5公里/小时，运动强度为心率133次/分。

第一阶段12周，步行速度维持在3.5公里/小时，运动强度为心率140次/分，预期减重4千克。

第二阶段10周，步行速度达到4公里/小时，运动强度控制在心率145次/分，预期减重4千克。

2. 处方医嘱

运动中精神应集中，动作要准确，做好热身和整理活动，防止出现意外事故。本处方在估计运动强度和热量消耗上是保守的，所以只要认真执行处方，就能达到热量消耗和减轻体重的目标。急于求成，盲目增加运动速度和强度，可造成过度疲劳，导致伤害发生，对身体不利。还要注意合理摄入膳食，适当补充维生素C、维生素B1和维生素B2等，为有氧锻炼提供必要的营养保障。

思考题

1. 怎样预防运动损伤?
2. 运动损伤中的急救方法有哪些?
3. 请结合自己的身体状态制定一份短期目标的运动处方。

运动技能篇

- 田径
- 篮球
- 排球
- 足球
- 乒乓球
- 网球
- 羽毛球
- 武术
- 跆拳道
- 游泳

第五章　田　径

第一节　田径运动与健身

一、田径运动概述

田径运动（track and field）是田赛、径赛和全能比赛的合称。它是一种结合了速度、耐力、力量、心理、战术等多方面的综合性体育运动。“更高、更快、更强”在田径运动中得到集中体现。

田径是世界上最为普及的体育运动之一，也是历史最悠久的运动项目。田径与游泳、射击被视为奥运金牌三大项目，其中田径有 47 枚金牌成为奥运金牌最多的项目。“得田径者得天下”由此而来。

田径运动是随着人类社会长期实践发展起来的，包括男女竞走、跑，跳越、投掷等 40 多个单项目，以及全能项目。以时间计算成绩的竞走和跑的项目，叫“径赛”。以高度和远度计算成绩的跳跃、投掷项目叫“田赛”。

远在上古时代，人们为了获得生活资料，在与大自然的斗争中，不得不走或跑相当的距离，跳过各种障碍，投掷石块和使用各种捕猎工具。在劳动中不断重复这些动作，便形成了走、跑、跳跃和投掷的各种技能。随着社会的发展，人们有意识地把走、跑、跳跃、投掷作为练习和比赛形式。

公元前 776 年，在古希腊奥林匹克村举行了第一届古奥运会，从那时起，田径运动便是正式比赛项目之一。1894 年，在法国巴黎成立了现代奥运会组织。1896 年，在希腊举行了第一届现代奥运会。在这届奥运会上，田径的走、跑、跳跃、投掷项目，被列为大会的主要项目。至今，田径运动都是各届奥运会的主要比赛项目之一。

二、田径运动的功能

1. 教育功能

田径运动是体能类运动项目，能最大限度地挖掘人体的运动潜力，让人充分显示自身最大的运动能力，以速度、高度和远度形式表现出人类战胜自然的能力。径赛项目的周期性动作和田赛项目较为复杂的技术结构，使田径比赛的结果充满戏剧性。以“更快、更高、更强”为标志的田径运动永远是人类再塑自身的追求，是人类挖掘身体潜力的探索。因此，田径运动能培养人克服困难、勇于进取的意志品质。

2. 健身功能

随着现代科技和经济的发展，锻炼身体、增强体质、提高健康水平已成为人们的共同愿望。走、跑、跳、投的运动形式与人体基本活动能力密切相关，是最易实践、普及和可行性强的健身项目。经常参加田径健身锻炼，能全面提高力量、速度、耐力、柔韧、灵敏等身体素质，促进人体正常生长发育和各器官、系统机能的发展，这些都是人类生活、生产和工作的重要条件。广泛开展田径健身活动，能更好地贯彻学校教育要树立“健康第一”的指导思想，促进学生掌握基本的运动技能，养成坚持锻炼身体的良好习惯。

3. 竞技功能

田径运动项目多，比赛奖牌多，影响大，是运动会的主旋律和重头戏。“得田径者得天下”，生动地说明了田径运动在竞技体育中的重要地位。田径运动水平反映了一个国家竞技体育整体实力。如果田径基础薄弱，必将影响其他竞技项目的快速发展。实践也证明，世界体育强国都是田径运动水平较高的国家。

三、现代田径运动的发展趋势

随着田径运动的迅速发展和技术水平的不断提高，全球性竞技增多，国际学术交流频繁，人们对田径的认识不断加深。现代田径运动的发展趋势主要体现在以下几个方面：

1. 运动训练更加科学化

当今田径竞技场上的激烈竞争，不仅表现为运动员个体间的竞争，也表现为科学技术发展和应用的竞争。无论场地、器材、服装，还是各类营养品，均与科学技术水平直接联系。科技成果运用于科学训练，如利用电脑控制训练的负荷；利用各种仪器测试运动员的机能状况和身体素质水平；利用高速摄影分析技术动作，为改进运动技术提供科学依据；运动生理学、生物化学、心理学、运动医学等学科的成果为田径运动员的科学选材、训练过程调控、医务监控和训练恢复等提供了科学的方法，逐步使田径发展成为多学科共同参与的运动项目。

2. 比赛次数增多，准备期缩短，比赛期延长

田径比赛不受季节气候和场地条件的影响，加之竞技体育商业化和运动员职业化，田径竞赛逐年增加。四年一届的世界杯田径赛和改为两年一届的世界田径锦标赛等，使得运动员的比赛机会大大增加。优秀运动员一年参加比赛可多达 30 次，这就要求运动员要长时间保持良好的竞技状态。

3. 重视专项训练，突出负荷强度

近几年来，训练强度成为安排训练负荷的灵魂。即使运动员在准备期内，仍会有一定比例的较大强度的训练，但训练时间和负荷数量相对减少。这样，训练针对性强，能有效地发展运动员的专项素质，在较大强度的情况下改进技术，才能在比赛中有更好的表现。重视专项训练，突出负荷强度，已成为优秀运动员训练的一大特点。

4. 运动后的恢复是现代田径训练的重要内容

在田径运动和训练中，恢复不仅是为了防止过度疲劳和伤病现象的发生，更重要的是为了提高训练质量。解决这个问题，一方面要靠科学地安排负荷量和负荷强度，另一方面要靠各种有效的恢复措施。

另外，现代田径运动更加重视心理训练。田径运动向职业化和为健身服务的方向发展，也是现代田径运动的发展趋势。

第二节　走的健身方法

一、走的锻炼价值

走是最简便易行的健身方法。走步与健康有着密切的关系，长时间有节奏地走，对从事脑力劳动和伏案工作的人来说是很好的锻炼方法。长期科学地坚持健身走，能有效地消耗热量，减少体内多余脂肪，使身材变得更加匀称；能在一定范围内加强心肺的活动量，改善血液循环系统，增强心脏功能，改善神经系统功能，有益于人的身心健康和陶冶情操。

竞走是田径运动中比较走速快慢的径赛项目。它要求两腿交互迈步前进，与地面保持不间断的接触，任何时间都不得两脚同时离地；要求支撑腿在垂直部位时必须伸直。因此，竞走既和跑有区别，又不同于普通走。比赛项目有 5 公里、10 公里、20 公里、50 公里竞走等。

竞走不仅是一种竞技项目，也是一种能够有效增强体质的锻炼方法。练习竞走能发展耐力、灵敏性和协调性，改善呼吸和心血管功能，增强腿部肌肉力量，培养刻苦、耐劳、顽强、坚毅的品质和克服困难的精神。

二、走的健身方法

1. 竞走

竞走是从普通走发展起来的，但竞走的速度比普通走快得多，而且还有专门的规则要求，因此，为了提高竞走的成绩，必须掌握既实用又省力，又符合规则要求的竞走技术。竞走可分为单脚支撑和双脚支撑两个时期，单脚支撑时期又有后支撑和前蹬两个阶段，两个阶段之间的分界线是身体处于垂直部位的一瞬间。见图 5-1。

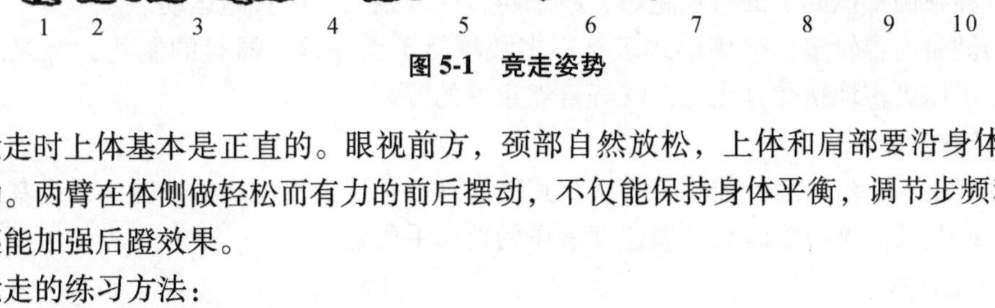

图 5-1　竞走姿势

竞走时上体基本是正直的。眼视前方，颈部自然放松，上体和肩部要沿身体纵轴稍加转动。两臂在体侧做轻松而有力的前后摆动，不仅能保持身体平衡，调节步频和步幅，而且还能加强后蹬效果。

竞走的练习方法：

（1）初学者开始可沿着直线做大步走 80~100 米。

（2）屈臂前后摆动，沿直线大步走 80~100 米。

（3）中速竞走 150~200 米。

（4）重复竞走 400~800 米。

（5）快速竞走 2~3 公里。

2. 各种健身走的锻炼方法

（1）长时间持续走，可远足。用于发展耐力素质和提高走的能力。有益于培养顽强、坚韧不拔的品质。

（2）运动场（平地）健步走。步伐比平时要快些。有益于身体及心理状况的改善，培养顽强的意志品质。

（3）公园或郊外的散步走。同学、好友或家人在空气清新、幽静的林中散步，身心得到放松，既锻炼了身体，又陶冶了情操。

（4）定时定量走。具有规定限量的步行方法，可根据自己的身体状况来确定走的时间及距离，自我调节，达到健身的目的。适于肥胖、心血管疾病患者或病后恢复者。

（5）足尖走。用于发展小腿三头肌和踇长屈肌，增强踝关节和足弓的力量。

（6）倒步走。走时要求躯干伸直，两手扶后背腰部，用足尖后退走。对增强腰背肌肉、治疗腰肌劳损有很好的疗效。练习时要注意安全，一定要在平坦的道路上；倒退时有一定的目标，可作后退参考目标。

（7）协同走。3~5 人同时踏在两条平行的木板上（用绳或皮带固定两脚），双手放在前面同伴的肩上，迈相同的脚前进，培养团队意识和合作精神。

第三节　跑的健身方法

跑是田径竞赛的主要项目。它包括短距离、中距离、长距离、超长距离、跨栏、接力、障碍、马拉松和越野跑等项目。

跑是人体水平位移的一种基本运动形式，是单脚支撑与腾空相交替，蹬与摆相配合的周期性运动。它经过两个支撑期和两个腾空期。以运动员在一定的距离完成比赛速度的快慢来衡量运动成绩。

跑具有较高的健身价值，是锻炼身体、增强体质的重要手段。短跑属于典型的无氧代谢项目，可以提高人们持续高速跑进的极限强度；中跑是无氧和有氧混合代谢项目；长跑属典型的有氧代谢项目。从事中长跑锻炼能改善呼吸系统和心血管的功能，培养坚毅顽强的意志品质和克服困难的精神。经常进行中长跑锻炼还能预防和治疗某些慢性病。目前，世界各国都掀起了健康长跑热，越来越多的人投入了中长跑运动。

跑的健身内容较多，锻炼形式多样，多数项目不受场地、器材的制约，练习多在室外进行，可以更多地接受日光、空气等自然条件的锻炼。

一、短跑

短跑包括 400 米以内各种距离的跑及其接力跑。它是田径运动的基础，也是其他各类运动项目的基础。练习短跑是发展速度素质的重要手段之一。

1. 短跑技术

短跑的全程技术，分为起跑、起跑后的加速跑、途中跑和终点跑 4 个部分。短跑成绩是由起跑的反应速度，起跑后的加速跑能力，保持最高跑速的时间和距离，以及各部分的技术完成的质量决定的。

（1）起跑

起跑的任务是获得向前冲力，使身体快速摆脱静止状态，为加速跑创造条件。起跑过程一般包括“各就位”“预备”“鸣枪”3 个阶段。见图 5-2。

图 5-2　起跑

（2）起跑后的加速跑

起跑后的加速跑的任务是充分利用起跑获得的初速度在较短距离内尽快获得更高的速度。距离一般为 25~30 米。起跑出发后的第一步不宜过大，一般为 3 脚半至 4 脚长，然后逐渐加大到途中跑的步长。在加速跑的最初阶段，躯干前倾较大，随着步长和跑速的增加，躯干应逐渐抬起直至接近途中跑的姿势。见图 5-3。

图 5-3　起跑后的加速跑

（3）途中跑

途中跑是短跑全程中距离最长、速度最快的一段，其任务是继续发挥和保持高速跑。

① 后蹬与前摆阶段

当身体重心超过支撑点垂直面时，就进入了支撑腿后蹬和摆动腿的前摆阶段。这时，摆动腿的膝关节（大小腿以折叠姿势）超越支撑腿，开始迅速有力地向前上方摆出，而且带动同侧骨盆前送，大腿抬至与水平约成 15~20 度，支撑腿在摆动腿积极前摆的配合下，快速有力地依次抻展髋、膝、踝关节，直至蹬离地面，形成支撑腿与摆动腿的协调配合动作。

② 腾空阶段

从支撑腿蹬离地面到摆动腿着地为腾空阶段。当支撑腿蹬离地面，小腿即随着蹬地后的惯性和大腿的摆动，迅速地向大腿靠拢，形成大小腿边折叠、边前摆的动作。与此同时，摆动腿以髋关节为轴积极下压，膝关节放松，小腿随摆动下压的惯性自然向前下方伸展（小腿的鞭打动作），准备着地。

③ 着地缓冲阶段

腾空阶段结束，摆动腿的脚前掌着地瞬间即开始着地缓冲阶段。当身体重心移过支持点瞬间，着地缓冲阶段结束。

在支撑腿着地缓冲过程中，摆动腿以大小腿折叠的姿势迅速向前摆动直至摆过支撑腿的膝关节稍前部位。这时大小腿折叠角度最小，脚跟几乎碰到臀部。大小腿折叠越好，就越能缩短摆动半径，减小摆动时的阻力，并加快摆动速度。为了减少支撑腿的支撑时间，摆动腿应加快摆动速度，使支撑腿尽早由缓撑转入后蹬。

在途中跑时，头正直微收下颌，上体基本正直稍有前倾，含胸收腹，两臂以肩关节为轴前后轻快、有力地摆动。见图 5-4。

图 5-4 途中跑

（4）终点跑

终点跑是短跑全程跑的最后阶段，其任务是尽力保持高速度跑过终点。终点跑的技术与途中跑基本相同，但此时体力下降，为了增大后蹬力，应尽量保持上体前倾角度或略增大前倾角度，加大摆臂的幅度和速度，在增大步幅的同时，尽量保持步频。

2. 短跑的健身方法

（1）原地及行进间小步跑

作用：体会、改进和完善跑时摆动腿积极下落着地的技术，发展步频。

要求：步幅小、步频快，动作放松自然。跑时上体正直或稍前倾，摆动腿大腿抬起。膝关节放松。然后大腿下压，小腿提前做好落地准备，并快速以前脚掌积极着地。着地后踝关节被动弯曲缓冲。两臂配合腿部动作做前后摆动。

（2）高抬腿跑

作用：改进和完善跑时摆动腿的大腿高抬和下压技术，发展大腿肌肉群的力量和跑的频率。

要求：跑前提踝，身体重心保持较高部位。跑时，上体正直或前倾，摆动腿前摆大腿抬平，膝关节放松，小腿自然下垂，踝关节微伸。然后大腿积极下压，小腿自然下落并用前脚掌支撑着地，支撑腿的髋、膝、踝关节伸直，骨盆前送，两臂屈肘前后有力摆动。

（3）后蹬跑

作用：体会和完善跑的蹬摆技术和幅度，发展后蹬肌肉群的力量。

要求：上体稍前倾，支撑腿快速有力蹬伸，方向要正，髋、膝、踝三关节充分蹬直。摆动腿以膝领先，大腿带动髋部向前摆出，然后大腿积极下压用前脚掌着地，两臂配合腿部动作做有力前后摆动。重心平稳，速度快。

（4）车轮跑

作用：体会和完善跑的前摆技术，发展步幅。

要求：上体正直，身体重心提高，两腿交互高抬大腿前摆，带动骨盆前送，接着积极下压，放松膝关节，小腿顺势前摆着地做“扒地”动作。练习时，可先在原地做抬大腿、前伸小腿和积极“扒地”动作。

（5）加速跑

作用：发展快速跑的节奏和动作的轻松协调。

要求：进入加速跑时，步长逐渐加大，步频逐步加快，两臂配合两腿做积极有力的摆动，使动作协调自然。

（6）行进间跑

作用：发展速度和改进跑的技术。

要求：在规定的标记线后起跑，用加速跑跑到标记线时应达到最高速度。以最高速度跑完规定的距离，也是提高绝对速度的重要练习手段。其距离一般为30~50米。

（7）斜坡跑

作用：提高后蹬和摆动腿的力量和跑的频率。

要求：上坡跑时，上体正直，步幅要大；下坡跑时，大腿积极下压，步幅适当缩小，步频提高，自然轻快地向前跑进，以提高速度。

二、中长跑

1. 中长跑技术

中长跑是中距离跑和长距离跑的简称，包括800~10000米的长距离跑的项目。由起跑和起跑后加速跑、途中跑、终点跑技术组成。

（1）起跑和起跑后加速跑

起跑后的加速跑是指从起跑第一步落地到发挥出预计的速度或跑到战术位置的跑的阶段。这段加速跑要求上体逐渐抬起，迅速有力地摆臂，起跑后要对准跑动方向与弯道的切点，跑成直线，迅速发挥速度。当已经发挥预计的跑速或进入战术需要的位置时，将开始有计划、有节奏的途中跑。

（2）途中跑

中长跑的绝大部分距离在途中跑阶段，因此，途中跑的技术非常重要。

① 上体姿势和摆臂动作

运动员上体保持稍前倾或正直的姿势。摆臂动作能保持身体的平衡，加大摆臂的幅度和力量，起着增加腿部蹬地与摆动效果的作用。两臂的摆动还起着调节步长和步频的作用。要想两腿交换快，两臂就得摆动快；摆动时，以肩关节为轴，肘关节屈约 90°角，用大臂发力做前后自然摆动。

② 着地缓冲

着地缓冲的任务是减小地面对人体的阻力，减少水平速度的损失，为尽快转入后蹬创造有利条件。脚着地前，将摆动腿大腿积极下压，小腿顺势下落，并同时做好着地准备。脚着地后被动缓冲借助落地反作用力迅速蹬伸。

③ 后蹬与前摆

支撑腿的后蹬与异侧大腿同时积极前摆是现代跑的技术的突出特点。其中，支撑腿髋关节、踝关节伸直的时间及速度与异侧大腿同时送髋前摆的速度，对推动运动员身体重心向前的效果及动作幅度意义最大。

后蹬向前效果好坏，实际上取决于运动员伸髋的力量和速度，以及前摆着地的动作、落地支撑时与身体重心投影线的距离。

④ 腾空

后蹬腿蹬离地面，人体进入腾空阶段。蹬地腿的小腿应迅速向大腿折叠，形成以大腿长度为半径的摆动过程。人体腾空后将会沿惯性向前运动又获得短暂的休息。后蹬腿的脚离地后，应立即放松小腿和大腿后群肌肉，以减小腿部毛细血管的压力，使更多的血液流入肌肉，供应氧和能量物质，也使静脉血管舒张，增加回心血液带走代谢物质，避免因废物堆积造成肌肉过早疲劳。运动员要学会在腾空期间正确地放松肌肉，才能节省能量消耗。

（3）终点跑

终点跑是全程跑结束前的最后一段距离的冲刺跑。冲刺时，应加大摆臂，加快步频和增加躯干的前倾角度。选择加速跑的时机非常重要，在进入最后一个弯道之前，必须占据有利位置，开始冲刺。

中长跑过程中，人体能量消耗大，有机体需要更多的氧来维持运动中的需氧量和供氧量的平衡，呼吸对发挥跑的技术起着重要作用。要掌握正确的呼吸方法，使呼吸的节奏和跑的节奏相配合。

2. 中长跑健身方法

（1）中等速度反复跑：200 米、300 米、400 米、600 米（女生）、800 米（男生）。

（2）变速跑：200 米中速跑+100～200 米慢跑（或走），或 300 米中速跑+100～200 米慢跑（或走）。

（3）定时（定量）跑：用中等速度在田径场或野外进行。男生：6～7 分钟（1600～2000 米）；女生：3 分 30 秒～5 分钟（800～1200 米）。

（4）越野跑：在野外公园或围绕树林跑。跑的时间和距离及速度因人而异，可快可慢。

（5）间歇跑：用较大强度跑若干距离后，按计划间歇一段时间后再跑，以改善心血管机能和无氧代谢能力。

（6）法特莱克跑：将快跑、间歇跑、重复跑、加速跑和走等不规则地混合在一起，在野外自然环境中宽松又愉快地进行，可提高锻炼的乐趣，一般在调整训练中采用。

三、跨栏跑

跨栏跑是在一定距离内，跨过规定的高度和数量的栏架，技术性较强的短跑项目。国际比赛男子为110米栏，400米栏；女子为100米栏，400米栏。

跨栏跑是一项速度快，对运动员的技术性要求很高的短跑运动，其实质是跑栏。跨栏跑的最大特点是在高速跑进行中越过一定数量的障碍，因此，必须对运动员的平跑速度和专项技术进行科学、系统的训练，才能达到较高的运动水平。

1. 跨栏跑的技术

（1）起跑至第一栏的技术

起跑的过程与短跑基本相同，起跑至第一栏起跨点一般采用8步起跨。起跑时应把起跨脚放在前起跑器上。起跑后上体抬起要比短跑时来得快。

（2）过栏技术

过栏是跨栏技术的关键部分，它由起跨、腾空过栏和下栏着地等动作组成。

① 起跨前应保持较高的跑速，最后一步比前一步的步长短一点，当起跨腿脚掌着地时，摆动腿由体后向前摆动，起跨腿蹬地后，大小腿在体后开始折叠，膝关节摆至超过腰部高度。

两腿蹬摆配合完成起跨运动过程中上体随之加大前倾，摆动腿异侧臂往前上方摆出，另一臂屈肘摆至体侧，形成“攻栏姿势”。

② 腾空后身体重心沿着起跨所形成的腾空轨迹向前运行。起跨腿蹬离地面后，摆动腿大腿继续向前上方摆至膝关节超过栏架高度，小腿迅速前摆，当脚掌接近栏架时，摆动腿几乎伸直，脚尖微微上翘。摆动腿的异侧肩臂一起伸向栏架上方。上体加大前倾使头部接近或超过摆动腿的膝且略高于踝。

③ 下栏着地要求摆动腿积极下压，起跨腿加速向前提拉，以髋为轴完成两腿剪绞动作，摆动腿脚掌移过栏架的同时，起跨腿屈膝外展，小腿收紧抬平，脚尖勾起足跟靠臀，以膝领先经腋下加速前拉，当脚掌过栏后，膝继续收紧向身体中线高抬，脚掌沿最短路线向前摆出，身体成高抬腿跑的姿势，伸直下压的摆动腿在接触地面时，前脚掌做积极“扒地”动作。

（3）栏间跑技术

110米栏间三步步长不等，每步步速和支撑、腾空时间的关系都有变化，这就构成栏间跑所特有的节奏。栏间跑第一步的水平速度因过栏有所降低，蹬地起步时膝关节尽量伸直，因而第一步短于后面两步。第二步的动作结构和支撑及腾空时间关系大致与短跑的途中跑相同。第三步因准备起跨形成一个快速短步，动作特点与跨第一栏的最后一步相同。

2. 跨栏跑的健身方法

（1）跨栏坐：坐在地上做模仿过栏时腿部和手臂的动作，以初步建立过栏时手、腿配合的技术概念，发展柔韧性。

（2）攻摆练习：模仿跨栏步上栏动作的练习，以学习掌握攻栏时起跨腿充分蹬伸和摆动腿屈膝前摆高抬技术，提高积极攻栏意识。

（3）摆动腿过栏模仿练习（鞭打练习）：摆动腿前摆高抬积极下压小腿前伸着地，以学习和模仿摆动腿过栏的动作。

（4）原地起跨腿提拉过栏练习：学习掌握起跨腿的过栏技术，提高髋关节的柔韧性和灵活性。

（5）跨栏步模仿练习：在走步中模仿两腿的过栏动作，以强化过栏时上、下肢协调配合的完整技术。

（6）栏侧攻摆和提拉过栏练习：在走步中从栏侧完成过栏动作。

（7）栏间节奏跑模仿过栏练习：初步建立三步过栏和跑栏的概念。

（8）摆动腿过栏：学习摆动腿的攻栏、过栏技术。

（9）放松跑过栏：以中等速度跑进，从栏侧和栏上做完整跨栏动作，以掌握正确的过栏技术。

（10）起跑 6~8 步过第一栏：学习起跑上第一栏及跨栏技术。

（11）起跑过 3~5 个栏：强化起跑上第一栏、过栏及栏间跑相结合的技术。

（12）缩短栏距跨栏跑：提高栏间跑频率和快速过栏、跨栏的跑栏意识。

（13）重复跨栏跑：起跑过 8~10 个栏的重复训练，训练全过程技术和节奏。

第四节　跳跃的健身方法

跳跃运动是人体在神经系统的支配下，通过特定的动作，使身体向前或向上、原地或行进间、单脚或双脚、单次或多次跳起的运动方式，反映人的爆发力、协调性、速度和力量。跳跃项目是周期性和非周期性相结合的混合性质的运动。跳跃运动所要达到的目的是提高远度和高度。人们通过快速助跑和有力的起跳，采用合理的空中姿态和动作，达到理想的身体腾跃水平距离和腾空高度。跳远、跳高不仅是竞技项目，也是锻炼身体的手段。其中，跳远的种类较多，它包括竞技项目、健身项目及游戏项目，如跳远、立定跳远、三级跳远、多级复合跳远、蛙跳等。经常练习多种形式的跳跃运动能有效地提高速度、下肢力量、灵敏性等身体素质，保障神经系统和心血管系统的功能，培养勇敢、顽强、果断的优良品质。对于跳跃项目的运动和健身活动，既要掌握正确、科学的方法，又要选择适合自身条件的健身形式，以达到体育健身的目的。

一、跳远

1. 跳远技术

（1）助跑

助跑是为了获得更高的水平速度，并为准确踏板起跳创造条件。助跑距离和步数的确定，是因人而异的，一般采用 20~30 米，14~18 步。

助跑的起动方法：一种是从“站立式”和“半蹲式”静止姿势开始助跑；另一种是行进间开始助跑，这种起动方式比较自然、放松，优秀运动员多采用这种助跑起动方式。

助跑的加速方式分积极加速和逐渐加速。跳远助跑技术与短跑途中跑技术基本相同，开始几步助跑时，身体前倾较大，两腿蹬、摆极有力，着地点离身体重心投影点较近，两臂前后用力摆动。到助跑中段时，躯干接近垂直，上下肢摆动速度加大，后蹬动作充分有力，使身体快速向前推进。助跑的最后几步，是助跑技术的关键环节。它既要使助跑发挥到最高速度，又要做好起跳的准备，通常最后几步都相对缩短步长，并在保持步长的前提下加快步频，形成最后几步加速的状态。最后一步为了使助跑与起跳更加紧密衔接，形成快速上板的技术特征，步长比倒数第二步要稍短点。

（2）起跳

起跳的任务是充分利用助跑取得的水平速度，创造必要的垂直速度，以获得尽可能大的腾起初速度和适宜的腾起角度。起跳动作包括放脚、缓冲和蹬伸3个阶段。见图5-5。

放脚：在助跑最后一步，为了加快放脚着板动作，起跳腿大腿前摆抬得要稍低一些，放脚动作要像“扒地”那样积极下落着板。起跳脚着板时，起跳腿几乎伸直，脚掌与脚跟几乎同时接触起跳板。此时，上体正直或微前倾，眼睛注视着前上方。在起跳脚着板前，摆动腿已经开始折叠并迅速前摆跟上起跳腿。在起跳腿着板瞬间，两臂摆动到靠近躯干两侧。

缓冲：在起跳脚着板时，由于助跑速度的惯性和身体重力的作用，迫使起跳腿髋、膝、踝三关节很快地弯曲缓冲。这种缓冲动作，能为快速蹬伸起跳创造有利条件。缓冲时，上体要保持正直，使身体重心处于相对较高的位置。起跳腿弯曲缓冲时，摆动腿继续积极折叠前摆，并带动髋部迅速前移。两臂配合腿的动作继续摆动，起跳腿的动作继续摆动，起跳腿同侧臂自体侧开始向前上方摆，起跳腿异侧臂自体侧开始向后摆。

蹬伸：当身体重心移过支撑点垂直面上方瞬间，即进入蹬伸阶段，蹬伸动作对起跳效果起至关重要的作用。蹬伸不仅要求起跳腿快速有力地蹬地，而且是要与摆腿、摆臂、提肩、拔腰等动作协调配合，使整个身体向前上方伸展。摆臂时，两臂带动肩部并靠近身体摆动。起跳腿同侧臂向前和向上摆，另一侧臂向稍后方摆。折叠的摆动腿带动髋部迅速向前上方摆。当摆动腿大腿摆至与地面平行时，起跳腿同侧臂摆至上臂与肩平，摆动腿同侧臂摆至接近最大限度时有意识地做“突停”动作。这个“突停”动作不仅起维持身体平衡的作用，而且能提高起跳的效果。蹬伸动作结束时，起跳腿髋、膝、踝关节充分蹬直，摆动腿大腿接近抬平，小腿自然下垂，上体和头部保持正直，两臂摆至体侧上方。

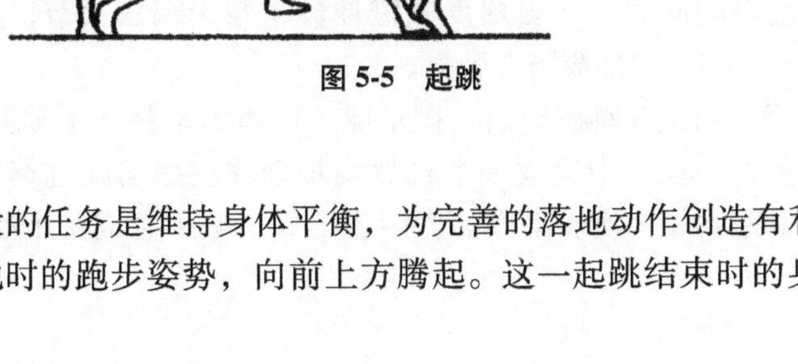

图5-5　起跳

（3）腾空

跳远腾空阶段的任务是维持身体平衡，为完善的落地动作创造有利条件。起跳腾空后要保持起跳离地时的跑步姿势，向前上方腾起。这一起跳结束时的身体姿势在空中的延续，称为“腾空步”。跳远的各种空中姿势，都是在起跳离地后摆动腿大腿抬平、小腿自然下垂，起跳腿自然伸直留在体后。

跳远方式分为三种：蹲踞式、挺身式和走步式。

① 蹲踞式：蹲踞式空中姿势，是在“腾空步”的基础上，摆动腿大腿继续高抬，两臂向前摆动；在到达跳跃距离 1/3~1/2 时，起跳腿向上方提举与摆动腿靠拢，形成空中蹲踞姿势。然后两腿屈膝进一步向胸部靠近，准备下落着地。落地前两臂由体前经体侧摆到体后，接着两腿伸直膝关节，小腿尽量前伸准备落地。蹲踞式跳远的动作比较简单，容易掌握，适合于初学者采用。

② 挺身式：挺身式空中姿势，保持“腾空步”的时间要比蹲踞式稍短。“腾空步”后，展髋放下摆动腿，起跳腿屈膝前带，向摆动腿靠拢，两臂开始时一前一后。当摆动腿继续向后运动时，两臂外展，并挺胸展髋使躯干微成反弓形。继而收腹举腿，两臂上举，准备做落地动作。做落地动作前，两臂由上经体前、体侧移向体后，两腿由屈膝靠近胸部开始，小腿尽量前伸准备落地。

③ 走步式：起跳后两腿在两臂的配合下，在腾空时采用两步半和三步半两种动作技术。要求在空中做大幅度的前后绕环摆动迈步换腿动作来维持身体的平衡，并与两臂协调配合。落地前收腹，举小腿前伸，上体前倾，两臂同时向下后方摆动。

（4）落地

跳远落地阶段的任务是在身体不后倒的前提下，尽量获得较大的落地距离。即将落地时，两腿膝关节伸直，脚尖勾起，两臂在体后。脚跟接触沙面后，两腿迅速屈膝，使身体重心迅速移过落点，避免后倒坐于沙坑。

2. 跳远的练习方法

（1）蹲踞式跳远：双腿原地向高跳起，在空中收腹、举腿、屈膝成蹲踞姿势。

（2）半程助跑蹲踞式跳远：助跑 4~8 步，在起跳区起跳做蹲踞式跳远。

（3）全程助跑蹲踞式跳远：助跑 8~12 步，在起跳区起跳做蹲踞式跳远。

（4）挺身式跳远：双腿原地向高跳起，在空中做挺身送髋和两臂侧上展动作。立定挺身式跳远，要求在沙坑边站立，向前上方跳起，在空中做挺身送髋和两臂侧上展动作，然后举腿前伸落于沙坑。

（5）半程挺身式跳远：助跑 4~6 步，在助跳板上起跳（或在起跳区起跳，但将沙坑沙子适当挖低），做挺身式跳远。

（6）全程挺身式跳远：助跑 8~12 步，在助跳板上起跳（或在起跳区起跳，但将沙坑沙子适当挖低），做挺身式跳远。

（7）立定跳远：两脚左右开立与肩同宽，两臂预先上举并提踵、吸气。两臂由上向下向后自然摆动，两腿微屈，上体稍前倾，两腿适度弯屈，重心稍前移过支点，两臂由后向体前上方用力摆动的同时，两腿爆发式蹬伸髋、膝、踝三关节，并向前上方跳起，挺胸、抬头、提肩、拔腰、展髋成腾空姿势。

（8）走步式跳远：助跑起跳腾空后，摆动腿，以髋为轴将腿下放并向后摆动。起跳腿大腿带小腿屈膝前摆，在空中完成一个自然换步动作。摆动腿继续前摆靠拢起跳腿，完成落地动作。空中完成一个换步动作的为两步半式，空中完成两个换步动作的为三步半式。

（9）半程走步式跳远：助跑 4~6 步，在助跳板上起跳，做两步半式走步式跳远。

（10）全程走步式跳远：助跑 8~12 步，在助跳板上起跳，做三步半式走步式跳远。

二、跳高

1. 跳高技术

（1）助跑

背越式跳高的助跑，前段为直线，一般跑 6~8 步，后段为弧线，一般跑 3~5 步。初学者的助跑步数应适当减少，通常前段和后段各跑 3~4 步。助跑是从摆腿一侧进行的，弧线段是半径不等的曲线，用远离横杆的腿起跳。助跑最后一步的两脚连线与横杆垂面的夹角约为 25°~30°。助跑的前几步为直线，速度逐渐加快，身体重心高而平稳，后蹬充分，富有弹性。助跑后段的弧线助跑技术与弯道跑相似，但后蹬角略小，重心起伏不大，身体更加平稳。

（2）起跳

起跳点一般在近端跳高架立柱向内约 100 厘米，距横杆投影线 60~100 厘米的地面。

助跑倒数第二步摆动腿屈膝支撑压紧时，身体保持向圆心方向倾斜的姿势。在摆动腿进行有力的后蹬和积极送髋的同时，起跳腿以髋带动大腿，沿助跑弧线的切线快速用起跳腿的脚跟外侧先着地，脚尖朝切线的方向。起跳放脚时身体仍保持向圆心方向倾斜并稍后仰，此时前后摆动的两臂屈臂摆至躯干的两侧。

起跳脚着地后，起跳腿被动屈膝缓冲，身体逐渐由倾斜转为竖直，身体重心轨迹和脚迹重合。在缓冲结束，摆动腿摆至大腿与起跳腿几乎平行时，摆动腿大小折叠最紧，然后摆动腿沿助跑弧线方向由前摆转为向上摆动，同时起跳腿进行有力地蹬伸，两臂配合腿部动作积极摆动，同时摆动腿同侧肩高于异侧肩，提肩拔腰，使身体向上腾起。

（3）过杆和落地

人体腾空后，逐渐转为背对横杆的姿势，摆动腿自然下放。头、肩部过杆后，及时仰头、倒肩、展体，两臂于体侧，提臀、挺髋，弯曲的两膝稍向外分开，小腿下垂，身体形成反弓形。肩部继续下沉，髋部上挺，使两肩上升。臀部过杆后，及时低头含胸，小腿上踢，使整个身体依次越过横杆。

跳高示意图见图 5-6。

2. 跳高的练习方法

（1）原地连续纵跳摸高：原地半蹲，两臂迅速上摆，两腿用力蹬伸跳起，双手尽量摸空中的固定物，连续练习。

（2）原地单足换腿跳：左（或右）腿蹬伸跳起，右（或左）腿向上摆动，跳起时摆动腿放下与蹬地腿配合人体向上伸展，接着起跳腿落地，摆动腿上步接着起跳。

（3）上一步起跳：两脚前后开立，摆动腿在前。练习开始，身体前移，摆动腿屈膝蹬地，起跳腿前迈支撑，摆动腿和两臂同时从后向前上方有力地摆动，带出同侧髋，然后起跳腿充分蹬伸，使身体向上腾起。

（4）背弓：背对海绵包自然站立，两臂下垂，然后提踵挺髋，向后引肩倒体，以肩背部落于海绵包上。

（5）连续跳越栏架：栏架高 70~100 厘米，距栏架 30~50 厘米处双腿起跳越过栏架。

（6）连续助跑摸高：放置多个悬挂物或利用自然环境，按照一定的要求连续助跑摸高。

（7）弧线助跑3~4步起跳躺上高海绵包：弧线助跑3~4步起跳，过杆时身体充分伸展，以肩背领先躺上海绵包，不做收腹举腿动作。海绵包的高度要适宜。

（8）弧线助跑3~4步背越式跳高：弧线助跑3~4步起跳，过杆时身体以充分伸展的姿势完成动作。

（9）直线助跑3~4步、弧线助跑3~4步背越式跳高：直线助跑3~4步、弧线助跑3~4步起跳，过杆时身体以充分伸展的姿势完成动作。

图 5-6　跳高示意图

第五节　投掷的健身方法

投掷运动是人体运用自身的能力，通过一定的运动形式，将手中的规定器械进行抛掷并尽可能获得远度的运动项目，是在推、抛、掷、撇等动作方式上的投掷能力的特殊表现形式。它们是以力量为基础、速度为核心的运动，表现能力指标为投远能力。投掷运动分为准备阶段、预加速阶段、最后用力阶段和结束阶段4个紧密相连的技术阶段。投掷运动项目包括铅球、标枪、铁饼、链球等。其中铅球和标枪以其健身方法多样、普及性强而备受大众的欢迎。经常进行投掷项目的健身活动，可以增加小肌肉群力量、爆发力、灵敏性、协调性和柔韧性素质。在运用投掷项目进行的健身活动中，应注意投掷项目存在的危险性，注重安全。

一、铅球技术

1. 背向滑步推铅球

由握球与持球、预备姿势、滑步、最后用力和维持身体平衡5部分组成。

（1）握球与持球（以右手为例）

握球与持球的方法是：推球臂的手五指自然分开，如图5-7所示将铅球放在食指、中指和无名指的指根处，拇指和小指扶住球的两侧，手腕微伸。握好球后，将铅球放置在锁骨窝处，铅球紧贴颈部和下颌，肘关节抬起自然外展略低于肩，投掷臂放松。见图5-8。

（2）预备姿势

背向滑步推铅球的预备姿势有高姿势和低姿势两种。多数人采用高姿势，其方法是：持球后，背对投掷方向站立，两脚前后开立，相距20~30厘米，右脚在前，脚尖紧靠投掷圈后沿，左脚在后自然弯曲以前脚掌或脚尖着地。上体正直放松，左臂自然上举，体重落在伸直的右腿上。见图5-9。

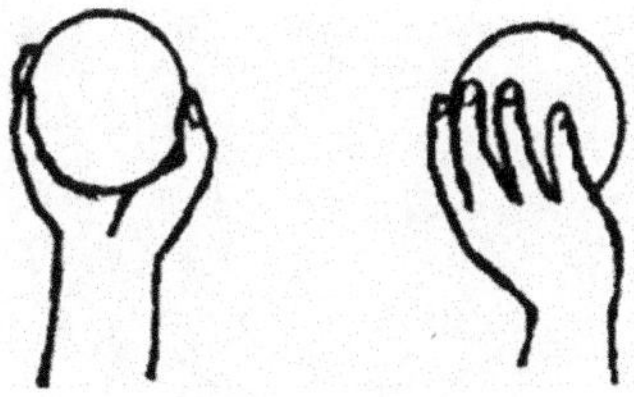

图5-7　握球

图5-8　持球

图5-9　高姿势

（3）滑步

滑步前，可先做1~2次预摆。

滑步时，首先使身体重心向投掷方向移动，随之左腿以膝关节和髋关节伸展的方式向投掷方向摆出，同时右腿快速、有力地蹬伸。蹬、摆动作协调配合，开始滑步，推动身体向投掷方向移动，右腿蹬伸和左腿摆动结束后，迅速收拉右腿。在收拉右腿过程中，右脚脚尖向内转动、着地，紧接着左腿积极下落，脚尖稍向外转，用前脚掌内侧在投掷圈正对投掷方向的直径线左侧与投掷方向成45°角着地，并使左脚尖和右脚跟在一条直线上。

（4）最后用力

推铅球的最后用力是从滑步结束时左脚积极下压着地的一瞬间开始到铅球出手结束。滑步结束左脚一着地，右侧髋部大肌肉群发力，右腿用力蹬转使右髋向投掷方向转动并前移，上体向投掷方向转动的同时逐渐抬起，左臂由体前向投掷方向引摆。当身体左侧移至与地面垂直部位时，左肩和左臂要及时制动，形成身体左侧、左腿和左腿支撑点在一条垂直线上。在左侧强有力的支撑下，右腿迅速蹬直，上体向投掷方向快速转动，抬体挺胸，同时迅速蹬伸两腿，右臂快速伸直做推铅球的动作。铅球即将出手时，应加强屈腕和手指拨球的动作，使力量集中作用在铅球的重心上，将铅球以38°~42°角的方向推出。

（5）维持身体平衡

铅球出手后，要及时交换左、右腿的位置，屈膝、屈髋降低身体重心或改变身体重心运动方向，维持铅球出手后的身体平衡。

背向滑步推铅球见图 5-10。

图 5-10　背向滑步推铅球

2. 侧向滑步推铅球

（1）握球和持球

要点同背向滑步推铅球。

（2）预备姿势

高姿站立，持铅球，上体自然正直侧对投掷方向，两脚开立约与肩同宽，左脚掌内侧着地，重量落在伸直的右腿上。上体右倒，左臂微屈置于胸前，左脚前掌内侧着地，眼平视，类似原地推球的准备姿势。

（3）预摆与滑步

在开始滑步前，通常进行 1~2 次预摆动作。预摆时左腿微屈以大腿带小腿向投掷方向摆起，同时上体向右倾倒（如果采用低姿势站立，在左腿摆起的瞬间右腿也随着蹬直），接着右腿屈膝下蹲，左腿屈膝回摆靠近右腿。与此同时，左臂也摆至身前，上体右倾，收腹含胸准备滑步。

滑步时，身体重心向投掷方向移动，随着摆出左腿，同时右腿用力进行侧蹬。当右腿结束蹬伸动作、左脚大约摆至与右膝齐平的部位时，摆、蹬动作同时结束。紧接着，右脚沿着地面向身下收拢小腿，使右脚落在圆心附近，并与投掷方向成 100°~120°角。在右脚收拉准备着地的同时，左腿积极下压，继右脚着地后，左脚以前掌内侧着地并与投掷方向成 45°角，使左脚尖和右脚跟在一条与投掷方向平行的直线上，完成滑步动作。

（4）最后用力与维持身体平衡

两种滑步的方式虽然不同，但是最后用力的动作结构基本上是一样的，不过侧向滑步的动作幅度略小而且速度稍慢，因此不像背向滑步那样能在最后用力前取得更为良好的准备姿势。这样就降低了动作难度，适于初学者或青少年采用。关于出手后身体的平衡动作，基本上与背向滑步推球铅球一样，同样要注意养成遵守规则的习惯。

二、铅球的练习方法

（1）俯卧撑臂屈伸：两手撑地同肩宽，腿与背伸直，两脚并拢，臂伸直，锁肘关节。眼向前看，不要看地，下降身体至胸几乎触地，保持背挺直，然后有控制地挺起身体恢复起始姿势。注意动作节奏。（女生可以从斜支撑臂屈伸开始练习）

（2）肩负杠铃半蹲起或全蹲起：两脚左、右开立，稍宽于肩，肩负杠铃，收腹挺胸立腰，半蹲或全蹲起。

（3）抛掷实心球：双手持球，做向前、后、左、右抛掷运动。

（4）向前下方推球：两脚前后自然开立，上体直立，右手握持好球（也可用左手托扶住球），然后上体右转，挺胸、转肩、伸臂拨球，将球向下方推出。

（5）徒手模仿出手动作：两腿前后开立，右臂模仿持球动作，两膝微屈，重心移至后腿，在后腿用力蹬伸并将重心移向前腿的同时，做转髋、转体、送肩、伸臂、拨腕的最后用力动作。完成动作后应稍停顿，以体会出手瞬间的肌肉感觉。

（6）原地正面推铅球：两脚前后开立，面对投掷方向握持好球。左脚在前，脚尖内扣约 30°，右脚在后，膝微屈。左臂前伸内旋，肩稍右转，含胸，做向前上方挺胸、送肩、伸臂、拨球动作，以体会下肢蹬发力和左侧支撑与右侧转体顶肩动作的用力配合。

（7）注意事项：不要相对投掷和对着阳光投掷；投掷者之间前、后、左、右都应有足够的距离；分组投掷时要在教师统一口令下进行；不允许任何人在投掷场地穿行。

第六节　田径运动场地及裁判法

一、田径运动场地

标准半圆式田径场地由两个半径相等的半圆弯道和两个长度相等的直段组成。如图 5-11 所示。

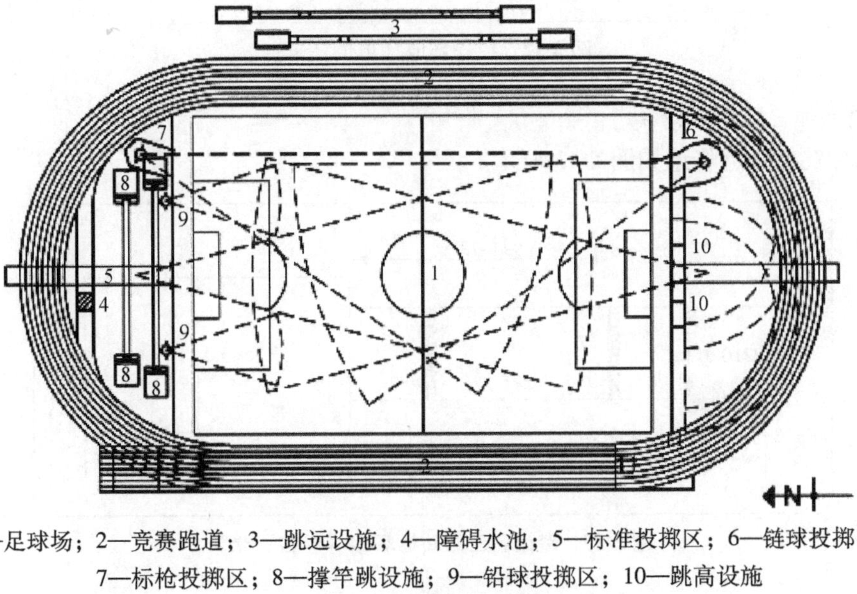

1—足球场；2—竞赛跑道；3—跳远设施；4—障碍水池；5—标准投掷区；6—链球投掷区；7—标枪投掷区；8—撑竿跳设施；9—铅球投掷区；10—跳高设施

图 5-11　半圆式田径场

标准半圆式田径场第一分道的周长为400米，半径为36米。

跑道的内突沿和外突沿分别是跑道的内边和外边，其沿高和宽均为5厘米。分道宽是指各分道的宽度，标准为1.22米或1.25米。

分道线是把跑道划分为各条分道的线，线宽5厘米，包括在里侧分道的宽度内。

计算线是计算跑道周长和各分道周长的线，在跑道上并不画出来。田径竞赛规则规定，第一分道周长的计算线是距离内突沿的外沿0.3米处，其余各条分道的周长计算线是距离内侧分道线的外沿0.2米处。

二、田赛场地

1. 铅球场地

铅球投掷圈内沿直径为2.135米，有效落地区为34.92°扇形面。

场地的画法：在确定推铅球场地位置后，以1.0675米为半径，画铅球投掷圈。然后根据确定的投掷方向，画通过圆心与投掷方向相垂直的投掷圈直径A、B，并分别向圈外各延长75厘米。再以A、B两点为圆心，以1.224米为半径，向投掷圈前半部圈上画交点C、D，连接OC和OD并将其延长，就构成推铅球场地的落地区。

画线要求：推铅球场地线的宽度为5厘米，灰线宽不包括在投掷圈的直径和落地圈的角度之内。投掷圈外侧的75厘米直线延长线，其后沿通过圆心。如图5-12所示。

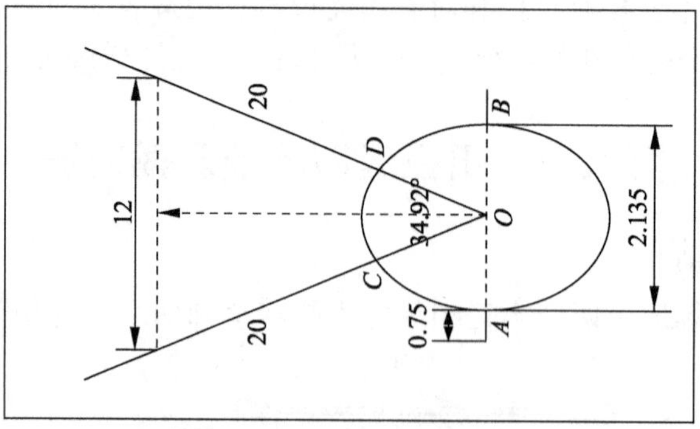

图5-12　铅球场地（单位：米）

2. 跳远和三级跳远场地

跳远和三级跳远场地如图5-13所示。

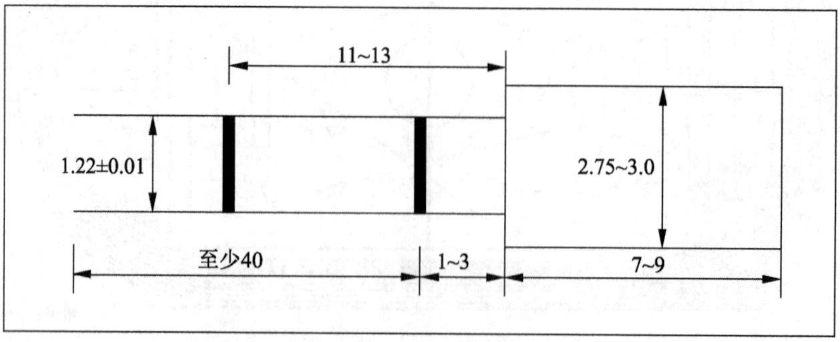

图5-13　跳远和三级跳远场地（单位：米）

3. 跳高场地

跳高场地如图 5-14 所示。

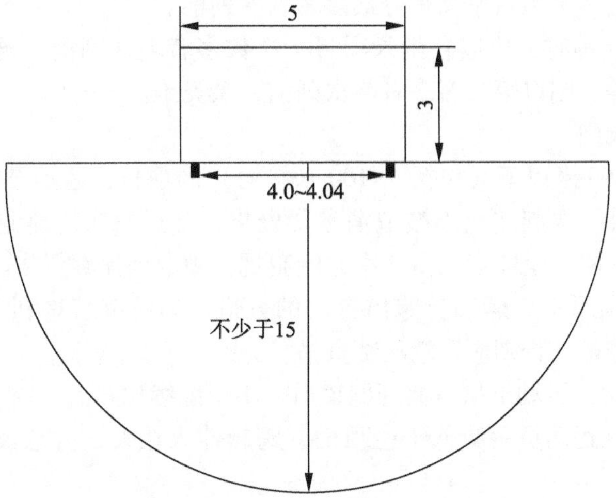

图 5-14　跳高场地（单位：米）

三、田径比赛通则

（1）比赛的运动员必须佩戴号码，否则不得参加比赛。

（2）径赛项目运动员须沿跑道逆时针方向跑，分道跑的项目应自始至终在各自的分道内跑进。

（3）径赛运动员挤撞或阻挡别人而妨碍别人走或跑进时，应取消其该项比赛资格。

（4）如果一名运动员参加一个径赛项目，又参加一个田赛项目，或者参加一个以上的田赛项目，而这些项目又同时举行比赛时，有关主裁判可以允许运动员只在某一轮次（高度项目以一个高度为一个轮次，一个高度有 3 次试跳机会；远度项目以所有运动员按顺序试跳或试掷完一次为一个轮次）的比赛中以不同于赛前抽签确定的顺序先进行试跳（试掷）一次。回来后已错过的试跳（试掷）顺序一律不补。

（5）判定名次和成绩相等的方法。径赛项目中，判定运动员到达终点的名次顺序，是以运动员躯干的任何部分（不包括头和四肢）到达终点线后沿的垂直面的先后为准。以决赛的成绩的优劣排定名次作为个人的最高成绩，而不以预、次、复赛的成绩判定最后名次。若无决赛，则以所有运动员参加该项目比赛的成绩优劣排定名次。

（6）田赛高度项目比赛成绩相等的录取办法：在出现成绩相等的高度中，试跳次数较少者名次列前。如成绩仍相等，在包括最后跳过的高度在内的全赛中，试跳失败次数较少者名次列前。如成绩仍相等涉及第一名时，则令成绩相等的运动员在其造成成绩相等的失败高度中的最低的高度上，每人再试跳一次；如仍不能判定，则横杆应提升或降低，提升和降低的高度，跳高为 2 厘米，撑竿跳高为 5 厘米。他们应在每个高度上试跳一次，直到决出名次为止。决定名次的试跳，有关运动员必须参加。如涉及其他名次时，成绩相等的运动员名次并列，第一名也可以并列。

（7）田赛远度项目的比赛如有成绩相等时，应以其次优成绩判定名次。如次优成绩相等，则以第三名成绩判定，以此类推。如仍相等，并涉及第一名者，则令相等的运动员按原比赛顺序，进行新一轮试跳（试掷），直到决出名次为止。

（8）全能运动比赛如总分相等时，应以单项得分多的项目较多者名次列前。如仍不能判定时，则以任何一个项目单项得分最多者名次列前。

（9）团体总分相等时，应以破纪录项目、次数多者名次列前。再相等，则以第一名多者列前。如仍相等，则以第二名多者名次列前，余类推。

四、径赛主要规则

（1）400 米及 400 米以下（包括 4×100 米接力）的项目，运动员应采用蹲踞式起跑。起跑时运动员只允许一次起跑而不被取消参赛资格，之后每次起跑犯规的运动员均将被取消该项目的比赛资格，全能运动员 2 次起跑犯规将被取消比赛资格。

（2）在分道跑项目中，运动员跑出自己的分道，如没有获得利益，也未阻挡他人，一般不应取消比赛资格，否则应取消比赛资格。

（3）在中长跑时，运动员擅自离开跑道后，不得继续比赛。

（4）跨栏跑时，运动员手脚低于栏顶面、跨越他人栏架、有意推或脚碰到栏架，均属犯规。

（5）接力跑时，在接力区外完成接棒、捡棒时阻挡他人或空手跑过终点等均属犯规。

（6）如用 3 只秒表计成绩，应以 2 只相同成绩表所示成绩为准；如各不相同，则以中间成绩为准。如因故用 2 只表计成绩，应以成绩较差者为准。

五、田赛主要规则

（1）跳高比赛时，运动员必须用单脚起跳。横杆碰掉为试跳失败。在越过横杆之前，运动员身体的任何部位触及立柱以外的地面或落地区，也判试跳失败。在任何高度上，只要运动员连续 3 次试跳失败，即失去继续比赛的资格。比赛时，运动员可以在规定的起跳高度上的任一高度开始起跳，也可以在以后任何一个高度上决定是否免跳。丈量高度时，丈量尺要与地面垂直，从地面至横杆上沿的最低处计算高度，以 1 厘米为最小计量单位。

（2）所有田赛远度项目比赛时，参加比赛的运动员如超过 8 人，则每人先试跳或试掷 3 次，成绩最好的前 8 名运动员再试跳或试掷 3 次。若第 8 名成绩相等，则成绩相等的运动员可再试跳或试掷 3 次。如果只有 8 人或不足 8 人参加比赛，则每人均可试跳或试掷 6 次。

（3）跳远比赛时，出现下述情况属试跳失败：助跑中或起跑时，身体任何部分触及起跳线前面的地面或在橡皮泥显示板上留有痕迹；由起跳线或起跳线两端延长线踏过或跑过，或在延长线后面起跳；在落地过程中触及沙坑以外地面，而沙坑外触点较沙坑内最近触点离起跳线近者；完成试跳后，向后走出沙坑等。在起跳板后的起跳，应为有效试跳。

（4）推铅球比赛时，运动员应在投掷圈内从静止姿势开始试推。应将铅球抵住或靠近下颌，用单手从肩上推出，不得将铅球移至肩下或肩后抛掷。运动员开始投掷后，身体任何部位触及投掷圈外地面或触及抵趾板和投掷圈上面，或以不符合规定的方式将铅球推出，均判为试投掷失败。运动员在器械落地之后，才能离开投掷圈；离圈时，必须从后半圈走出；铅球必须完全落在落地区角度线以内。否则，均判为试掷失败。

思考题

1. 简述现代田径运动的发展特点和趋势。
2. 简述短跑途中跑技术要点。
3. 简述中长跑技术的特点。
4. 简述跳远和跳高的技术要领。
5. 简述跨栏跑的技术要领。

第六章　篮　球

篮球运动是攻守双方采用各种合理技术，将球投入对方球篮，以得分多少决定胜负的集体性球类运动项目。篮球运动起源于美国，1891 年由美国东部马萨诸塞州基督教青年会体育教师詹姆士·奈史密斯博士发明。

1892 年，奈史密斯制定了《青年会篮球规则》13 条，规定比赛时间为上、下半场各 15 分钟；对场地大小做了规定；上场比赛人数由每队 9 人、7 人，到 1893 年决定为 5 人。随着篮球运动在美国的推广与开展，场地、器材也不断改进，逐渐形成近似现代的篮板、篮圈和篮网。

1932 年在瑞士日内瓦成立了国际业余篮球联合会，并正式出版了第一本国际篮球规则。1936 年第 11 届奥运会将男子篮球列入正式比赛项目，1976 年第 21 届奥运会将女子篮球列入正式比赛项目。1986 年国际业余篮球联合会改为国际篮球联合会，允许职业球员参加大赛，世界篮球运动迅速向“高速度”“高空优势”“激烈对抗”的方向发展。

第一节　篮球基本技术和练习方法

篮球技术是篮球运动的基础，它分为进攻和防守两部分，包括移动、传接球、投篮、运球、持球突破、防守对手、抢篮板球等技术动作。基本功练习是熟练掌握篮球技术的重要环节。

一、移动

（一）动作要领

1. 准备姿势（基本站立姿势）

两脚前后或左右开立，距离约与肩同宽，两腿微屈，身体重心落在两脚之间，上体稍前倾，两臂自然弯曲于体侧，两眼平视观察场上情况，身体保持平衡。

2. 起动

从基本站立姿势开始，向前起动时以后脚、向侧起动时以异侧脚的前脚掌短促有力地蹬地，同时上体迅速前倾或侧转向跑的方向移动重心，手臂协调地摆动，充分利用蹬地的反作用力，迅速向跑的方向迈出。在比赛中，起动多与跑结合运用，但有时为了抢占有利位置的移动，常用上步、撤步、跳起、转身等动作完成。

3. 跑

跑是为了完成攻守任务而争取时间的脚步动作。比赛中经常运用的跑有以下几种：

（1）后退跑：两脚提踵，用前脚掌交换蹬地提膝向后跑动，上体放松直起，两臂摆动保持身体平衡，两眼平视，注意场上情况。

（2）变向跑：变向时，前脚掌内侧用力蹬地，另一脚步迅速朝变向方向迈出第一步。

（3）侧身跑：在跑动时，头部和上体转向侧面或有球的一侧，脚尖朝着跑动方向。跑动时，既要保持奔跑速度，又要保持身体平衡，双手自然放在腰侧，密切注意观察场上情况。

4. 急停

急停是队员在跑动中突然制动，达到由运动到静止的方法。常用的急停方法有两种：

（1）跳步急停（一步急停）：跑动中用单脚或双脚起跳，使双脚稍有腾空。上体稍后仰，两脚平行或前后落地（略宽于肩），屈膝、重心下降位于两脚之间，两臂屈肘微张，保持身体平衡。

（2）跨步急停（二步急停）：跑动中向前跨出一大步，脚后跟着地迅速过渡到全脚掌抵地的同时屈膝，身体稍后仰。第二步落地时用前脚掌内侧蹬地制动前冲速度，屈膝降低重心，腰胯用力。

5. 转身

转身可与急停、跨步、持球突破结合运用，为有效地摆脱防守创造传球、投篮机会。转身分为前转身和后转身。

（1）前转身：移动脚向中枢脚脚尖方向跨出改变身体方向为前转身。转身时，移动脚蹬地并迅速跨步，中枢脚前脚掌用力碾地，同时转腰转肩并保持身体平衡。

（2）后转身：移动脚向中枢脚脚跟方向移动为后转身。转身时，移动脚蹬地并向自己身后撤步，中枢脚前脚掌碾地旋转，同时，腰胯主动用力旋转，身体重心随着转移，保持身体平衡。后转身可在原地或行进间运用。

6. 滑步

滑步是防守移动的一种主要方法。它易于保持身体平衡，可向任何方向移动。滑步可分为侧滑步、前滑步和后滑步三种。

（1）侧滑步：两脚平行站立，两膝较深弯曲，上体略前倾，两臂侧伸。向左侧滑步时，左脚向左跨出同时，右脚蹬地滑动，向左脚方向移动，两脚保持一定距离。侧滑步时，重心保持在两脚之间，两眼注视对手。

（2）前滑步：两脚前后站立，向前滑步时，前脚向前迈出一步，着地的同时，后脚紧随着向前滑动，两脚保持前后开立姿势，注意屈膝降低重心。

（3）后滑步：后滑步动作方法与侧滑步相同，只是滑步移动的方向向后。

7. 后撤步

后撤步是前脚向后移动的一种方法。做后撤步时，用前脚的前脚掌内侧蹬地，同时腰部用力向后转动，前脚快速后撤，利用滑步调整防守位置。后撤角度不宜过大，身体重心保持平稳。

（二）练习方法

（1）起动和跑：基本站立姿势（面向、背向、侧向），听或看信号做起动跑的练习；在各种情况和状态下（蹲着、坐地、原地各种跑动中，原地向上、向侧跳起时，滑步中，急停以后），听或看信号向不同方向做起动跑的练习；两人行进间传球，练习侧身跑。

（2）急停：保持基本站立姿势，慢跑两三步接着做跨步急停和跳步急停；以稍快节奏跑三五步接做跨步急停和跳步急停；快跑中听或看信号做跨步急停；抛球向前跑动接球做急停。

（3）转身与跨步：原地徒手（持球），分别以左、右脚为轴，做跨步前、后转身练习；抛球（传接球）急停接球后，做前、后转身或再接传球、运球或投篮。

（4）防守步法：听信号和看手势做向左、向右、向前、向后滑步；按规定路线或按标志物做“之”字形、三角形、小“8”字形滑步和“T”字形碎步练习。

（三）易犯错误与纠正方法

1. 易犯错误

（1）起动前身体重心偏高，两膝弯曲不够，不便于迅速蹬地。

（2）后退跑时，身体前倾影响速度，抬大腿容易摔倒。

（3）侧身跑时上体转体不够，动作不协调，转身时腰胯用力不够。

（4）急停时，没有制动，不屈腿重心高造成停不稳，重心前移。

（5）转身时，中枢脚未用前脚掌做轴旋转，身体上下起伏，重心不稳。

（6）滑步时，两脚并步，身体重心上下起伏。

2. 纠正方法

（1）加强髋关节的灵活性练习。

（2）加强腿部肌肉力量练习。在一定的高度下做移动练习，强迫屈膝降低重心。

（3）教师用正确的示范动作引导学生练习，在练习中经常用语言提醒。

（4）为了使学生规范地掌握动作，在教学方法上可以用技术分解进行练习，练习中由慢至快，由简入繁。

二、传、接球

传、接球是篮球比赛中队员之间有目的地支配球、转移球的一种方法，是篮球运动中的重要技术之一。全面、熟练地掌握传接球技术，才能把每个队员连成一个整体，充分发挥集体的力量，巧妙地利用球的转移调动防守，可打乱对方的防守布置，创造良好的进攻机会，是实现战术、组织配合的纽带和桥梁。传、接球的方法多种多样，但都是由持球手法、传球用力、球的飞行路线和球的落点 4 个要素组成。

（一）动作要领

1. 双手胸前传、接球

传球前成基本站立姿势，双手五指自然分开，双手握球两侧的后上部，拇指相对成“八”字形，用指根以上部位触球，掌心空出，两肘自然下垂持球于胸前。传球时两脚蹬地发力，重心前移，同时向前伸臂，手腕下压、外翻，用拇指、食指、中指的力量将球弹拨出去（图 6-1）。接球前注视来球，双臂自然前伸迎球，手指自然分开，两拇指成“八”字形，两手成半圆状。接球时，当手指触球瞬间，随球屈肘后引，以缓冲来球力量，将球引至胸前，做好进攻准备（图 6-2）。

图 6-1　双手胸前传球

图 6-2　双手胸前接球

2. 单手肩上传球、接球

以右手传球为例，双手持球于胸前，成基本站立姿势。传球时，左脚向传球方向迈出半步，转体使左肩对着传球方向，同时右臂引球置右肩上方，手腕微后屈托住球，上臂与地面近似平行，前臂与地面垂直，重心落在右脚上。出球时右脚蹬地，同时迅速转体向前挥臂，手腕前屈，手指拨球，将球传出（图 6-3）。接球时，接球手臂向来球方向伸出，五指自然分开，掌心朝向来球，腕、指放松。当手指触球时，手臂顺势将球后引置于身前或体侧，左手迅速扶球，准备衔接下一个动作（图 6-4）。

图 6-3　单手肩上传球

图 6-4　单手肩上接球

3. 双手反弹传球

传球时，向前下方用力，利用手腕、手指的力量将球传向击地点，反弹给同伴。反弹球的落点一般在离接球人三分之一处，球弹起的高度在接球者的腹部位置。

4. 双手头上传球

持球手法与双手胸前传球相同，两手举球于头上，两手心向前。近距离传球时，小臂前摆，手腕前扣外翻的同时，拇、食、中指用力向前拨球。传球距离远时，要加大蹬地力量，摆动腰腹以带动小臂发力和前摆，腕和指用力前扣，将球传出。

（二）练习方法

（1）原地两人互传：两人一组，先相距 4~5 米，逐渐加大到 8~10 米。

（2）迎面传接球。

（3）四角传球。

（4）全场两人行进间传接球。

（5）全场三人行进间传接球。

（6）加防守的传接球。

（二）易犯错误与纠正方法

1. 易犯错误

（1）双手胸前传球时，持球手型不正确，掌心触球，传球无力。

（2）双手持球，两肘外展，传球时形成挤球动作。

（3）双手传球用力不一致，传出的球侧旋。

（4）单手肩上传球时，手臂走弧线，蹬地转身不协调；传球后手指指向衣领。

（5）传反弹球时，两手举球向下抛球，球的落点不对。

2. 纠正方法

（1）两人一组，面对面站立，一人握球，一人做双手胸前传球时的正确模仿练习。

（2）两人一组，一人对墙传球，另一人纠正动作。

（3）多做自抛自接球练习，养成张手、伸臂、迎球和及时屈肘引臂的习惯。

三、运球

运球是持球队员在原地或移动中用手连续按拍，借助地面使球反弹起来。运球是篮球比赛中个人控制球、支配球、突破防守的重要手段，是组织全队进攻配合的桥梁。合理的运球，可以创造有力的进攻机会。若滥用运球，则会影响全队进攻和贻误战机。

（一）动作要领

1. 高运球

运球时，两膝微屈，上体稍前倾，目视前方，手用力向前下方推按球，球的落点在身体侧前方，使球的反弹高度在腰、胸之间，手脚协调配合，使球有节奏地向前运行。见图 6-5。

图 6-5　高运球

2. 低运球

两腿弯曲，重心下降，上体前倾，用上体和腿保护球的同时用手短促地拍按球，使球从地面向上反弹的高度在膝部以下。

3. 体前变向换手运球

从防守者右侧突破时，先向防守者左侧做运球假突破动作。当防守者重心左移瞬间，迅速按拍球的右侧上方，同时右脚向左前方跨出，上体左转侧肩，用肩、腿、上体挡住对手，换左手按拍球的后上部，左脚前跨快速从防守者的右侧运球突破。见图 6-6。

图 6-6　体前变向换手运球

4. 背后运球

以右手运球从身后换左手时，右脚前跨，右手将球拉到右侧身后，迅速转腕按拍球的右后方，使球从背后弹至左侧的前方，左脚同时向左前方跨步，换左手运球加速前进。见图 6-7。

图 6-7　背后运球

5. 运球转身

以右手运球为例，变向时，左脚前跨一步为中枢脚，右手按拍球右侧前方，随着后转身的同时，右手将球拉至身体的后侧，并按拍球落在身体的外侧方，然后换左手运球，加速前进。见图 6-8。

图 6-8　运球转身

（二）练习方法

（1）原地运球：听哨音或看手势，做各种运球练习，体会运球动作，增强手感，逐步提高控球能力。

（2）直线运球：分两组或多组，成横队站于端线处。第一组持球行进间运球至另一端线，返回时换左手运球，然后将球交给下一组，轮流进行。

（3）变向换手运球：背后运球、运球转身，都采用每人一球，从端线的一边行进间“之”字形依次运到另一边。

（4）对抗练习：两人一组一球，全场一打一运球，进攻者采用各种运球方法，从一端攻到另一端，攻防交换。

（三）易犯错误与纠正方法

1. 易犯错误

（1）运球时低头，不能观察场上情况。

（2）运球时掌心触球或单靠手指拨球。

（3）手、脚、身体配合不协调。

（4）运球时用手打球，不是用手腕、手指按拍运球，球停留在手上的时间过长。

2. 纠正方法

（1）看教师手势运球，反复模仿正确技术。

（2）进行运球的熟悉球性练习。

（3）听信号做各种形式的运球。

（4）设置障碍架进行变向运球练习。

四、持球突破

持球突破是进攻队员接球后，运用快速的脚步动作和熟练的运球技术超越防守的一项进攻性很强的技术，由蹬跨、侧身探肩、推放球和加速4个环节组成。

（一）动作要领

1. 交叉步突破（以右脚做中枢脚为例）

假动作吸引防守者重心右移，双手持球重心移至右脚，左脚蹬地迅速向右前方跨出一大步，同时将球移至右手，上体右转，左肩下压探肩。右手放球，右脚用力蹬地迅速前进摆脱对手。

2. 同侧步突破（以左脚做中枢脚为例）

准备姿势与交叉步相同，突破时，做向左突破的假动作，当防守者重心向右偏移时，右脚内侧蹬地，右脚迅速向右前方跨出一大步，同时向右转体探肩，重心前移，在左脚离地前用右手放球于右脚侧前方，同时左脚迅速蹬地向右前方迈出，超越对手。

（二）练习方法

（1）原地模仿练习：集体跟随教师模仿交叉步突破、同侧步突破动作方法。

（2）假动作突破练习：运用假动作，做不同的持球突破技术练习，提高运用技术的能力。

（3）半场或全场一对一对抗比赛：两人一组一球，先由一方持球开始进攻，进攻时可以运用交叉步或同侧步突破投篮。如突破成功或投篮命中，进攻者继续进攻，反之则交换。

（4）同其他技术结合进行练习。

（三）易犯错误与纠正方法

1. 易犯错误

（1）交叉步持球突破时，由于跨步脚尖方向不对，造成转体过大。

（2）突破时侧身、探肩不够，身体重心高，后蹬无力，加速不快。

（3）运球突破时球的落点靠后，没有放在脚的侧前方。

（4）中枢脚离地面过早或中枢脚不以前脚掌作轴，突破瞬间不提踵造成走步违例。

2. 纠正方法

（1）反复示范正确动作，讲清动作关键，明确中枢脚概念，剖析造成原因，建立正确动作的概念。

（2）先多做徒手模仿练习，体会正确的要领，再在慢速中做持球突破练习，逐步提高突破速度。

（3）借助障碍架（或由人用两手侧平举站立代替）进行练习。提醒转身探肩和降低重心，强调加快蹬地力量。

五、投篮

投篮是进攻队员将球投入对方球篮而采用的各种专门动作方法的总称，是比赛中唯一的得分手段，是一切技术、战术运用的最终目的和全部攻守矛盾的焦点，也是整个篮球技术体系的核心。投篮主要由持球方法、瞄准点、球的旋转和抛物线等环节组成。

（一）动作要领

1. 原地单手肩上投篮（以右手投篮为例）

原地单手肩上投篮是跳投和行进间单手肩上投篮的基础。两脚前后或左右开立，两膝微屈，五指自然分开，手心空出，用指根以上部位触球，举球至右肩前上方，左手扶球的左侧，手腕后仰，上臂与地面接近平行，两眼注视瞄准点。投篮时，两脚蹬地，同时右臂向前上方抬肘伸臂，手腕前屈，食、中指用力拨球，通过指端将球投出，身体随投球出手向前上方自然伸展。见图 6-9。

2. 原地双手胸前投篮

原地双手胸前投篮是篮球运动中使用较早的投篮方式，适用于中、远距离投篮。双手持球于胸前，肘关节自然下垂，两脚前后或左右开立，两膝微屈，重心落在两脚之间，眼睛注视瞄准点。投篮时，两脚蹬地，伸展腰腹，两臂随身体向前上方伸展，手腕外翻、前屈，利用拇指、食指、中指弹拨球，通过指端将球投出。两手用力要均匀、柔和，脚跟提起。

3. 跳起单手肩上投篮（以右手投篮为例）

跳起单手肩上投篮简称跳投，它具有突然性强、出手点高和不易防守的优点。双手持球于胸前，两脚前后或左右开立，两膝微屈，重心在两脚之间。起跳时，两腿迅速屈膝，两脚用力蹬地向上跳起，同时双手举球至右肩上方，右手持球，左手扶球的左侧。当身体升到最高点时，左手离球，右臂向前上方抬肘伸臂，手腕前屈，食、中指用力拨球，通过指端将球投出。落地屈膝缓冲。见图 6-10。

图 6-9　原地单手肩上投篮

图 6-10　跳起单手肩上投篮

4. 行进间单手肩上投篮

跑动中右脚跨出一大步的同时双手接球，接着左脚跨出一小步屈膝并用力蹬地跳起，同时举球至左肩上方。当身体接近最高点时，左臂向前上方伸出，手腕前屈，食、中指用力拨球，通过指端将球投出。见图 6-11。

图 6-11　行进间单手肩上投篮

5. 行进间单手低手投篮（以右手投篮为例）

跑动中右脚跨一大步的同时双手接球，接着左脚跨出一小步屈膝并用力蹬地起跳，右腿提膝前上摆，同时双手向前上方举球。当身体接近最高点时，左手离球，右臂外旋，掌心朝上托球并充分向前上方伸展，用手指上挑的动作，使球沿指端前旋投出。见图 6-12。

图 6-12　行进间单手低手投篮

（二）练习方法

（1）持球模仿投篮：成广播体操队形，体会原地或跳起投篮的手法和用力过程。

（2）接球急停跳投：两人一组一球，相距 5 米左右。一人跳起做投篮练习，另一人接球急停后跳起模仿投篮练习。体会动作的衔接过程。

（3）篮下五点投篮：分别位于左右 0°角、左右 45°角、三秒区罚球弧投篮。

（4）中距离五点投篮。

（5）连续投篮：两人一组，一人连续投篮，一人抢篮板传球。

（6）半场一分钟投篮：一人一球自投自抢，先 5 米远左右投篮，再把距离拉远投篮练习。

（7）行进间运球投篮：把队员分成两组，都从半场运球上篮。

（8）两人全场传接球投篮：三人直线传接球投篮，三人围绕跑动中传接球投篮练习。

（三）易犯错误与纠正方法

1. 易犯错误

（1）持球手法不正确，五指没有自然分开，用手心托球。

（2）肘关节外展，致使上肢各关节运动方向不一致。

（3）投篮时抬肘伸臂不够，导致手臂前推，形成抛物线偏低。

（4）双手投篮时，两手用力不均匀，伸臂不充分。

（5）跳起投篮时身体前冲，投篮出手时间或早或晚，上下肢配合不协调。

2. 纠正方法

（1）认真听和观察教师的讲解和示范动作，了解投篮动作的基本结构，建立正确概念。

（2）利用外部条件限制、信号刺激等手段，纠正错误动作。以投篮手臂靠近墙壁做徒手或持球的投篮模仿练习，纠正肘部外展。听教师的信号刺激，如“抬肘、伸臂、压腕”等词语纠正肘关节过早前伸，伸臂不充分及屈腕、拨指不够或球不旋转等错误。听教师的“跨步”“二步小”“提膝”“出手”等语言信号练习掌握跨步接球、起跳、出手时机等。

（3）多做徒手练习，体会协调用力和掌握动作节奏。

六、防守

防守技术是队员在防守时为了阻挠和破坏对手的进攻，达到夺球反攻的目的所采取的各种专门动作方法的总称。

（一）动作要领

1. 防守有球队员

站在对手与球篮之间适当的位置上。如对手善于投篮，防守时多采用两脚前后开立，前脚同侧手臂上扬伸出；如对手善于持球突破，防守时多采用两脚左右开立，两臂向两侧伸出的平步防守姿势。

另外，防守中应随时根据持球队员动作的变化，及时调整防守位置和变换动作，防对手运球或传球。除上述防守外，还应抓住时机，抢和打持球队员手中的球。

2. 防守无球队员

防守队员为了做到人球兼顾，应与球和对手保持一定角度和距离，站在对手与球篮之间偏向有球一侧的位置，与对手距离要看对手与持球人距离而定，一般离球近则近，离球远则远。如对手离球近在篮下，要贴近对手防守，还可采用绕前防守。

（二）练习方法

1. 防守无球队员

一对一、三对三、五对五攻防练习，从一侧篮下至另一侧篮下进行攻防练习。要求攻方积极跑动并设法摆脱防守，接教师从中场传给的球组织进攻；守方则积极堵截，阻挠其接球进攻。数次后攻防交换练习。

2. 防守持球队员

两人一组一球，从中圈开始。攻方持球，采用运球、传球突破投篮等方式进攻；守方则积极堵截，阻挠和破坏其进攻。数次后攻防交换练习。

（三）易犯错误与纠正方法

1. 易犯错误

（1）视野范围小，选位不好，不能人球兼顾。

（2）防守的姿势高，重心不稳，移动慢且步法乱。

（3）手臂动作运用不当或手臂动作紧张僵硬，缺乏断球意识。

2. 纠正方法

（1）检查矫正防守姿势和选位角度，进行有助于扩大视野的基本功练习。练习防无球队员时，球与对手之间的距离和角度应逐步加大。

（2）反复进行短距离防守移动，变换步法练习。要求低重心，保持身体平衡。多做各种一攻一守徒手追拍游戏，提高变速变向移动的灵活性，简化防守练习形式，限制进攻者的移动路线和范围。

（3）练习抢位堵截对手接球时，教师有意识地向防守人传球，诱导防守者随时注意断球。

七、抢球、打球、断球

（一）动作要领

（1）抢球：判断准确，大胆、迅速地靠近对手，两手抓紧球用力向后猛拉，或利用前臂、手腕及上体扭转的力量将球抢下。

（2）打球：打球的时机一般是对手刚接到球时，或运球过程中球刚离手或球刚由地面反弹起来，以及投篮球刚离手时。打球的方式可分为自上而下、自下而上和横向打球。

（3）断球：断球前身体重心下降，准备起动。当球刚离开传球队员时，突然起动，以短而快的助跑，单脚或双脚用力蹬地跃起，充分伸展身体和手臂，双手或单手将球截获。

（二）练习方法

（1）两人一组，原地一人持球，一人练习打球、抢球。

（2）两人一组，一攻一，练习行进间打球、抢球。

（3）两人一组，一人运球上篮，一人防守打上篮的球。

（4）三人一组，两人传球，一人练习抢断。

（三）易犯错误与纠正方法

1. 易犯错误

时机判断不好，或过早暴露行动意图，失去良好的行动机会。启动慢，移动的步频不快，缺乏突然性，以致抢、打球的时效性差。手臂动作幅度过大，身体用力过猛，身体平衡控制不好，造成犯规。选位不好，不能人球兼顾，重心高，步伐慢，贻误断球时机。

2. 纠正方法

加强视野训练，注重意识的防守（即防守意图），提高行动的预见性。提高脚步动作的突然性、快速性、灵活性及上下肢的动作的协调性。掌握正确、合理的抢、打、断球的手部动作，提高准确性。

八、抢篮板球

抢篮板球是投篮不中时双方争夺从篮板或篮圈上反弹过来的球的技术。一个完整的抢篮板球技术包括观察和判断、抢占有利位置、起跳、空中抢球和得球后的动作5个部分。

（一）动作要领

1. 抢进攻篮板球

根据自己在场上所处的位置，及时判断出球反弹方向，快速起动，及早地绕过防守者，抢占有利的位置，采用单脚或双脚起跳争取冲抢。腾空后身体和手臂充分伸展，及时调整重心，进行补篮或将球传出。

2. 抢防守篮板球

攻方投篮时，防守队员应根据自己与进攻队员之间的距离，采用不同的“挡”人方法，合理地挡住对手向篮下冲抢的路线，然后根据球反弹的方向，及时转身，抢占有利位置，跳起用单手或双手迅速将球抢到。落地后持球远离对手，便于及时传球或运球，组织反攻。

（二）练习方法

（1）原地起跳抢球：自己向上抛球，然后用双脚起跳，在最高点处将球抢下来，落地屈膝缓冲。体会起跳、空中抢球和落地动作。

（2）两人配合练习抢篮板：两人一组一球，一人站在罚球线上，传球给篮下的队员。篮下队员接球后把球向篮板上抛出碰板。罚球线处的队员上步用双脚或单脚起跳抢从篮板上反弹起来的球，抢下后把球投进篮圈。数次后交换。

（3）抢罚球篮板：双方按照比赛中罚球方法进行站位。确定甲方其中一人执行罚球，甲方投球碰板或碰圈弹起瞬间，双方即冲抢篮板球。如投篮命中，则换由甲方的另一名队员罚球；如投篮不中，由抢得篮板球的队罚球。

（三）易犯错误与纠正方法

1. 易犯错误

（1）对球反弹方向与落点判断不准，不会抢占有利位置。

（2）起跳时机掌握不好。

（3）抢篮板球时只顾球，不挡人或只顾抢位挡人而不顾球。

（4）抢到球后球的保护意识差，易被人打掉或抢走。

2. 纠正方法

（1）可做投篮后向球的方向快速移动到位接球的练习，提高学生的预判能力和快速移动的能力。

（2）多做自抛自抢的空中练习，体会起跳时机，提高判断的准确性。练习时教练可用语言提示帮助学生体会动作。

（3）向学生讲明挡人抢位与抢球是相辅相成的，缺一不可。在学生练习时教练可用语言提醒学生注意挡人或抬头看球。

（4）强调抢篮板技术的重要性，在练习中鼓励学生抢位抢球。

第二节　篮球基本战术

篮球战术是篮球比赛中队员有针对性地合理综合运用技术，相互协同配合，借以最大限度发挥个人和全队整体攻、防实力的多种特殊组织形式（阵势）与方法的总称。战术的目的是更好地发挥本方队员的技术与特长，制约对方，力争掌握比赛的主动权，争取比赛的胜利。

一、战术基础配合

1. 进攻战术基础配合

（1）传切配合：是两三个人利用突然快速切入和及时准确的传球组成的简单配合。

配合方法如图 6-13 所示。

配合要求：必须有一定的配合空间及合理的切入路线；注意切入路线、切入时机、切入节奏；传球要及时、隐蔽、准确。

（2）突分配合：是持球队员运用突破打乱对方的防守部署或吸引防守，然后将球传给处于空挡或摆脱防守的队友进行攻击。配合方法如图 6-14 所示。

配合要求：突破中要观察攻守队员位置的变化，及时准确地将球传给进攻机会更好的同伴；其他进攻队员都要摆脱对手，离开原先位置，切向空隙区域，准备接球进攻或抢篮板球。

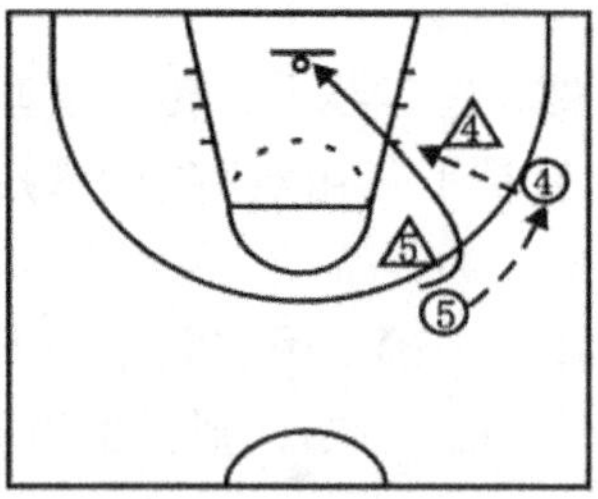

图 6-13　传切配合

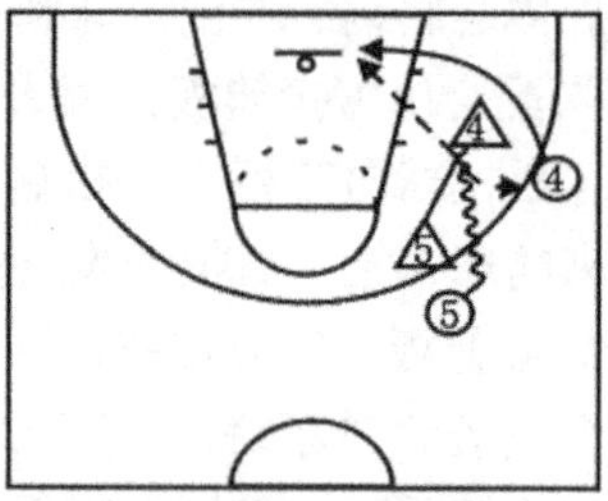

图 6-14　突分配合

（3）掩护配合：是指进攻队员以自己的身体采取合理的动作挡住同伴防守者的移动路线，使同伴借以摆脱防守，或利用同伴的身体和位置使自己摆脱防守的一种配合方法。根据掩护者和同伴防守者的身体位置和方向的不同，可分为侧掩护、前掩护和后掩护。配合方法如图 6-15 所示。

配合要求：掩护位置要合理，动作要正确；掩护意图要隐蔽，摆脱角度要合理；同伴之间要默契，掌握好配合时机。

（4）策应配合：一般是指处于内线的队员背对或侧对球篮接球，外线队员以他为中心（枢纽），运用空切或掩护所形成的一种内应外合的配合方法。配合方法如图 6-16 所示。

配合要求：策应队员获球后要护好球，根据场上变化及时将球传给最佳进攻队员；外围队员要选择好摆脱时机与路线，接球后要果断处理。

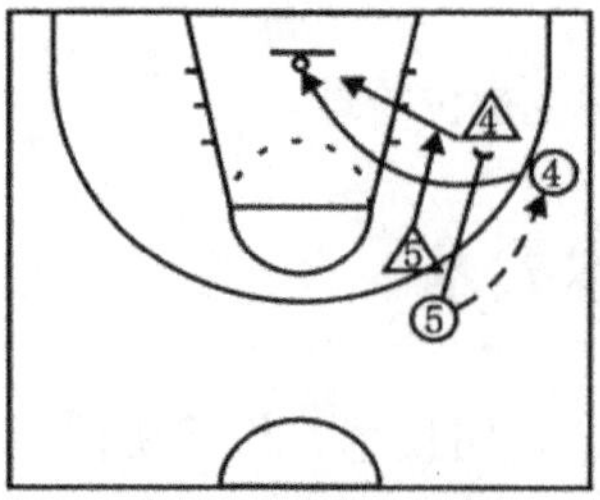

图 6-15　掩护配合

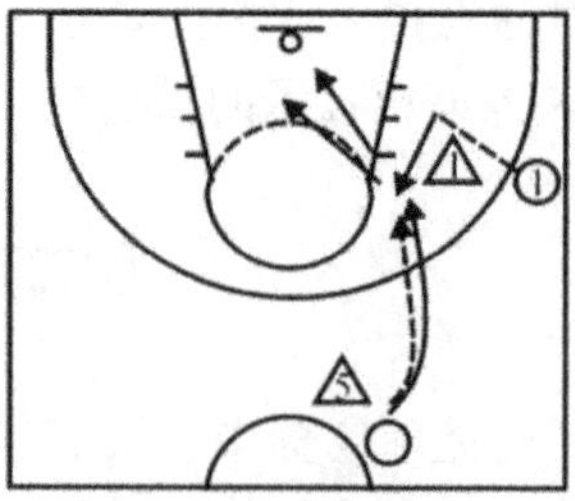

图 6-16　策应配合

2. 防守战术基础配合

（1）挤过配合：是在对方进行掩护配合时，防守者为了破坏对方的掩护，在掩护者临近一刹那，主动靠近自己的对手，并从两个进攻队员之间侧身挤过去，继续防住自己的对手。配合方法如图 6-17 所示。

配合要求：合理选位，准确判断对方意图；隐蔽自己意图，果断抢步，快速抢过；及时提醒同伴，做好换防准备。

（2）穿过配合：对方进行掩护配合时，防守掩护的队员主动后撤一步，让同伴从自己和掩护队员之间穿过去，以便继续防守自己的对手。配合方法如图 6-18 所示。

配合要求：防守掩护队员要及时提醒同伴，主动后撤一步，留出通道。

（3）交换防守配合：是为了破坏进攻队员掩护配合，防守队员及时交换所防对手的一种配合方法。如图 6-19 所示。

配合要求：防守掩护队员要及时发出换防信号，提醒同伴；在掩护队员转身切入前抢占有利的防守位置。

图 6-17　挤过配合

图 6-18　穿过配合

图 6-19　交换防守配合

二、全队战术配合

1. 全队进攻战术配合

（1）进攻半场人盯人

进攻半场人盯人防守战术，是根据半场人盯人防守战术的特点，综合运用传切、突分、掩护、策应等基本配合所组成的全队进攻战术。它是进攻战术系统中的主要组成部分，比赛中经常被采用。

运用时机：对方采用半场人盯人防守战术。

配合方法：常采用内线、外线结合，积极穿插、换位，连续掩护等基本手段，制造中投或篮下投篮等各种机会。常采用的队形有："2-1-2"（单中锋进攻法）、"1-2-2"（双中锋进攻法）、"8"字掩护进攻法、移动进攻法等。如图 6-20 所示。

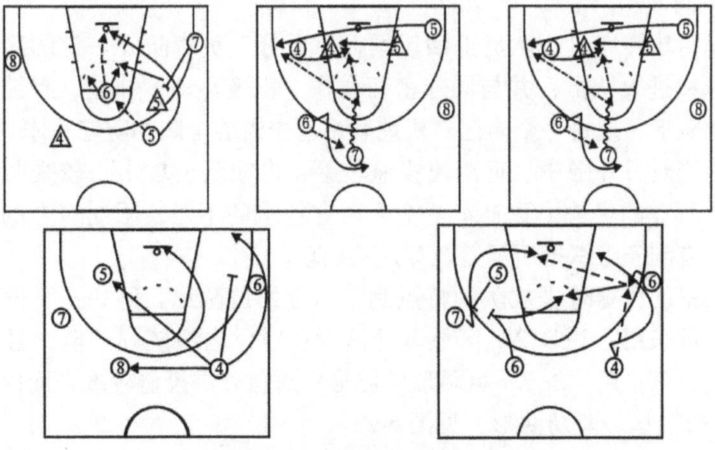

图 6-20　全队进攻战术配合

（2）进攻区域联防

进攻区域联防是针对区域联防阵型和变化特点所采用的进攻战术。

运用时机：对方采用区域联防防守战术进行防守。

配合方法：进攻区域联防的方法有很多，可根据本队的具体情况和对方联防的形式确定阵式和配合方法，其目的在于攻击对方区域联防的薄弱环节。如“1–3–1”进攻队形布局是针对“2–1–2”和“2–3”区域联防而组成的，“2–1–2”进攻队形布局是针对“1–3–1”区域联防组成的，等等。这里仅介绍“1–3–1”队形进攻方法，因为它是一个最基本的且较为全面的进攻区域联防的方法（除对方采用“1–3–1”区域联防外）。它的特点是：队员可以分布在对方两个防区之间，使防守者负担过重，能取得较好的外围投篮位置，便于内外联系和左右配合，可以造成一个守区内二打一的局面，以及形成三角攻势，保持攻守平衡。现以两种进攻“2–1–2”区域联防的方法为例，如图 6-21 所示。

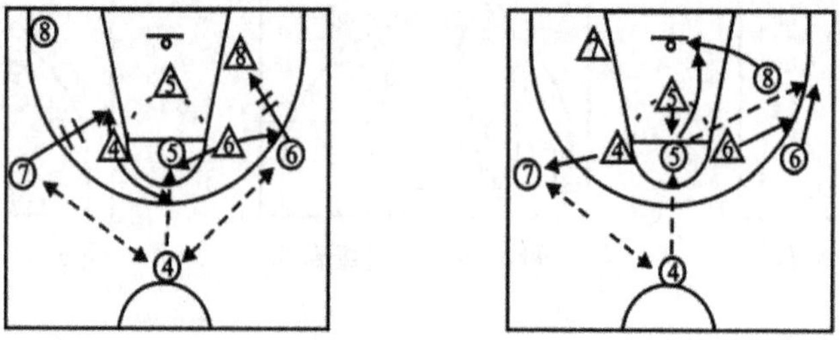

图 6-21　进攻“2–1–2”区域联防的配合

2. 全队防守战术配合

（1）半场人盯人防守战术配合

半场人盯人防守战术，是由攻转守时，全队有组织地迅速退回后场，在半场内每人防守一个进攻队员的盯人防守战术。

运用时机：对方篮下攻击力强，外围攻击力较弱。

配合方法：根据进攻队员特点进行防守。一般来说，对外围中投不太准而篮下攻击力较强的对手，采用“缩小”形式，反之采用“扩大”形式。见图 6-22。

图 6-22　半场人盯人防守战术配合

（2）区域联防

区域联防是由攻转守时，队员退回后场，每人分工负责防守一定的区域，严密防守进入该区域的球和进攻队员，并与同伴密切合作，积极移动，补位、封锁内线，伺机抢断球，用一定的队形，把每一个防区有机地联系起来组成全队的防守战术。

运用时机：当对方外围中、远距离投篮较差，内线队员攻击力较强时，使用区域联防能够发挥集体防守的优势，弥补本队个人防守技术的不足，限制对方的内线进攻，减少本方的犯规，有利于组织抢后场篮板球发动快攻。

配合方法：根据比赛时进攻队的特点制定防守站位队形。例如：对付内外线攻击力量较平均的队，可采用“2–1–2”区域联防队形；对付内线较强的队，且希望加强篮板球的争夺与控制，可采用“2–3”区域联防队形；对付外围投篮较准，而内线攻击较差的队，可采用“3–2”区域联防队形。见图 6-23。

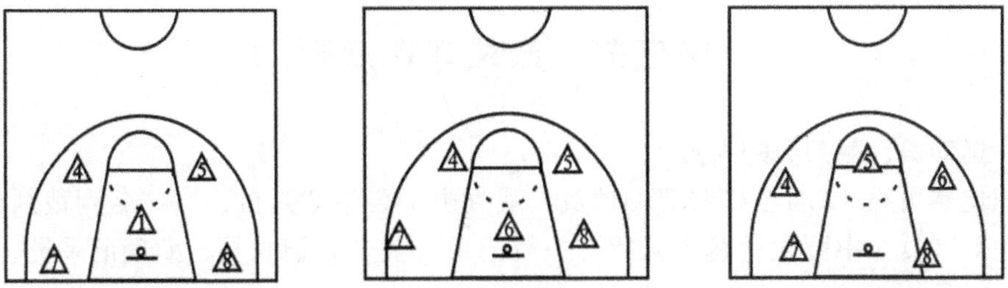

“2-1-2”队形　　“2-3”队形　　“3-2”队形

图 6-23　区域联防

3. 快攻与防快攻

快攻：以守转入攻时，趁对方立足未稳，以最快的速度、最短的时间推进到前场，造成以多打少，或人数相等，以及人数少于对方的情况下，果断而合理地进行进攻的一种速战速决的进攻战术。

发动快攻的时机：抢到后场篮板球时，掷后场界外球时，跳球得球时，抢断球后。

配合方法：快攻一般有长传快攻、短传快攻和运球突破快攻 3 种。

（1）长传快攻：是队员在后场获球后，立即把球传给迅速摆脱对手进行偷袭的同伴的一种配合。见图 6-24。

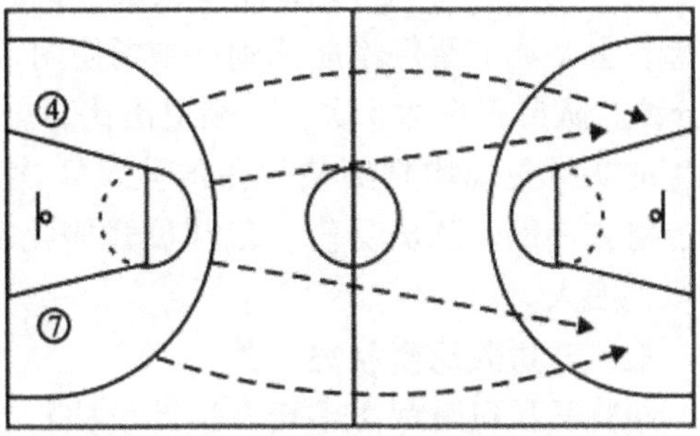

图 6-24　长传快攻

（2）短传快攻：指在防守中获球后，立即以快速的奔跑和短促的传球逼近对方篮下进行攻篮的一种配合。

（3）运球突破快攻：指在防守中获球后，在不便于传球的情况下，以快速运球推进至前场，创造或寻找配合机会，以提高快攻的速度和威力。

快攻由发动接应、推进和结束 3 个阶段组成。见图 6-25。

（1）接应阶段：指由守转攻获球后，及时地组织第一传和接应第一传的配合。

（2）推进阶段：指快攻发动后，结束配合之前在中场一带的配合方法。推进阶段有三种形式，即运球推进、传球推进、传球和运球结合推进。

（3）结束阶段：指快攻推进到前场进行攻击时运用的配合。快攻能否取得成功，取决于此阶段的配合。常遇到的有二攻一和三攻二的形式。

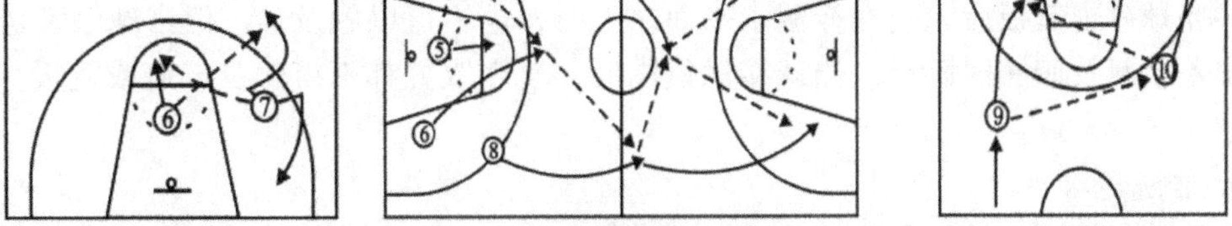

接应阶段　　推进阶段　　结束阶段

图 6-25　快攻的 3 个阶段

第三节　篮球竞赛规则

一、运动员、裁判员的人数

篮球比赛可报12名合格参赛的球员，裁判由1名主裁判员、1~2名副裁判员组成。比赛由主裁判员在中圈执行跳球开始。一般记录台至少有记录员、助理记录员、计时员和进攻计时员。

二、比赛时间及暂停、替换和犯规次数

篮球比赛由4节组成，每节10分钟，1、2节为上半场，3、4节为下半场。第1节和第2节、第3节和第4节之间的休息时间为2分钟，上下半场（中场）的休息时间为10分钟。

每个决胜期为5分钟，直到决出比赛胜负。

上半场比赛每队可以请求2次要登记的暂停，下半场比赛每队可以请求3次要登记的暂停，上半场的暂停不能挪到下半场使用，每一决胜期内准许1次暂停，每次暂停应持续1分钟。队员犯规达5次，必须退出比赛。每节比赛一个队全队犯规累计达4次后，此后发生的队员犯规均判给被侵犯的队员2次罚球（控制球队犯规除外）。争球、犯规、暂停、对方违例、队员受伤、裁判员暂停比赛时，双方可以替换队员，一方换人，另一方也可以换人。

三、球进入比赛状态

裁判员执行跳球离手后，运动员执行罚球可处理球时，在掷界外球的情况下队员站在掷界外球的地方可以处理球时，均属于进入比赛状态。

四、计分方法及比赛的胜负

比赛中，2分投篮区外投中得3分，2分投篮区内投中得2分，罚球中篮得1分。比赛结束时，得分多的队获胜。

五、违例

违例是指违反规则的行为。

1. 带球走

判断队员是否是带球走违例，应首先确定队员的中枢脚。确定中枢脚以后，在传球或投篮时，中枢脚可以抬起，但在球离手前不可回落地面，运球开始时，在球离手前中枢脚不可以抬起。如双脚都不是中枢脚时，在传球或投篮中，一脚或双脚都可以抬起，但在球离手前不可以落回地面。运球开始时，在球离手前双脚都可以抬起。

2. 干扰球和干涉得分

投篮的球在飞行中下落并完全在篮圈水平面之上时，攻守双方队员不可以触及球；投篮中当球碰击篮板后完全在篮圈水平面之上时，也不可以触及球。但当球触及篮圈后或明显不会触及篮圈时除外。当球接触篮圈时，攻守双方都不得触及球篮或篮板，否则为干扰。

3. 非法运球

当已获得控制球的队员将球掷、拍或滚在地面上，并在球触及另一队员之前再接触球为运球开始。当队员双手同时触及球或允许球在一手或双手中停留时即运球结束。队员第一次运球结束后不得再次运球，除非他在场上已失去了对活球的控制。在运球过程中，手控制球的时间稍长，只要掌心与球接触时始终向着地面，都是合法的。接球不稳，球落地拾起可以运球。

4. 拳击球与脚踢球

比赛中如出现用拳头击球，故意用膝或膝以下腿的任何部位或脚去击球或拦阻球，均为违例。

5. 球回后场

具备下列条件且缺一不可，即构成球回后场的违例：队员在前场已控制了球；最后触球回后场的是该队队员；该队队员首先接触回到后场的球。

6. 球出界

当球触及界外的队员或任何其他人员，界线上、界线上方或界线外的地面或任何物体，篮板的支柱或背面，即为球出界。球出界前最后触及了球或被球触及的队员是使球出界的队员。

7. 3 秒、5 秒、8 秒、24 秒违例

控制球队的队员，在一次进攻中，不得在对方限制区停留 3 秒以上；掷界外球、罚球或在有紧逼防守情况下的持球队员，持球不得超过 5 秒钟；当一名队员在后场控制活球时，该队必须在 8 秒钟内使球进入前场；当一名队员在场上控制一个活球时，该队必须在 24 秒钟内完成投篮，否则均为违例。判罚违例后，由对方在违例地点最近的边线掷界外球（不得超过正常一步）。

六、犯规及其罚则

犯规是违反规则的行为，含有与对方队员的不正常身体接触动作和违反体育道德的举止。比赛中队员不准通过伸展手、臂、肘、肩、髋、腿、膝或脚，或将自己的身体弯曲成“反常的”姿势（超出他的自身圆柱体）来拉、阻挡、推撞、绊对方队员以阻碍其行进；也不准放纵任何粗野或猛烈的动作。每次犯规都应进行登记，并按规则的有关条款进行处罚。

（1）阻挡：是阻止持球或不持球的对方队员行进的非法的身体接触。

（2）撞人：是持球或不持球的队员推动或移动到对方队员躯干上的身体接触。

（3）从背后防守：是防守队员从对方队员的背后与其发生的身体接触。

（4）拉人：是干扰对方队员移动自由而发生的身体接触。

（5）非法用手：发生在防守队员处于防守状态时，用手去接触对方队员阻碍其行进。

（6）推人：是用身体的任何部位强行移动或试图移动已经或没有控制球的对方队员时发生的身体接触。

（7）非法掩护：是试图非法拖延或阻止非控制球的对方队员到达希望到达的场上位置。队员发生侵人犯规均应进行登记。罚则如下：

① 如果被侵犯的队员未做投篮动作，应由被侵犯的队员在犯规地点最近的界外掷球继续比赛。

② 如果被侵犯的队员在做投篮动作，如投中得分有效，再判给 1 次罚球；如未投中应视其投篮地点判给 2 次或 3 次罚球。

③ 在每节 10 分钟的比赛中，某队犯规累计达 4 次，此后发生的队员犯规均判给被侵

犯的队员 2 次罚球（控制球队犯规除外）。

七、其他犯规及其罚则

1. 技术犯规及其罚则

队员、教练员、助理教练员、随队人员及替补队员如违反规则的有关规定，漠视裁判员的劝告或有不正当、不道德的行为都将被视为技术犯规。技术犯规不包含身体接触。每次犯规都应登记。宣判队员技术犯规，罚则是由对方任一队员罚球 1 次。宣判教练员、助理教练员、替补队员、随队人员技术犯规要登记在教练员名下，罚则是由对方罚球 1 次。

2. 违反体育道德的犯规及其罚则

队员蓄意地对持球或不持球的对方队员造成侵人犯规为违反体育道德的犯规。它不决定于动作的大小和激烈程度，而决定于这个接触是有预谋或是有企图的。

其罚则为：① 登记犯规队员一次违反体育道德的犯规；② 对未做投篮动作的队员违反体育道德的犯规，判给被侵犯的队员 2 次罚球加前场执球入界处执行掷界外球；如果是对投篮队员违反体育道德犯规，投中有效再加 1 次罚球和前场执球入界处执行掷界外球；如果未中，视其投篮地点判给 2 次或 3 次罚球和前场执球入界处执行掷界外球。

3. 打架

队员参与打架将被取消比赛资格。在打架或可能导致打架的情况中，除了教练员或助理教练员为了协助裁判员维护和恢复秩序可离开球队席区域外，其他坐席人员离开球队席区域应被取消比赛资格。发生此类事件应登记教练员一次技术犯规。球队成员被取消比赛资格，必须离开球场回休息室或离开体育馆。

八、场地设备

篮球场地是长 28 米、宽 15 米（从界线的内沿测量），由中线分成两个半场的长方形平面。球场上各线宽为 5 厘米，长边的界线叫边线，短边的界线叫端线。场中有限制区、罚球区、合理冲撞区、3 分投篮区及中圈。篮板的尺寸为：横宽 1. 80 米，竖高 1. 05 米，下沿距地面 2. 90 米，中心垂直落在场内距离中心点内沿 1. 20 米的地方。比赛球的充气标准：篮球充气后，从 1. 80 米的高度落在比赛场地上，反弹高度应在 1. 20~1. 40 米（从球的顶部量起）。

思考题

1. 简述篮球运动的基本技术。
2. 常用的篮球运动基本战术有哪几种？
3. 简述篮球运动的基本竞赛规则。

第七章 排 球

排球比赛是两队以中间球网为界，用手通过发球、垫球、传球、扣球、拦网等动作来组织进攻与防守的球类活动。1895 年，排球运动诞生于美国，由麻省好利诺青年会干事威廉·莫根创造了排球运动的雏形。为了迎合人们对运动量大小的不同要求，威廉·莫根结合当时盛行的网球和篮球运动，将网球的网挂在篮球场中间，采用篮球的内胆，让游戏双方将球像网球那样打来打去，后来规则逐渐完善。排球运动是人们比较熟悉和喜欢的运动项目之一，它对场地设施要求不高，参加者不受年龄、性别的限制，可根据自己的体力来掌握运动量。经常参加排球运动锻炼，能促进身体的全面发展，强化内脏器官的功能，提高弹跳性、灵敏性、耐力、速度、力量等身体素质及反应能力。此外，它还可以培养人们团结奋斗的集体主义精神、精确快速的判断能力，以及勇猛顽强、坚毅果断、机智灵活的意志和品质。

排球运动在 1905 年传入我国。经过不断演变，1951 年改为 6 人制排球。我国在 1959 年开始推广排球。在排球技、战术发展过程中，我国创造了“平拉开”“盖帽”“空间差”等一系列新技术，中国女排于 1981 年首次夺取第 3 届世界杯冠军，之后相继在世界锦标赛、奥运会上夺得冠军，获得“五连冠”佳绩。“女排精神”既振奋了民族精神，又为世界排球运动的发展做出了巨大贡献。

第一节 排球基本技术

排球技术是指在规则允许的条件下所采用的各种合理的击球动作。排球基本技术包括准备姿势和移动、发球、垫球、传球、扣球和拦网等。

一、准备姿势和移动

准备姿势和移动是完成各项击球技术的基础，并对各项技术动作的运用起串联作用。

1. 准备姿势

在起动、移动和击球前所采用的合理的身体动作或姿势，称准备姿势，分为稍蹲、半蹲和深蹲 3 种。稍蹲用于扣球、拦网，半蹲用于接发球，深蹲用于后排防守和前场保护。

2. 移动

移动即起动到制动之间的位移动作。其目的是及时接近球，保护好人和球的位置以便于击球。移动的步法很多，有并步、跨步、跨跳步、滑步、交叉步、跑步、后退步等，归纳起来可分为一步移动、两步移动和跑步移动。

二、发球

发球是比赛的开始。发球技术是进攻的一种手段，其目的在于直接得分和破坏对方的进攻。发球技术分为正面下手发球、侧面下手发球、正面上手发球、正面上手飘球、勾手大力发球和跳发球等。

1. 正面下手发球

正面下手发球简单易学，成功率高，但没有什么攻击性，对初学者或力量比较小的人，尤其是女同学较为适合。

动作要领（以右手发球为例）：发球前，面对球网两脚前后开立，左脚在前，右脚在后，两膝微屈，上体稍前倾，左手持球于腹前，右臂自然下垂，两眼注视球。发球时左手将球轻轻向上抛起至右肩前下方，离身体约一臂远。抛球的同时右臂后摆，待球下落时，右脚蹬地，右臂以肩关节为轴加速前摆，用手掌、拳或虎口击球的后中下部，同时，重心前移至迈出右脚，随即进入场地。

2. 侧面下手发球

动作要领（以右手发球为例）：发球前左肩侧对球网站立，两脚左右开立约同肩宽，两膝微屈，重心落在两脚之间，左手持球于腹前。发球时，左手将球轻轻向上抛起至左肩前下方，同时右臂后摆，待球下落时，右脚蹬地、身体左转，同时右臂前摆，用手掌或半握拳击球的后中下部，顺势重心前移，随即进入场地。

3. 正面上手发球

正面上手发球是用途最广、最基本的发球技术，是发正面上手飘球、正面大力发球和跳发球的基础。

动作要领（以右手发球为例）：面网而立，两脚前后开立约同肩宽，左脚在前，左手持球于体前。发球时，左手将球平稳地抛于右肩前上方，高于击球点 2~3 个球，抛球的同时右臂抬起屈肘后引，肘部弯曲与肩齐平，手掌自然张开，上体稍右转。抬头、挺胸、展腹，身体重心移至右脚。击球时，利用蹬地转体和迅速收胸收腹的动作带动手臂快速向前挥动，在右肩前上方用全掌、掌根或半握拳击球的后中下部，触球时手腕有向前推压动作，使球呈上旋飞行。见图 7-1。

4. 正面上手飘球

动作要领（以右手发球为例）：面对球网，两脚前后开立，左脚在前，左手持球于体前。当球升到最高点时，身体重心前移，前臂突然加速挥动，用掌根平面击球的后下部，作用力通过球的重心（图 7-2）。击球时，手腕紧张，用力短促，使球产生飘晃。

图 7-1　正面上手发球

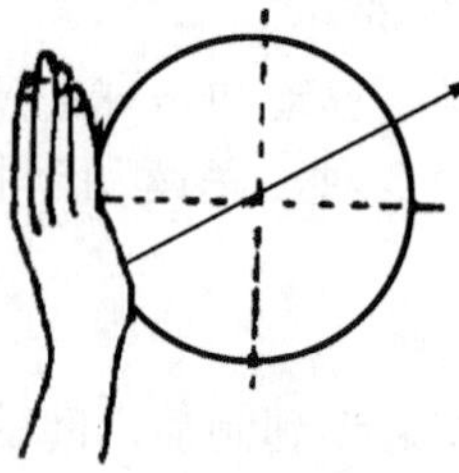

图 7-2　正面上手飘球击球位置

三、垫球

垫球是将单臂或双臂插入球的下方，利用来球的反弹力向上击球的技术动作。

1. 正面双手垫球

动作要领：身体正面对准来球方向，成半蹲姿势（图 7-3）。两手并拢（叠掌式、抱拳式均可），两手掌根紧靠，两拇指并齐朝前，两臂伸直，手腕下压两肘关节外旋，使前臂腕关节以上形成一个垫击球的平面（图 7-4）。垫击球的后中下部（图 7-5）。击球时，手臂插入球下，充分利用蹬腿、伸髋、含胸锁肩及抬臂的协调用力将球垫出。为了更好地控制垫球方向，在垫球时，身体重心向前上方移动做伴送动作。

图 7-3　正面双手垫球

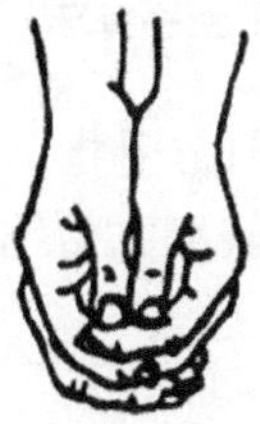

图 7-4　垫球手势

图 7-5　垫击球位置

2. 体侧垫球

当来球飞向体侧来不及移动正对来球时，即用体侧垫球。

动作要领：如球从左侧飞来，右脚前脚掌内侧蹬地，左脚向左侧跨出一步，身体重心随即移至左脚上，左膝弯曲，同时两臂夹紧向左侧伸出，用向右转腰的动作，配合两臂自左侧向前截住球飞行的路线，用两前臂垫击球的后下部。

3. 背垫球

动作要领：判断好球的飞行方向，迅速移动到球的落点上，背对出球方向，两臂夹紧伸直，击球点高于膝部。击球时抬头挺胸，展腹后仰，直臂向后上方摆动抬送。

四、传球

传球是利用手指、手腕的弹击力量和身体的协调动作，通过手指击球，将来球传递给同伴进攻的技术动作。传球技术多种多样，但从传球方式上来看，主要有正面双手上手传球、背传球、侧传球、调整传球和二传传球等基本技术。

1. 正面双手上手传球

正面双手上手传球是最基本、最常用的传球技术，是学习其他传球技术的基础。

动作要领：传球前，根据来球做好判断，迅速移动到球的下方，对准传球方向。见图 7-6。

手型：上臂抬起与地面平行，双手五指自然张开，手腕稍后仰，手指微屈成半球形，小指在前，双手拇指相对成“一”字形。以拇指、食指和中指触球为主，承担来球的压力，无名指和小指分别包在球的两侧起辅助作用。见图 7-7。

触球部位：双手触球的后中下部的两侧。

击球点：击球点一般保持在前额上方 10~15 厘米处。

图 7-6　正面双手上手传球

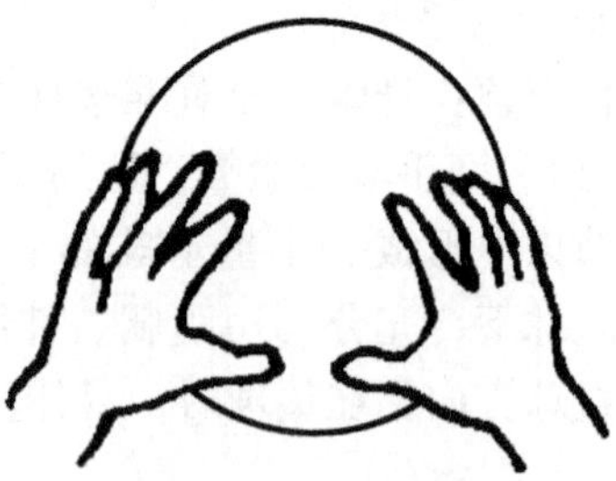

图 7-7　传球手势

用力和用力方向：传球前，手指、手腕和手臂稍放松。传球时，以手指、手腕的弹力和上肢伸展的力量将球向前上方传出，同时充分利用蹬地、伸膝、展髋等身体协调力量将球向前上方 45°传出。

2. 背传球

传球队员背对传球目标的传球叫背传球。背传球主要用于组织进攻，是一项具有一定隐蔽性和战术意义的传球技术。

动作要领：背对传球方向，身体保持正面双手上手传球的准备姿势。击球时，抬头看球，双臂上举，手腕后仰，利用蹬腿、展腹、伸肘的动作和手指、手腕的力量，将球向后上方传出。

3. 调整传球

当接发球和防守起的球无法进行近网传球时，由二传或其他队员将球传给扣球队员进行进攻，这种传球称调整传球。

动作要领同正面双手上手传球。传球时，传球队员要根据场上人、球、网三者的关系选择好传球方向、高度和落点，尽量缩小传球路线和球网之间的夹角，保证扣球队员有充分的反应时间。

五、扣球

扣球是排球的基本技术之一，是得分的重要手段。扣球的成败体现了全队的战术质量和效果，是能否取胜的关键。

1. 正面扣球（以右手扣球为例）

（1）准备姿势：采用稍蹲准备姿势站立于进攻线附近，两臂自然下垂，根据二传传出的球确定助跑时机和路线，准备助跑。

（2）助跑与踏跳：一般采用两步助跑技术。助跑时左脚先向球的落点方向自然迈出一步，右脚紧接着向前迈出一大步。右脚迈步时应根据人、球、网的位置关系调整步幅，确定起跳点。在右脚落地的时候，左脚迅速赶上，在右脚的左前方落地，脚尖稍向内转。在助跑跨出最后一步的同时，两臂经体侧划弧后摆。两脚脚跟先着地，并迅速过渡到全脚掌，立即做蹬地起跳动作。起跳的同时，两臂由后向前上积极摆动，摆至与肩同高时做突停动作，配合起跳，以增加弹跳高度，并做好击球的准备。

（3）空中击球：起跳后挺胸展腹，上体稍向右转，右臂屈肘向后上方摆起，身体成反弓形。挥臂时以转体和收腹动作发力，依次带动肩、肘、腕各关节成鞭甩动作向前上方挥击。击球时以全手掌猛力扣击球的后中上部，同时主动用力屈腕指向前推压，使扣出的球产生上旋沿一定轨迹飞行。

（4）落地：击球后，顺势收臂以免触网。落地时，前脚掌先着地，再过渡到全脚掌着地，顺势屈膝、收腹，缓冲下落的冲力。

2. 扣快球

快球的特点是进攻速度快，突然性大，牵制性强。在比赛中能争取时间和空间上的优势，以达突然袭击、攻其不备的目的。快球可分为近体快球、背快球、短平快球和平拉开快球等。

近体快球：近体快球是指扣球队员在距二传队员 1 米内，相互配合默契的快速扣球技术。其特点是球到二传队员手中时，扣球队员已腾空并做好扣球的准备动作。当球上升超过网上沿时，立即截击扣球过网。扣快球应尽力助跑快、起跳快、击球动作快、利用收胸收腹带动肩和手腕迅速挥甩，击球的后中上部。

六、拦网

拦网是队员在球网上空阻拦对方击球的技术方法，是防守的第一道防线，也是得分的重要手段之一。

1. 单人拦网

（1）准备姿势：队员面对球网，距离中线 30~40 厘米，两脚平行站立，约与肩同宽，两膝稍屈，两臂在胸前自然屈肘。

（2）移动：运用并步、交叉步、跑步移动。

（3）起跳：起跳时重心降低，两膝弯曲，用力蹬地，使身体垂直起跳，起跳技术要与跑步技术相结合。

（4）空中击球：起跳时两手从额前贴近并从平行于球网上沿的前上方伸出，两臂伸直，尽量上提。前臂靠近网，两臂保持平行。拦网时，两臂尽力过网伸向对方上空，两手自然张开，屈指、屈腕呈勺形。当手触球时，两手要突然紧张，手腕用力下压盖住球的前上方。

（5）落地：拦网动作结束后，两手臂要立即收缩，以免下落时触网。落地时，以前脚掌先着地，迅速过渡到全脚掌，屈膝缓冲。如未拦到球，则在下落时要随球转头，转身面对后场，为做下一个动作做准备。

2. 集体拦网

有双人和三人拦网两种。集体拦网技术动作除要求具备个人拦网技术外，还应着重注意互相配合。

第二节　排球基本战术

一、个人战术

1. 发球的个人战术

根据临场比赛情况，采用发准确性球控制落点，发攻击性球和不同性能的球，从而达到直接得分或削弱对方进攻效率的目的。

（1）加强进攻性发球：尽量准确地发出弧度平、速度快、力量狠、旋转性强或飘度大的攻击球，以破坏对方一传并争取直接得分。

（2）控制落地的发球：可将球准确地发到对方两个队员之间的连接区、前区、后区死角、三角地带或对方交换位置的活动区，以破坏对方一传。

（3）将球发给一传差、信心不足、连续失误、情绪不稳、精力分散的队员。

2. 扣球的个人战术

根据对方情况，灵活运用个人扣球技术。如避开拦网队员的手，利用拦网队员的手，找人、找点扣球。力求主动，达到得分和削弱对方进攻的目的。

3. 一传的个人战术

球队集体战术成功的基础就是一传，多变的集体战术要求有多变的一传个人战术，具体用法有组织进攻、两次球战术、交叉战术和短平快战术。

4. 二传的个人战术

二传队员是组织全队战术的核心，二传个人战术主要是利用时间差、位置差、空间差和动作的变化为进攻创造有利的局面。

（1）二传队员可根据本队的特长组织集中与拉开，近网、中网与远网，弧度高与弧度低等传球技术，组织进攻战术。

（2）可根据对方拦网部署，选择拦网薄弱环节组织强攻。

（3）掌握对方心理特点，利用多种战术变化，打乱对方的防守步骤。

（4）根据临场情况处理球或调整球。

二、阵容配备

阵容配备是合理地搭配场上队员，充分发挥每个队员的特长和作用的组织手段。

1. “四二”配备

2 个二传手安排在对称位置上，其他 4 人为攻手，2 个主攻手、2 个副攻手分别站在对称的位置上。这种阵容配合，可使每一个轮次前后排都能保持 1 个二传队员和 2 个进攻队员，便于组成“中一二”和“边一二”进攻战术。

2. “五一”配备

5 个扣球队员和 1 个二传队员的配备。这种配备，适合攻防兼备、技术较全面的队采用。二传队员的对角位置配备 1 名接应二传，以弥补二传队员来不及去传球的空隙。

三、交换位置

比赛中，在规则允许的情况下，根据战术的需要可采取交换位置的方法，充分发挥每个队员的特长，达扬长避短的目的。

四、接发球进攻战术

1. 接发球站位

（1）“中一二”进攻战术接发球

这是组织进攻的最基本的形式，站位根据对方发球的情况可以前移、后退、集中、分散。

（2）“边一二”进攻战术接发球

接发球时把球垫给前排 2 号位的队员（二传）。

（3）“后排插上”进攻战术接发球

在对方发球后，一个后排队员不接发球，及时插到前排网边做二传，组织前排三名队员进攻战术的配合。

2. 进攻战术

（1）“中一二”进攻战术

它是由3号位队员作二传，把球传给2号位或4号位队员扣球的进攻形式。这种形式最容易组织，初学者易掌握，但只能两点进攻，战术变化较少，进攻意图易被对方识破。

（2）“边一二”进攻战术

它是由2号位队员作二传，将球传给3号位或4号位队员扣球的进攻形式。它比“中一二”战术变化多些，战术配合也较复杂，可组织“快球掩护拉开”“前交叉”“围绕”“快球掩护夹塞”“短平快掩护拉开”等战术变化。

（3）“后排插上”进攻战术

“后排插上”进攻战术形式的最大特点是能保持前排3人进攻。进攻时能充分利用网的全长，可以发挥每个队员的特点，可以组成以快球为核心的跑动配合，打出多种战术变化。例如，前交叉、后交叉、夹塞、梯次、背溜、假交叉，等等。这些战术，进攻的突然性较大，突破点多，使对方难于有效地组织双人拦网和防守。见图7-8。

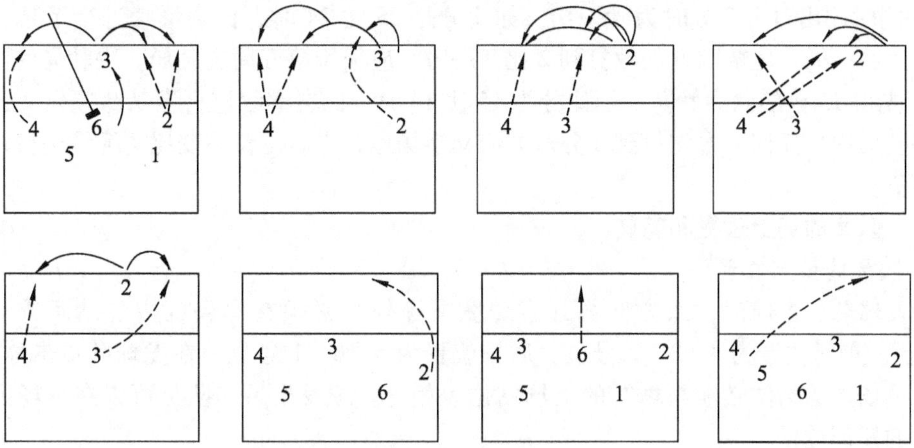

图7-8 “后排插上”进攻战术

（4）“两次球及其转移”进攻战术

当场上队员将一传球垫至网前，可直接将球扣或吊入对方场区；也可佯扣而将球晃传转移，组织其他队员进攻。

五、防守战术

1. “心跟进”防守战术

由6号位队员跟进保护，防吊球的防守形式。

2. “边跟进”防守战术

由后排1号或5号队员跟进到进攻线附近保护的防守形式。

第三节 排球竞赛规则

一、场地与设备

1. 比赛场地

比赛场地包括比赛区和无障碍区。比赛区为长18米、宽9米的长方形，四周至少有

3米宽的无障碍区，从地面量起至少有7米的无障碍空间。国际排联世界性比赛场地边线外的无障碍区至少5米，端线外至少8米，比赛场地上空的无障碍空间至少高12.5米。所有的界线宽5厘米，界线颜色应是与地面和其他线不同的浅色。边线或端线包括在比赛场区面积之内。每个场区各画一条距离中线中心线3米的进攻线。

2. 球网

球网长9.5米、宽1米，成年男子网高2.43米，女子网高2.24米。标志杆长1.8米，直径10毫米，分别设置在标志带的外沿球网的不同侧，标志杆高出球网80厘米。网柱架设在两条边线外0.5~1米处，高2.55米。

3. 比赛用球

球是由皮革制成，彩条色，内装橡皮胆。圆周为65~67厘米，重量为260~280克，气压0.30~0.325千克/平方厘米。

二、比赛方法

五局三胜制，一方先胜三局就取得了比赛的胜利。采用每球得分制，前四局，先得25分并同时超出对方2分时为胜一局。如比分是25比24时，比赛继续进行至某一队领先2分为胜一局。比赛双方局数打到2比2平时，应采用第五局决胜局。决胜局的比分为15分，先得15分的队为胜队。当比分为15比14时，比赛继续进行至某队领先2分为胜队。决胜局中，任何一方先打到8分双方应交换场地，之后位置不变比赛继续进行，直至决出胜负。

三、队员的场上位置和轮转

1. 队员的场上位置

在发球队员击球时，双方队员（发球队员除外）必须在本场区内各站两排，每排3名队员。前排位置为4、3、2号位，后排位置为5、6、1号位。在发球队员击球瞬间，双方队员场上的站位必须与填写的上场站位表相符。球发出后，队员可以在本场区和无障碍区的任何位置。

2. 轮转

接发球队获得发球权后，该队队员必须顺时针方向轮转一个位置（如2号位队员转至1号位发球）。

四、换人

每局每队可替换1人或最多6人。场上队员在同一局中可以退出比赛和再次上场各1次，只能回到原阵容的位置上。替补队员每局只能上场比赛1次，他只能由被他替换下场的队员来替换。

五、比赛中的击球

每队最多击球3次（拦网除外），一名队员不得连续击球2次，身体任何部位都允许触球。击球的犯规有“四次击球”“持球”“连击”。

六、发球

发球队员必须在第一裁判员鸣哨后的8秒钟内将球击出。发出的球落在对方场区内（包括球触击球网）视为好球。

七、拦网

没有触及球的拦网行动称为拦网试图，触及球的拦网行动被认为完成拦网。只有前排队员允许完成拦网。拦网的触球不算作本球队的一次击球。

八、触网

队员不得在进攻时触及球网的任何部分或标志杆。

九、过中线

队员的一只脚或双脚越过中线触及对方场区的同时即判过中线犯规，脚的一部分还接触中线或置于中线上空是允许的。

十、界内、外球及裁判方法

1. 界内球

球触及比赛场区的地面（包括界线）为界内球。

2. 界外球

（1）球接触地面的部分完全在界线以外。

（2）球触及标志杆、网绳、网柱、场外物体、天花板或非比赛成员等。

（3）发球时，球的整体或部分从过网区外过网。

（4）击球后，球的整体或部分从过网区外进入对方场区。

3. 对界内、外球的裁判方法

（1）对界内、外球第一、二裁判员根据自己的位置和职权范围做出相应的判断。

（2）司线员对界内、外球做出判断并展示相应的旗示。

（3）过网区指的是两条标志杆向上延伸至天花板所组成的区域。

（4）球的整体越过球网以下垂直平面判为界外球。

（5）发球、球过网时，可以触网，球落入对方场区内比赛继续进行。

十一、正常比赛间断及裁判方法

（1）正常的比赛间断有“暂停”和“换人”。

（2）只有教练员与场上队长在比赛成死球后，在鸣哨发球前，用相应的手势才能请求暂停或换人。

（3）暂停：世界性及全国性比赛采用技术暂停办法为第 1 局至第 4 局，每局有两次时间各为 60 秒的技术暂停，每当领先队达到 8 分或 16 分时自动执行。每个比赛队每局还有一次 1 分钟或 30 秒的普通暂停机会。决胜局（第五局）无技术暂停，每队在该局可请求两次 1 分钟或 30 秒的普通暂停。技术暂停时间由记录台掌握，普通暂停时间由第二裁判员掌握。

（4）自由人换人不计入正常换人次数之内。自由人换人不受次数限制，不受裁判员控制。自由人换人后须经过比赛过程才能进行下一次换人。自由人只能从进攻线至端线之间的边线进出场地。换人时，先下场，后上场，并且在裁判员鸣哨发球前进行换人。

（5）换人、暂停的操作主要由第二裁判员进行，但第一、二裁判员均可鸣哨允许请求。

（6）换人时，队员应在换人区内准备好，否则，第一裁判员给予该队延误比赛警告判罚。

十二、延误比赛犯规及裁判方法

1. 规则规定下列情况为延误比赛犯规

（1）换人延误比赛。

（2）在裁判员鸣哨恢复比赛后，拖延暂停时间。

（3）请求不合法的替换。

（4）在同一局中再次提出不符合规定的请求：

① 发球鸣哨同时或之后提出间断比赛请求。

② 无请求权成员提出请求。

③ 同一队换人后未经过比赛再次请求换人。

④ 再次请求的第 3 次暂停，第 7 次换人。

⑤ 场上队员拒绝比赛。

2. 延误比赛犯规的裁判方法

（1）只有第一裁判员可以对延误比赛进行判罚。

（2）第二裁判员可以向第一裁判员示意场上延误比赛情况，提醒第一裁判员给予判罚。

（3）在同一场中，对一个队的第 1 次延误比赛给予“延误警告”，不判罚失球，但需登记在记分表上。

（4）在同一场中，同一队任何一名队员或其他成员造成任何类型的第 2 次及其后的延误犯规，均给予出示黄牌的“延误判罚”，结果为失 1 球，并登记在记分表上。

十三、局间休息和交换场区

所有的局间休息时间均为 3 分钟。每局结束后，比赛队交换场区，本队的其他成员交换球队席。决胜局某队获 8 分时，两队交换场区，不休息，队员按交换场区时的位置继续比赛。如果没能及时交换场区，应在此错误被发现时立即进行交换，保留交换场区时两队已得比分。

十四、关于自由防守队员的规定

（1）每个队可以在 12 个队员中选择登记 1 个自由防守的队员，并在其姓名旁注明“L”字样，同时其号码应填写在第一局的位置表上。如果记录表中登记的队员人数超过 12 人，则名单中必须有 2 名自由防守队员。自由防守队员必须穿着区分于其他队员颜色（或为自由人特殊准备）的服装。

（2）自由防守队员可以替换后排任何一名队员。自由人的替换不计在该队换人次数之内，而且其次数不限，但在其上下两次之间必须经过一次发球比赛过程。替换他的队员必须是由他替换出场的队员。受伤自由人的替换：经过第一裁判员的允许，受伤的自由人可以由登记的任何一名队员来替换，受伤的自由人在该场比赛中不得再参加比赛。替换受伤自由人的队员，在该场比赛中仅限于以自由人的身份参加比赛。

（3）自由人不得发球、拦网或试图拦网。

（4）作为特殊的后排队员，其不可在任何地区（包括比赛场区和无障碍区）将高于球网的球完成进攻性击球。自由人在前场区，包括无障碍区进行上手二传，当所传球的整体高于球网时，不得进行进攻性击球，当自由人在后场区做同样动作时，则可自由进行进攻性击球。

思考题

1. 排球运动有哪些基本技术？
2. 简述正面双手上手传球的动作要领。
3. 简述正面上手发球的动作要领。
4. 图示“中一二”接发球进攻的基本形式。

第八章　足　球

足球运动是一种以脚为主支配球，两队在同一场地内相互进行攻守对抗、激烈竞赛的球类运动项目。足球运动是世界上开展得最为广泛、影响最大的体育运动项目之一，被誉为“世界第一运动”。足球运动的历史悠久，据史书记载，公元前475年战国时期我国就有被称为“蹴鞠”或“蹋鞠”的以脚为主支配球的足球游戏，到了唐代还在女子中盛行。现代足球运动始于英国，1863年在英国成立了第一个足球运动组织——英格兰足球协会，从这时起正式称此项运动为足球运动。

1900年，足球首次在奥运会上露面，1908年，足球被正式批准为奥运会项目。1930年，乌拉圭成功举办了第一届世界足球锦标赛。

1904年5月21日在法国巴黎成立了国际足球联合会（FIFA），自1932年开始，其总部改设在瑞士苏黎世。国际足联的创建，标志着足球作为一项世界性的体育项目登上了世界体坛，使足球运动在更广泛的范围内开展起来，影响也越来越大。国际足联从最初的7个会员国，发展到现今的190多个会员国，是世界第一大国际单项体育组织。国际足联举办的重大比赛有四年一届的世界杯足球赛、奥运会足球赛、世界青年足球锦标赛、世界少年足球锦标赛和女子世界杯足球赛及洲际比赛。

第一节　足球基本技术和练习方法

足球运动的技术，是指运动员在进行足球活动和比赛中，有目的、有意识地运用脚和规则允许的身体各个部位去合理地支配球的动作方法的总称。

足球基本技术包括踢球、停球、头顶球、运球和运球过人、抢截球及守门员技术等。

一、踢球

踢球是运动员有目的地用脚的某部位直接将球击向预定的目标。踢球技术的种类繁多，主要有脚内侧（脚弓）踢球、脚背内侧踢球、脚背正面（正脚背）踢球、脚背外侧踢球等方法。虽然动作要领各有不同，但每一种踢球方法一般都是由助跑、支撑脚站立、踢球腿的摆动、脚触球和踢球后的随前动作5个环节组成。这5个环节是整个踢球动作的统一过程。

1. 动作要领

（1）脚内侧踢球

用脚内侧踢球时，脚接触球的面积大，容易控制出球方向，传球较准确，适用于近距离传球配合和射门。

踢定位球时，直线助跑，最后一步稍大，支撑脚踏在球的侧后方约15厘米处，膝关节微屈，脚尖指向出球方向，在支撑脚着地的同时踢球腿以髋关节为轴由后向前摆动，在前摆的过程中屈膝外展，踢球脚的内侧正对击球方向。脚尖稍翘起，脚掌与地面平行，脚腕用力绷紧，用脚内侧部位击球的后中部，保持好身体的平衡。

（2）脚背内侧踢球

适用于中、远距离传球和射门。比赛中常用脚背内侧踢定位球、传过顶球或转身踢球及各种距离的射门。

踢定位球时，斜线助跑，助跑方向与击球方向约成45°角，支撑脚以脚掌外沿积极着地，踏在球的侧后方20~25厘米处，膝关节微屈，脚尖指向出球方向，身体稍向支撑脚一侧倾斜，支撑脚一侧肩部侧对击球方向。在支撑脚着地的同时，踢球腿以髋关节为轴，大腿带动小腿由后向前摆。当身体转向出球方向，膝盖摆至接近球的内侧正方的刹那，小腿加速前摆，脚尖稍外转（指向斜下方），脚背跖屈，脚趾扣紧，以脚背内侧踢球的后中部（要求出高球时击球后下部），踢球腿继续前摆，两臂外展以维持身体平衡。

（3）脚背正面踢球

适用于中、远距离传球和射门。比赛中经常用脚背正面踢定位球、空中球、反弹球、倒勾球，特别是远射。

踢定位球时，沿击球方向直线助跑，最后一步稍大，支撑脚全脚掌积极着地，踏在球的侧方10~15厘米处，脚尖正对击球方向，膝关节微屈，踢球腿屈膝后摆，在支撑脚着地的同时，以髋关节为轴，大腿带动小腿由后向前摆，在膝关节摆至近球垂直上方的刹那，加快小腿的摆速，脚背绷直，脚趾扣紧，以脚背正面击球的后中部。

（4）脚背外侧踢球

这种踢法难度大，但运用范围广，变化多，突然性强，适用于中、远距离的传球和射门。踢定位球（平直球）时，基本与脚背正面踢球相同，只是在踢球的瞬间摆动腿的膝关节和脚尖内转，脚面绷直，脚趾扣紧，以脚外侧部位踢球的后中部。

2. 踢球技术练习方法

（1）踢定位球练习

① 熟悉动作要领和方法，做各种踢球的模仿练习；

② 一人用脚底踩在球的前上部，另一人做跨一步助跑踢球练习（或踢实心球），练习触球的部位和支撑脚的选位；

③ 踢空中吊球；

④ 对墙踢定位球，距离由近到远，力量由小到大。

（2）两人对面进行各种踢球练习

① 原地踢静止的定位球；

② 向前跨一步和助跑踢定位球；

③ 原地踢由正面来的地滚球；

④ 向前跨一步和迎球助跑踢地滚球；

⑤ 向左右移动踢正面来的地滚球；

⑥ 原地踢自抛的空中球和反弹球；

⑦ 原地和助跑踢对面抛来的空中球；

⑧ 向左右移动踢对面抛来的空中球；

⑨ 两人一球，相距 25 米，用脚背内侧踢过顶球。

（3）行进间踢球练习

① 迎面跑动传球；

② 迎面接传球，向前跑动再传球；

③ 迎面跑动碰墙式传球；

④ 斜传直跑或直传斜跑接传球；

⑤ 横直传球，交叉跑动；

⑥ 交叉跑动接传球；

⑦ 三人一组传球；

⑧ 三人一组跑动传球；

⑨ 五角形跑动传球；

⑩ 各种踢球射门。

二、停球

停球是指有目的地用身体的合理部位，把运行中的球停在所需要的控制范围内，即停在有利于完成下一个技术动作的位置上。在足球比赛中，停球不是目的，而是依据全队的攻防战术需要更好地处理球，是为传球、运球、过人和射门服务的。停球的方法较多，除了规则所不允许的手臂以外，几乎身体的任何部位都能停球，不同的部位及不同方法的停球动作都有重要的作用，只有全面地掌握停球技术才能在比赛中运用自如。停球技术通常由判断移动、停球的部位和方法、缓冲、停球后的跟随移动等环节组成。

1. 动作要领

（1）脚内侧停球：脚内侧停球比较容易掌握。脚接触球的面积大，易停稳，并且便于改变方向和衔接下一个动作，在比赛中运用广泛，是进行足球活动时不可缺少的一项技术。脚内侧可以用来停地滚球、反弹球和空中球。

① 脚内侧停地滚球：基本上类似脚内侧踢球动作，接触球前，支撑脚正对来球，膝关节稍屈，摆动腿稍前迎，在脚与球接触的刹那后撤。

② 脚内侧停反弹球：支撑脚踏在球落上方的侧前方，上体侧对来球稍前倾，同时停球腿屈膝前迎，在脚与球接触的刹那后撤。

③ 脚内侧停空中球：根据来球的高度，将停球脚举起前迎，脚内侧对准来球线路，在脚与球接触时的瞬间开始后撤，在后撤过程中用脚内侧把球控制好。

（2）脚底停球：脚底接触球面积大，易将球停稳，常用于停地滚球和反弹球。

① 脚底停地滚球：支撑脚站在球的侧后方，膝关节微屈，脚尖正对来球，同时停球腿提起，膝关节自然弯曲，脚尖翘起高过脚跟，脚跟离地面距离不超过球，踝关节放松，用前脚掌触球的中上部。

② 脚底停反弹球：支撑脚站在球的侧后方，在球着地的一瞬间，用前脚掌对准球的反弹路线，触球的后上部。

（3）胸部停球：胸部面积大、有弹性、位置高，因而能停高球和平直球。胸部停球分为挺胸式和收胸式两种方法。

① 挺胸式停球：一般高于头部以上的下落球，可采用挺胸式停球方法。停球时，面对来球，两腿前后开立，两膝微屈，两臂自然张开，收下颚挺胸迎球，同时展腹。在球

于胸部停触刹那，上体稍后仰及收腹停球，使球向上弹起，再落于体前。见图 8-1。

图 8-1　挺胸式停球

② 收胸式停球：一般用于停齐胸高度的平直球。停球时面对来球，两脚左右或前后开立，重心落在两脚之间，两臂自然张开，重心前移，挺胸迎球。当球与胸部接触的刹那，上身迅速后移，收胸、收腹缓冲来球力量，把球停在体前。

2. 停球练习方法

（1）两人一球，相距 10 米左右，一人用脚内侧踢地滚球，一人用脚不同部位停球，依次循环。

（2）队员分成两组，相距 10~12 米，各成一路纵队站立。一组第一人用脚内侧踢地滚球，然后跑到对方排尾，另一组第一人用脚不同部位停球后再用脚内侧踢地滚球给对方第二人，依次循环。

（3）两人相距 10 米左右，一人抛球，一人用脚不同部位停球，依次轮换。根据练习者的水平，两人之间的距离先近后远，便于初学者对落点的判断。两人相距 25 米左右，一人传球，一人停反弹球，依次交换。

（4）练习者一人一球，自抛自停，球的高度可由低到高，便于初学者掌握和判断落点。

（5）两人一球，相距 5~15 米，一人抛，一人用胸部停球，依次轮换，根据练习者的水平，二人间的距离可由近到远，重点是体会停球的动作方法。从实战出发，停球尽可能在运动中完成，把停球与摆脱结合起来。

三、头顶球

随着现代足球运动的发展，在比赛中头顶球越发受到重视，无论在进攻还是在防守中都具有很大作用。头部是人体最高的部位，善于用头去处理球，等于多了一条腿。因此，头顶球是足球技术中不可忽视的重要技术之一。头顶球可分为前额正面顶球和前额侧面顶球两种方法。这两个部位顶球都可以做原地顶球、跑动中顶球、跳起顶球和鱼跃顶球。这里主要介绍前额正面头顶球的动作方法。

1. 动作要领

（1）原地头顶球

身体正对来球，两脚前后开立，膝关节微屈，上体后仰，重心落在后脚上，两臂自然张开，眼睛注视来球。在球运行到身体垂直部位前的刹那，后脚用力蹬地，身体重心由后脚移向前脚的同时，迅速向前摆体，颈部紧张，快速甩头，用前额正面顶球的后中部，然后上体随球继续前移。

（2）跳起头顶球

原地双脚起跳时，两腿先屈膝，重心下降，然后两脚用力蹬地跳起，同时两臂屈肘上摆，向上跳起，在跳起上升过程中，挺胸展腹，两臂自然张开，眼睛注视来球。在跳到接近最高点准备顶球时，身体成背弓。在球运行到身体的垂直部位前的刹那，快速收腹，折体前屈并甩头，用前额正面将球顶出。顶球后，两腿自然屈膝落地（图 8-2）。跑动中单脚起跳时，最后一步的步幅要稍大并用力蹬地，同时另一腿屈膝上摆，两臂屈肘自然上提，使身体向上腾起。跳起在空中身体成背弓，技术要求与原地跳起头顶球相同（图 8-3）。

图 8-2 原地跳起头顶球

图 8-3 行进中跳起头顶球

2. 头顶球练习方法

（1）模仿练习：两人一球，顶球者先直立姿势，持球同伴根据顶球者的前额部位的高度，按照动作要领需要的位置将球的高度调整好，并抓紧球不动。练习者按原地前额头顶球的动作要领进行练习。反复练习后再依次轮换。

（2）原地练习：两人一球，相距 5 米左右。练习者自抛球于头部前上方，当球下落时，及时上步，上体后仰，按原地前额头顶球的动作方法顶球给对面的同伴。然后二人交换角色先原地、后跳起完成前额头球练习。

（3）抛顶练习：两人一球，相距 8~10 米，一人抛球，一人完成前额正面头顶球练习。距离先近后远，可先原地、后跳起完成前额正面头顶球练习。

四、运球和运球过人

运球是在跑动中用脚连续推拨球，使球处于自己控制范围内的触球动作。利用运球可以变换进攻的速度，调节比赛的节奏。在对手紧逼和密集防守的情况下，利用运球和过人可以摆脱对方的阻截和围抢，扰乱对方防守阵型，造成以多打少的主动局势，为传球或射门创造有利时机。

1. 动作要领

（1）脚背内侧运球：跑动时，身体自然放松，步幅要小，上体前倾要稍向运球方向转动，运球脚提起时，膝关节稍屈。脚跟提起，踝关节外展，脚尖斜下指，用脚背内侧部位推拨球前进。在比赛中，大多用在改变方向或者为了护球的情况下使用。

（2）脚背外侧运球：跑动时，身体自然放松，上体稍前倾，两臂自然摆动，步幅不要过大，运球脚提起时，膝关节弯曲，脚跟提起，踝关节内旋，脚尖向内斜下指，用脚背外侧部位推拨球前进。在比赛中，大多在快速推进或为超越对手、前方纵深距离较大或者改变方向时使用。

（3）脚内侧运球：运球时，支撑腿向前跨出一步，落在球的侧前方，膝关节微屈，重心落在支撑脚上，上体向带球方向前倾，用运球脚内侧推拨球后中部前进。在比赛中，主要适用于以身体掩护球时。

（4）正脚背运球：运球时，上体前倾，步幅放大，运球脚提起时，膝关节弯屈，脚尖向下，以脚背正面推拨球前进。在比赛中，主要适用于突破对手后做较长距离的快速运球。

（5）运球过人：运球时要逼近防守者，距对方 2 米左右。身体要保护球并用远离防守者的脚控制球。过人时重心要低并落于两脚之间，有利于假动作使对方失去重心，运用拨、拉、扣、挑等技术动作，突然快速地摆脱越过对手。

① 拨球：运用脚腕抖拨的动作，从对手的一侧越过。见图 8-4。

② 拉球：一般是指用脚底将球从前向后拖，或用脚内侧将球由身体左侧拖至右侧。见图 8-5。

图 8-4　拨球

图 8-5　拉球

③ 扣球：运用转身和脚腕急转压扣的动作，用脚内侧或外侧触球，将球迅速停住或转变方向。用脚内侧扣球的动作称“里扣”（图 8-6），用脚外侧扣球的动作称“外扣”（图 8-7）。

图 8-6　里扣

图 8-7　外扣

④ 挑球：用脚尖上翘或脚背上撩的动作，使球向上改变方向，从对手身侧或头上越过。

2. 运球和运球过人练习方法

（1）各种脚法的往返直线运球：每人一球，每组 6~8 人，在相距 30~40 米的两根标志杆之间进行。练习依次进行，前后两人相距 5 米左右。

（2）直线穿梭运球：5~6 人一组一球，相距 15~20 米进行练习，如单数组时，球从人多的一端开始运，运球至终点同伴前 3~4 米将球轻传给同伴，自己留在这一端等待下一次练习。

（3）蛇形推进运球：每人一球，每组 6~8 人，在相距 30~40 米的两根标志杆之间进行。练习依次进行，前后两人相距 5 米左右。

（4）侧身左右脚交替往返变向运球：每人一球，每组 6~8 人，在相距 30~40 米的两根标志杆之间进行。练习依次进行，前后两人相距 5 米左右。

（5）30 米曲线运球绕杆（9 根杆）：30 米内每隔 3 米插一标志物，起点与终点以标志物代替或画一直线。练习者一人一球，依次进行。此外，曲线运球方法多种多样，如利用场地进行的沿中线、圈进行的运球和三角形路线运球等。

（6）一对一运球过人：两人一组，在积极或消极的防守下，做一对一运球过人练习。

五、抢截球

1. 动作要领

（1）抢球：用规则允许的条件和动作，把对方控制的或将要控制的球夺过来、踢出去或破坏掉。

① 正面抢球：面向对手两脚前后开立，两膝微屈，身体重心下降并放在两脚间。当对手运球触球后即将着地或刚着地时，抢球者快速移动重心，支撑脚用力后蹬，抢球脚以脚内侧对着球并屈膝向球跨出，从正面抢堵球。同时上体稍前倾，身体重心移至抢球脚上，支撑脚随即前跨，维持身体平衡。如双方的脚同时触球，则要顺势向上提拉，使球从对方脚背滚过，身体要迅速跟上，把球控制住。见图 8-8。

图 8-8　正面抢球

② 侧面抢球：在与对方带球队员并肩跑动时，身体重心稍下降，同对方接触一侧的臂紧贴。当对方的外侧脚着地时，用肩以下、肘以上的部位，以适当的力量去冲撞对手相应的部位，使其失去平衡而离开球，并迅速将球控制在自己的脚下。见图 8-9。

（2）截球：选择恰当的位置和时间，从对方背后突然插上，果断快速地利用踢、顶、铲和接球等动作把对方队员之间传出的地滚球和空中球抢截下来或破坏掉。

（3）堵：在没有把握抢截球的情况下运用的一种手段。在比赛中应采用“照相”的方法先判断传球角度，然后边判断边堵上去，看准机会再出脚抢球。两脚前后开立，两膝稍弯曲，身体重心下降，重心平均落在两脚上，面向对手，两眼注视对手的下肢动作，随着球的变化，迅速调整防守重心。

（4）铲球：倒地抢球的一种技术，一般在对手接球前或带球过程中来不及用其他方法抢球时采用。在控球者拨出球的一刹那，或对方在接球时，左脚用力蹬地成跨步，以抢球脚（右脚）的外侧沿地面向前侧滑出，用脚掌将球蹬出，用脚背或脚尖踢或捅出，然后小腿外侧、大腿外侧和臀部依次着地。见图 8-10。

图 8-9　侧面抢球

图 8-10　铲球

2. 抢截球练习方法

（1）做正面抢球的模仿练习，一人脚内侧放一球，另一人做抢球练习。

（2）二人对面站立，相距 4~6 米，中间放一球，同时做向前跨步抢球练习。

（3）一人向前带球，另一人做正面抢球练习。

（4）无球队员的侧面冲撞：两人并肩在走动和慢跑中做合理冲撞练习。

（5）冲撞抢球：两人平行站立，一人先将球向前踢出，然后两人同时上去做冲撞抢球的练习。

（6）带球侧面冲撞抢球：一人带球前进，另一人侧面做冲撞抢球练习。

（7）一对一攻防练习。

① 一人持球突破，另一人做正面堵球练习。防守者可先消极后主动。

② 一人持球以背、身护球，另一人在后面堵抢练习。

（8）二对一攻防练习：正面、侧面抢球，以触球为准，相互交换练习。

（9）抢截球练习：三人一组，抛球或踢球人与接球人对面站立。当抛球或踢球后，防守人从接球人侧后方快速向前，把球抢截掉。根据球的不同高度，可用身体各个部位抢截球。

（10）固定球的铲球练习：一人站在固定球的后面做踢球状，一人从侧面做铲球动作。先慢后快，然后加助跑铲球练习。

（11）两人一组，一人直线带球，另一人从侧面做铲球练习。

（12）在一定范围内做一对二、一对三和二对三的传抢练习。

六、守门员技术

1. 位置选择

守门员为了守住球门，首先要选择正确合理的位置。一般情况下，守门员应站在两球门柱与射门时球所处的位置形成的分角线上。位置的选择应根据对方的射门地点和射门角度来决定。

2. 准备姿势和移动

守门员为了更好地堵截和接住对方的传球和射门，必须根据对方射门前球和人的位置变化相应地调整自己的位置。向左、右调整位置的移动，一般采用侧滑步和交叉步两种步法。

（1）侧滑步：主要用于针对两侧射来的低平球。见图 8-11。

（2）交叉步：主要用于接两侧高球或扑接球，为了便于蹬地跃起。见图 8-12。

练习方法：

① 从一端门柱向另一端门柱往返做滑步和交叉步移动练习。

② 守门员按教练员的手势做左右前后的移动练习。

③ 守门员按教练员的手势做左右滑步或交叉步起跳练习。

图 8-11　侧滑步

图 8-12　交叉步

3. 接球

接球是守门员最主要的技术，包括地滚球、平直球、高空球的接球方法。见图 8-13。

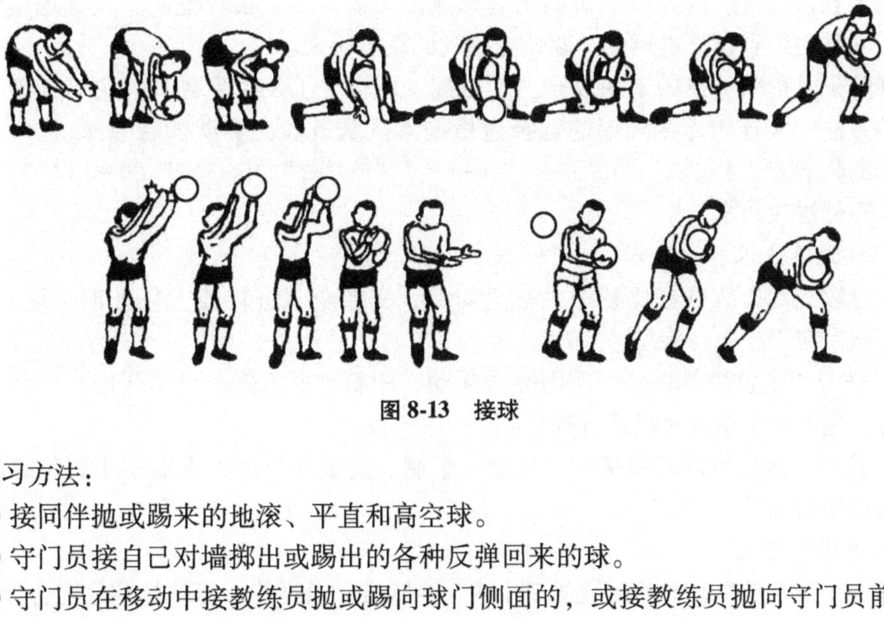

图 8-13　接球

练习方法：

① 接同伴抛或踢来的地滚、平直和高空球。

② 守门员接自己对墙掷出或踢出的各种反弹回来的球。

③ 守门员在移动中接教练员抛或踢向球门侧面的，或接教练员抛向守门员前面不到位的平球或高球。

④ 守门员和教练员相距 5~6 米，教练员连续快速地抛或踢球给守门员，守门员接球后，立即做下一次接球的准备。

⑤ 在沙坑或垫子上做扑固定球的练习。

⑥ 站立扑接两侧来的地滚、平直和高空球。

⑦ 守门员扑接不同方向传射来的球。

4. 发球

守门员获得球后迅速将球发出，使本队由守转攻。发球技术分手抛球和脚踢球两种。

（1）手抛球：在现代足球比赛中，利用手抛球发动进攻，是使用最多也是最有效的方法。手抛球能更及时、准确地将球发至占据有利位置的同伴脚下，因此更有利于进攻。

练习方法：

① 守门员单手持球于肩部后上方，挥臂将球抛出。

② 守门员单手持球于一侧腰部以下，挥臂将球沿地面滚出。

（2）脚踢球：脚踢球是守门员把获得的球和球门球直接传给远离自己的同伴的技术动作。脚踢球分手抛踢球和踢定位球两种。

练习方法：

① 守门员助跑几步，同时将球向体前轻抛做踢凌空球练习。

② 守门员助跑几步，同时将球向体前轻抛，待球落地反弹起来时，做踢反弹球练习。

③ 守门员练习脚背内侧踢定位球。

第二节　足球战术与比赛阵形

足球战术是指在比赛攻守过程中，为了战胜对手，根据主客观的实际所采取的个人行动和集体配合的总称。足球战术可分为进攻战术和防守战术两大系统，其中又分别包含个人战术和由两人或两人以上协同配合形成的集体战术。实践证明，正确地组织战术和运用战术从而做到扬长避短是夺取比赛胜利的重要因素。

比赛阵形是指队员在场上的攻守力量搭配、职责分工及位置排列，它有助于各种战术目的和方法的实现。比赛阵形的选择应根据本队队员和比赛队的特点来选择。目前，普遍采用的阵形有“4-4-2”“4-3-3”“4-5-1”“3-5-2”“5-3-2”“1-3-3-3”几种。

一、足球进攻战术

1. 个人进攻战术

个人进攻战术指队员在比赛中为战胜对手，完成全队进攻战术任务而采取的行动。个人战术重点在于摆脱与跑位。

（1）摆脱：摆脱的方法可以采用突然起动、冲刺跑、急停、突然变向、突然变速和假动作等，重点在于摆脱时机的选择。

（2）跑位：跑位可以起到接应、策动、牵制、突破等作用，重点在于跑位起动的时机与跑动路线的选择。

2. 局部进攻战术

局部进攻战术是指在局部区域的 2 个或 3 个队员，通过传、运球与跑位配合，突破 1 个或 2 个防守队员的方法。比赛中经常采用的局部进攻配合有传切配合、二过一战术配合和交叉掩护配合等。

（1）传切配合：是指控球队员直接将球传给空切的同伴。有斜传直插与直传斜插两种方法。

（2）二过一战术配合：是指在局部地区两个进攻队员通过两次传递球和跑位突破一个防守队员的配合，如踢墙式二过一配合、回传反切二过一配合等。

（3）交叉掩护配合：是指队员运球逼近防守队员时，无球接应队员快速交叉跑动接同伴的球，甩掉防守队员的紧逼的配合方法。

3. 全队进攻战术

全队进攻战术是指进攻的面比较广，参与进攻的人数比较多的进攻配合。

（1）边路进攻：在半场两侧地区发展的进攻称为边路进攻。

（2）中路进攻：在场地中间地带发展的进攻称为中路进攻。中路进攻主要通过中锋、内切的边锋或插上的前卫，运用个人突破、二过一配合等方法，达到射门得分的目的。

（3）定位球战术：定位球战术包括中圈开球、掷界外球、球门球、角球、任意球、点球等攻守战术。据比赛数据统计，30%~40%的进球属定位球得分，尤其是角球和罚球区附近的任意球。罚球区附近的任意球，多采用大力弧线球射门或传球配合取得射门机会。定位球战术已被普遍重视，成为现代高水平足球队的重要进攻得分手段。

二、足球防守战术

1. 个人防守战术

选位与盯人是个人防守的基本战术。后场防守时应选位于对手与本方球门中心构成的直线上，还应使自己能够清楚地观察到场上情况和球的移动方向，使之控于自己的视野之内。盯人有紧逼盯人和松动盯人两种。一般情况下，离球近或有可能接球的队员，以及对球门有威胁的队员要紧逼盯人；离球远的一侧采取松动盯人。

2. 局部防守战术

保护与补位是局部集体防守的基础。保护是补位的前提，没有保护也不可能有效地补位。队员间适当的斜线站位是保护选位的基本要求，也是后卫线防守站位的基本原则。后卫的斜线站位，相互间的纵深距离不能太大。补位是防守队员补同伴在防守中出现的漏洞，是防守队员间相互协助的一种方法。常见的补位方法有两种：

（1）补空当：边后卫插上进攻退守不及时，由其他同伴暂时补他的位置，以防对方利用空当快速反击。

（2）相互补位：即交换防守，一般在邻近队员之间进行。

3. 全队防守战术

全队防守战术包括盯人防守、区域防守和混合防守。混合防守是当今比赛普遍采用的一种防守战术，它集中了盯人防守和区域防守两者的优点，在防守中能够根据场上情况进行逼抢、盯人和补位，延缓对方进攻。快速回防到位，保持防守层次，相互保护，及时补位保护门前重地是防守的关键。

4. 任意球防守

无论是防直接任意球还是间接任意球，防守一方的前锋、前卫队员应快速回防，由2~6人组成人墙，人墙封堵球门近侧，守门员站在距球较远一侧，其他队员在距球较远的防守区域，距球较近的盯人防守。

第三节　足球竞赛规则

现代足球规则源于1848年英国剑桥大学，在历史的发展演变中日臻完善。现行规则的主要精神是保护运动员的身体健康，公平合理、条件均等地进行比赛，对故意犯规和不道德行为应予惩罚，促进足球运动的发展。

一、比赛场地和球

比赛场地须为全天然草皮。若竞赛规程允许，可使用全人造草皮。此外，如果竞赛规程允许，可使用人造和天然材料结合制成的整体草皮（混合系统）。人造草皮场地的表面必须为绿色。

比赛场地应为长方形，长 90~120 米，宽 45~90 米（国际比赛场地长 100~110 米，宽 64~75 米）。球门宽 7.32 米，高 2.44 米。球为圆形，其周长为 68~70 厘米，在比赛开始时球的重量为 410~450 克，充气后的压力为 0.6~1.1 个海平面（标准）大气压。比赛中未经裁判员许可不得更换比赛用球。

二、队员人数和比赛时间

一场比赛由两队参加，每队最多可有 11 名上场队员，其中 1 名必须为守门员。如果任何一队场上队员人数少于 7 人，则比赛不得开始或继续。守门员可以与场上队员互换位置，但必须事先通知裁判员，应在比赛停止时进行，并应换好服装。国际足联、各洲际联合会或各国足球协会可决定在正式赛事中可使用的替补队员人数，但最多不能超过 5 人次替换。涉及顶级联赛球队及国家队 A 队的男子、女子赛事最多可进行 3 人次替换。比赛分上、下半场，每半场各 45 分钟，中场休息不超过 15 分钟，每半场因故损失的时间应由裁判员酌情补足。

三、比赛开始、进行和死球

掷硬币猜中的一队决定本方上半场进攻方向，或者由本方开球，选择了本方上半场进攻方向的一队，在下半场比赛时开始开球。开球前，除开球队员外，双方队员均应在本方半场内，开球队的其他队员还须在中圈外（9.15 米）。当裁判员鸣哨后，开球队员必须将球放定在中点上，当球被踢且明显移动时，比赛即为开始。开球可直接射入对方球门得分；如果直接射入了本方球门，则判给对方角球。

当出现如下情况时，比赛即为停止：球的整体从地面或空中越过球门线或边线；裁判员停止了比赛；球接触了比赛官员后仍在比赛场地内，并且任一队开始了一次有希望的进攻，或直接进入了球门，或控球球队发生了转换。上述情况下，比赛以坠球恢复。所有其他时间，如果球接触了比赛官员，或从球门柱、横梁、角旗杆弹回并且仍在比赛场地内，均为比赛进行中。

四、越位

1. 越位位置

处于越位位置并不意味着构成越位犯规。队员处于越位位置的情况：如果其头、躯干或脚的任何部分处在对方半场（不包含中线），且头、躯干或脚的任何部分较球和对方倒数第二名队员更接近于对方球门线。队员不处于越位位置的情况：如果其与对方倒数第二名队员齐平或与对方最后两名队员齐平。

2. 越位犯规

一名队员在同队队员传球或触球的一瞬间处于越位位置，该队员随后以如下方式参与了实际比赛，才被判罚越位犯规：在同队队员传球或触球后得球或触及球，从而干扰了比赛，或干扰对方队员，或在越位位置获利。如果队员直接从下列情况得球，不存在越位犯规：球门球、掷界外球、角球。

五、犯规与不正当行为

1. 判罚直接任意球的犯规

踢或企图踢对方队员；绊或企图绊对方队员；跳向对方队员；冲撞对方队员；打或企图打对方队员（包括用头顶撞）；推对方队员；用脚或其他部位抢截对方队员；拉扯对方队员；对在比赛名单上的人员或比赛官员实施咬人或吐口水；手球犯规（不包括守门员在本方罚球区内）；在身体接触的情况下阻碍对方队员移动；向球、对方队员或比赛官员扔掷物品，或用手中的物品触及球。如果队员在本方罚球区内违反了上述犯规中的任何一种，应被判罚点球。

2. 判罚间接任意球的犯规

以危险方式进行比赛；在没有身体接触的情况下阻碍对方行进；以语言表示不满，使用攻击性、侮辱性或辱骂性的语言或行为，或其他口头的违规行为；在守门员发球过程中，阻止守门员从手中发球、踢或准备踢球；在控制住球的情况下，用头、胸、膝等部位将球传递给本方守门员；逃避规则相关条款处罚的行为（包括在踢任意球或球门球时），无论守门员是否用手触球，如果该行为由守门员发起，则处罚守门员；犯有规则中没有提及的，又需裁判员停止比赛予以警告或罚令出场的任何其他犯规。

如果守门员在本方罚球区内犯有如下行为时，则判罚间接任意球：在发出球前，用手臂部控制球超过6秒；在发出球后、其他场上队员触球前，用手臂部触球；守门员用手触及同队队员故意踢给他的球，接同队队员直接掷来的界外球。

3. 被警告并出示黄牌的犯规

延误比赛恢复；以语言或行动表达不满；未经裁判员许可进入、重新进入或故意离开比赛场地；当比赛以坠球、角球、任意球或掷界外球恢复时，未退出规定距离；持续违反规则（对“持续”的定义并没有明确的次数和犯规类型）；非体育行为；进入裁判员回看分析区域；过分地做出要求回看分析（比画电视屏幕）的信号。

4. 被罚令出场并出示红牌的犯规

严重犯规；暴力行为；咬人或向任何人吐口水；通过手球犯规，破坏对方球队进球或明显的进球得分机会（守门员在本方罚球区内除外）；通过可判罚任意球的犯规，破坏对方的进球或总体上朝犯规方球门方向移动的明显的进球得分机会；使用攻击性、侮辱性或辱骂性的语言或行为；在同一场比赛中得到第二次警告；进入视频操作室。

六、掷界外球

掷球时，掷球队员必须面向球场，任何一只脚的一部分在边线上或在边线外的地面上，单、双脚均不得全部离地，用双手将球从头后经头顶掷入场内，球未经其他队员踢或触及前不得再次触球。不得将球直接掷入球门得分，如果球直接掷入对方球门，则判对方踢球门球恢复比赛，如果球直接掷入本方球门，则判对方踢角球恢复比赛。

七、确定比赛结果

当球的整体从球门柱间及横梁下越过球门线，而此前未违反竞赛规则，即进球得分，进球多者为胜。如果双方球队没有进球或进球数相等，则该场比赛为平局。当竞赛规程规定一场比赛出现平局，或主客场进球数相同时必须有一方取胜，仅允许采取如下方式决定获胜队：客场进球规则；加时赛（加时赛上下半场时长相等且均不超过 15 分钟）；罚球点球决胜；可将上述各方式组合使用。

八、罚球点球决胜

在比赛中已被罚令出场的队员不得参与罚球点球决胜。

罚球点球决胜开始前，裁判员通过掷硬币决定罚球点球决胜使用的球门，除非有其他考虑（如场地条件、安全性等）。裁判员再次掷硬币，猜中的一队决定先踢或后踢。只有在比赛结束时在比赛场地内或暂时离场（受伤、调整装备等）的场上队员有资格参加罚球点球决胜。各队负责安排有资格的场上队员踢罚球点球的顺序，罚球队员顺序不必告知裁判员。

罚球点球决胜进行中，除踢罚球点球的队员和两名守门员外，所有符合资格的场上队员必须留在中圈内。踢球队员一方的守门员必须留在比赛场地内、在罚球区外球门线与罚球区线交会的位置。符合资格的场上队员可与守门员互换位置。当球停止移动、离开比赛场地，或因发生任何违规的情况而裁判员停止比赛时，视为罚球完成。主罚队员不得再次触球或补射。

双方球队各踢 5 轮罚球点球，双方球队轮流踢球，每次踢球由不同的场上队员执行，直至双方符合资格的队员均踢过一次后，同一名队员才可踢第二次。在双方球队踢完 5 轮罚球点球后，如果进球数相同，则继续踢球（1+1），直到出现踢完相同次数时，一队比另一队多进 1 球的情况为止。

思考题

1. 简述足球脚内侧、脚背内侧踢球技术动作要领。
2. 什么是足球阵形？简介“4—4—2”“4—3—3”阵形。
3. 何为越位位置？判罚越位的条件及时机是什么？

第九章　乒乓球

乒乓球是由两名球员或两队球员手持球拍，在中间隔一球网的球台两端，轮流击球的一项球类运动。它发源于英国，由网球运动派生而来，因此，有人称之为“桌上网球”（table tennis）。

1926 年 1 月国际乒乓球联合会成立，同年 12 月在英国伦敦举行第 1 届世界乒乓球锦标赛。世界乒乓球锦标赛自 1928 年之后每年举行一次，1959 年改为每两年举行一次。乒乓球竞赛项目，分为团体赛和单项比赛两大类。乒乓球团体赛有男子团体（斯韦思林杯）和女子团体（马赛尔 · 考比伦杯）2 项；单项比赛有男子单打（圣 · 勃莱德杯）、女子单打（吉 · 盖斯特杯）、男子双打（伊朗杯）、女子双打（波普杯）和混合双打（兹 · 赫杜塞克杯）5 项。

1959 年，容国团获得了第 25 届世界乒乓球锦标赛男子单打冠军后，中国运动员开始登上国际乒坛。

第一节　乒乓球基本技术

一、握拍法

握拍方法有横拍握法和直拍握法两大类。

1. 横拍握法

拇指、食指成“八”字手势的形状，一前一后贴于拍面；其余三指握住拍柄，用小臂内旋、外旋调节拍形。优点：板形固定，反手易发力，左右照顾面大。缺点：手腕不太灵活，正手换反手时要换拍面，影响摆速。见图 9-1。

2. 直拍握法

以拇指第一指节与食指第二指节扣住拍柄，虎口贴于拍柄后面；其余三指自然弯曲，重叠，以中指第一指节侧面顶在拍后面拍柄延长线 1/3 处；用中指、虎口、食指、拇指调节拍形。优点：手腕灵活，正手换反手时不换拍面，摆速较快。缺点：板形不易固定，反手不好发力，左右照顾面小。见图 9-2。

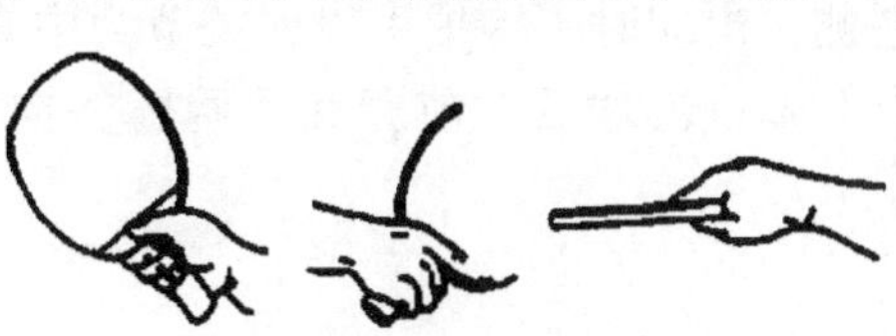

图 9-1　横拍握法

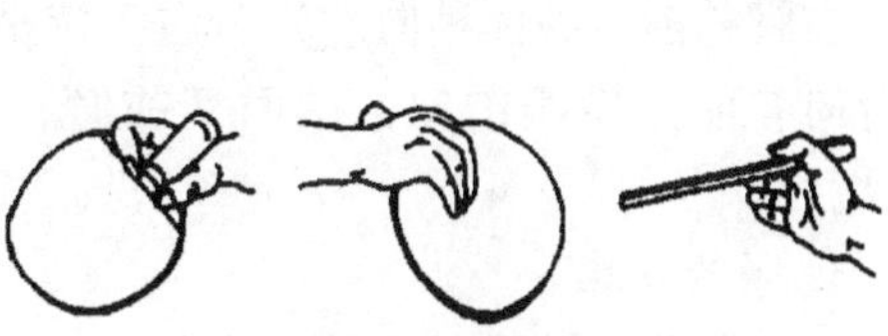

图 9-2　直拍握法

二、准备姿势和基本站位

以右手持拍为例，两脚分开与肩同宽，两膝微屈，重心放在两前脚掌中间；上体稍前倾，含胸收腹，使后背呈弧形；两臂自然弯曲，放在体前，持拍手在右侧前，拍呈横状；头部正直，两眼平视。正确观察，灵活移动，及时准备做击球动作。基本站位的方法如下：

（1）快攻打法：离台 40~50 厘米，左脚稍前或两脚平行站立，位于反手位 1/3 处。

（2）弧圈打法：离台 70 厘米，左脚稍前或两脚平行站立，位于反手位 1/3 处。

（3）削球打法：离台 100 厘米左右，两脚平行站立，位于中间稍偏左处。

三、基本步法

（1）单步：指以一侧脚的前脚掌为轴左右移动，另一脚向前后或左右移动的步法。

（2）换步：指靠近来球一侧的脚向来球方向跨一步，另一脚随之移动一步的步法。

（3）跳步：指以来球方向的异侧脚用力蹬地，使双脚离地，然后蹬地脚先落地，另一脚也相继跟着落地站稳的步法。

（4）并步：移动方法基本和跳步相似，区别在于不腾空跳动。移步时，先与以来球异方向的脚向同方向的脚并一步，然后同方向的脚再向来球的方向迈一步。

（5）跨步：指以来球方向近的脚向侧跨一大步，另一脚跟着滑动半步的步法。

（6）交叉步：指先以来球异侧脚向来球方向跨出一步，从身前交叉，接着另一脚随之移动的步法。

（7）侧身步：指左脚先向左跨出一步，然后右脚随之向左后移动。也可以左脚向前插上一步，右脚向左后方移动。

四、发球

发球是一项重要技术，是乒乓球比赛中每一个回合的开始，它是乒乓球技术中唯一不受对方限制的技术，可以最大限度地贯彻自己的战术意图。发球种类可按站位方位采用正手、反手、侧身发球；发球的性质有速度类、落点类、单一或混合旋转类等；发球形式是以低抛、高抛、下蹲来划分。发球的种类虽然很多，但归根到底是和速度、旋转、落点分不开的。

1. 正手发上旋球

正手发上旋球是发球入门技术的基础，容易掌握。以右手发球为例，左脚稍前，身体稍向右转，发球时左手把球轻轻地向上抛起（初学者可以把球抛得低一些），同时持拍手向右后引拍，在球下降至与网同高时，向前迎球挥拍，拍面前倾，击打球的中上部，第一落点在本台中间部位。初学者，动作要柔和放松，把握好击球的力量和方向。

2. 反手发上旋球

右脚稍前，身体稍向左转，右手持拍于身体左侧；击球时，持拍手以肘关节为中心，前臂向右前方横摆击球，拍面稍前倾，击球的中上部；击球后，前臂和手腕随势向前挥动。

3. 下旋发球

左脚稍前，抛球时持拍手向后上方引拍，约同肩高，手腕略外转，拍形稍后仰，拍端向斜上方，上体右转。当球下落至与网同高时，以小臂发力为主，同时手腕用力，向前下方摩擦球的中下部，第一落点接近本台中间部位，击球后，动作顺势前送，然后还原。

4. 侧旋发球

左脚稍前，抛球同时上体右转，向右上方引拍，手腕略外展，拍形后仰，击球时，以小臂为主，向左前下方挥拍。发侧下旋球时，力量向下较多，发侧上旋球时，力量向上较多。完成整个动作后，要迅速还原。反手侧旋发球技术动作要点与正手侧旋发球基本相同。

发球练习方法：徒手模仿抛球及发球动作；在台前用多球进行发球练习，进行各种路线的发球练习，进行各种旋转性能的发球练习；练习用同一手法发不同旋转和落点的球。

5. 接发球

乒乓球比赛中每一分的争夺都是由发球、接发球开始的，接发球必须根据对方发球的位置来决定自己的位置。要识别对方采用哪一类的发球，必须注意他在发球时的挥臂动作和球拍移动的方向，要根据对方发球时摆臂振幅的大小和手腕用力的不同程度判断来球落点的远近和旋转强弱，要根据来球的飞行弧线和速度判断球的旋转性能。接发球常用推、搓、削、拉、抽等方法来回击。推、搓、削是用旋转和变化落点去抑制对方攻势的，并带有一定的防御性质。拉球和抢攻时可以直接破坏对方的攻势，打法上较积极主动。所以，在接发球时应根据不同的情况做到时搓时拉、忽攻忽守，只有这样才能充分掌握比赛的主动权。其次是判断对方发球时拍形的角度、击球力量、摩擦力大小、旋转方向和落点。最后是采用推、搓、削、拉、抽等击球方法回击球。若对方来球是急球、上旋球，回击球可用推挡或攻球。若对方来球是下旋球，回击球可用搓、拉、削球。若对方来球是侧上（下）旋球，回击球可用推挡或攻球（搓、拉、削球），并向对方球拍开始运动的方向回击。接发球的教学和发球的教学通常是结合在一起进行的，教学时要从简单的固定旋转、落点开始，然后过渡到复杂的、综合的多种发球和接发球。

五、击球技术

1. 推挡球

推挡球是推球和挡球的总称，是左推右攻型打法的主要技术之一，也是其他类型打法不可缺少的技术。推挡球可分为挡球、快推、加力推、减力挡、推下旋、推挤等。离台约 40 厘米，两脚平行或左脚稍前；向后引拍，大臂和肘要靠近身体，拍形基本垂直；来球一落台，即开始用大臂带动小臂向前推击；击球时，拍形基本垂直，在球的上升期击球中部，力量向前；击球后，稍顺势前送，然后还原。

（1）挡球：击球前，前臂与台面平行伸向来球，球拍触球时，前臂和手腕向前移动，主要借助对方来球的反弹力将球挡回。

（2）快推：站位靠近球台；上臂适当后撤引拍；迎球挥拍，推球前手臂迅速迎前，在来球上升期触球；球拍触球一刹那，前臂稍外旋，食指压腕击球中上部，手臂稍向上辅助发力；击球随势挥拍，击球后迅速还原。

（3）加力推：击球前，前臂上提，球拍后引，肘部贴近身体，拍面前倾。在来球上升后期或高点期击球上中部。

（4）减力挡：在触球瞬间，手臂前移的动作骤然停止，或根据来球情况球拍轻轻后移，用以减弱来球的反弹力。

（5）推下旋：在击球瞬间前臂与手腕向前下方发力，同时拇指压拍，使拍面稍后仰，在来球上升后期或高点期摩擦球的中下部。

（6）推挤：击球前，前臂上提并外旋，引拍至身前，使拍面稍前倾。来球从台面上弹起后，前臂和手腕向左前下方挥拍迎球，在来球的上升前期，以稍前倾的拍形推击球的中上部，球拍击球瞬间，前臂和手腕向左前下方发力，击球后，手和臂顺势向左前下方挥动。

推挡球练习方法：

（1）徒手做推挡球的模仿动作，体会动作要点。

（2）离墙 2 米对墙做推挡球练习。

（3）正面、左右面的挡球练习，一人固定送球，练习者轮流击球。

（4）二人对推中线、直线、斜线和多点球练习。

（5）推挡变线，结合大力推挡或减力推挡综合练习。

（6）不定点地挡球练习，掌握短挡球的手法。

（7）两人在台上做各种线路的推挡球练习。

2. 攻球

攻球是乒乓球比赛中争取主动和获得胜利的重要技术，包括正（反）手攻球、正手扣杀、拉攻、滑板、中远台攻球、正手快带、正手快点和正手杀高球等技术。

（1）正手攻球：离台 40~50 厘米，左脚稍前；小臂横摆至体侧，拍形基本垂直或稍前倾，拍子呈半横状，使拍面正对来球路线，身体重心移至右脚。在球从台上弹起时，以大臂带动小臂，向前上方挥拍，经弧形挥向额前，同时右脚蹬地，重心前移；击球时，拍形稍前倾，在球的上升期或高点期击球的中上部，以小臂发力为主，同时拇指压拍，手腕配合小臂内旋，腰配合转动；击球后，小臂放松，挥拍至额前，重心随挥拍动作移至左脚，接着迅速还原。

横拍攻球时，前臂和手腕成直线并与台面接近平行，拍柄略朝下。击球的时间、部位、拍面角度及手臂挥动方向基本与直拍相似。

（2）反手攻球：直拍攻球，身体靠近球台，两脚平行站立。击球时，上臂贴近身体，前臂外旋向右前上方挥动，配合转腕动作，使拍面前倾，在上升期击球中上部。横拍攻球，站位与直拍略同，前臂与手腕几乎成直线，拍柄向下，置于腹部左前方。击球时，前臂向右前上方挥动，在上升期击球中上部，触球时手腕向外转动。

（3）正手扣杀：站位在球台中间或偏左，多半在近台位置；左脚稍前，两脚的距离比其他攻球稍宽，身体重心放在右脚上，两膝微屈，收腹含胸，腰、髋及身体稍向右转；右臂自然弯曲，前臂后引；将拍引至身体右侧偏后方，同时前臂内旋，使拍面稍前倾。来球从台面弹起后，腰、髋带动身体及上臂向左转动，与此同时，在来球的高点期，上臂积极发力带动前臂和手腕向左前方挥拍，结合右腿蹬地和转腰力量击球。击上旋球时，拍面稍前倾，击球中上部；击下旋球时，球拍略低于来球，击球中部。

（4）拉攻：站位近台，右脚稍后，重心放在右脚上。击球前，引拍至身体右侧下方。当球在最高点下降时，上臂和前臂由后下方向前上方挥动，前臂迅速内收，结合手腕转动的力量摩擦球的中下部。

（5）中远台攻球：身体离台约 1 米，左脚稍前，身体重心放在右脚上，两膝微屈，收腹含胸，身体稍向右转；右臂自然弯曲，将拍引至身体右后方，同时前臂内旋，使拍面接近垂直。来球从台面弹起到高点期时，上臂带动前臂向左前上方挥拍迎球。同时，腰、髋带动上体向左转动，在来球的下降前期，以垂直拍形迎击球的中部，并向前上方摩擦球。球拍击球瞬间，以上臂和前臂为主向左前上方发力击球，腰、髋也协助用力。击球后，手臂顺势向左前上方挥动，并迅速还原为准备姿势。动作过程中身体重心从右脚移到左脚上。

（6）正手快带：站在球台的中间或偏左，身体离台约40厘米，击球时，腰、髋带动上体向左转动，以前倾拍形迎击球的中上部。球拍击球瞬间，借助腰、髋的转动，使手臂迎前“带”球，勿发力，并使拍面前倾保持稳定。击球后，手臂顺势向左前上方挥动，并迅速还原为准备姿势。动作过程中身体重心从右脚移到左脚上。

（7）正手快点：站位靠近球台，回击右方大角度近网球时，右脚向右前方上一步，回击中间或略偏右的近网球，左脚向左侧前方上一步，身体弯向来球，右臂自然弯曲，前臂前伸，将拍伸至台内。若来球不转或上旋，则前臂内旋，使拍面前倾或垂直，在来球的高点期击球的中部。击球瞬间，前臂和手腕以向前用力为主，适当向上用力，同时食指放松，拇指压拍，前臂稍内旋。若来球下旋，则前臂外旋，使拍面后仰，在来球的高点期击球的中下部。击球瞬间，以前臂和手腕为主向前上方发力，同时，前臂适当内旋。击球后，手臂顺势挥拍，动作要小，以利迅速后退还原。

（8）正手杀高球：站位随来球的位置而定，一般离台较远；左脚在前，身体重心放在右脚上，右手臂随腰、髋和上体向右转动，尽可能将球拍引至身体右后方，同时前臂内旋，使球拍前倾。来球上升时，右脚用力蹬地，腰、髋和上体向左转动，整个手臂由身体右后方向左前上方挥动到较高位置后，再转向左前下方挥拍迎球。在来球下降前期，以前倾拍形猛击球的中上部。球拍击球瞬间，腰、髋与上体积极向左转动发力，上臂与前臂在腰、髋与上体带动下，用力向左前下方发力击球。击球后，手臂顺势向左前下方挥动，并迅速还原成准备姿势。动作过程中，身体重心从右脚移到左脚上。

攻球练习方法：

（1）徒手练习：根据正、反手攻球的技术，徒手模仿练习体会挥臂、腰部扭转和重心交换等动作要领。

（2）自抛球进行正手或反手攻球练习。

（3）推攻结合练习，一人推挡球，一人攻球。

（4）正手斜线对攻球练习。

（5）单个动作练习：一人发球一人攻球，打一拍球再重新发球。

（6）对攻练习：两人在对攻中练习各种线路的对攻。

3. 弧圈球

弧圈球是一种强烈的上旋球，它是一种攻击力大、稳健性强、适应性广的进攻性技术。

（1）加转弧圈球：左脚在前，右脚稍后，两膝微屈，身体向右扭转，腹微收，髋稍向右后下方压转，右肩略低于左肩，手腕略向后拉，球拍低于来球，持拍手固定球拍角度。击球时，小臂先向前迎球，然后大臂和小臂同时由下向上垂直挥动擦击球的中部，腰部由右方急剧向上扭转。球拍与桌面约成80°角，拍面与球的擦击间隙越薄越好。在触球的一刹那，加速用力，使球呈较高弧线飞出。球拍顺势挥动至额前。随后动作还原。见图 9-3。

图 9-3　加转弧圈球

（2）前冲弧圈球：引拍向右后方，身体重心比拉加转弧圈球时稍高，球拍与来球同高或稍低于来球。击球时，手臂向前上方迅速挥动，手腕使球拍前倾，与桌面成 50°角，擦击球的上部，腰部向前上方扭转，协助球拍加速摆动，使球沿一低弧线飞出。球拍顺势前摆至面部为止，随后动作还原。

弧圈球练习方法：

（1）在讲解示范技术要领和观看优秀运动员击球动作的基础上，徒手模仿拉弧圈球动作练习。

（2）发中路出台的下旋球，练习弧圈球，体会击球手法与挥臂、转体等动作的协调配合。

（3）推挡球、削球结合连续拉弧圈球练习。

（4）拉弧圈球结合攻球练习。

（5）中远台对拉练习。

4. 搓球

搓球是近台和台内回击下旋球的一种比较稳健的技术，搓球站位一般离台 40 厘米，两脚平行或左脚稍前；随来球路线，向左后上方引拍，拍形后仰，以小臂为主，向前下方挥拍；击球时，拍形后仰，在球的下降期摩擦球的中下部，以小臂为主、手腕为辅向前下方发力（快搓动作较小，在上升期击球）；击完球后，顺势前送，并迅速还原。横拍搓球时，拍形略竖起些，击球后前臂向右下方挥动。见图 9-4。

图 9-4　搓球

搓球练习方法：

（1）徒手做模仿搓球练习：自己抛球，弹起后将球搓过网。

（2）接发球时，将球搓回对方球台。

（3）对搓练习。

（4）搓球变线。

（5）半台变化落点对搓球。

（6）正反手搓球结合。

（7）搓球与抽球结合练习。

5. 削球

削球是一种防御性技术，主要通过旋转变化和落点变化来控制与调动对方，具有稳健性好、以柔克刚等特点。目前削球沿着“实力+积极防御+攻球”的方向发展。

（1）正手削球：离台稍远，右脚稍后，稍向右转，双膝微屈，拍形竖立，引拍至肩高附近。击球时，前臂用力向左前下方切削，手腕配合下压，在来球高点期或刚下降时击球的中部或中下部。

（2）反手削球：左脚稍后，重心移至左脚，体略左侧，拍形竖立，向左肩上方引拍并稍后仰。在上升期后段或高点期击球中下部，击球时，手臂迅速向右前下方挥动，手腕配合下压。

削球练习方法：

（1）基本的手法和步法徒手练习。

（2）接正、反手平击球的削球练习。

（3）正手削斜线、直线球练习。

（4）反手削斜线、直线球练习。

（5）正、反手削球结合练习，要求从有规律到无规律。

（6）结合正手攻球，练习正、反手削转与不转球。

第二节　乒乓球双打技、战术

自1988年第24届奥运会乒乓球被列为正式比赛项目后，男、女双打占了4块金牌中的2块。国际乒联从1990年开始，每两年举办一届世界杯男、女双打比赛。从2008年奥运会开始，双打比赛被团体赛取代。

一、双打配对

双打配对的5个基本原则：两名运动员需要感情融洽；配对双方在技术与战术上应各有特点，并能相互补充，融为一体，形成默契；在站位上最好是一前一后或一左一右，以免碰撞；应选择控球能力好、落点刁、步伐灵巧，并有一定相持能力的选手组合；双打配对应保持相对的固定，有计划地系统训练，不要在临近比赛时匆忙凑合或经常变换配对，因为双方要有一个相互熟悉、相互了解的过程，才能真正做到“心有灵犀一点通”。较理想的配对：

（1）两人都是以攻为主，一人左手、一人右手持拍最为理想。

（2）两人都是以削为主，一长削，一近削，并能结合反攻。

（3）不同类型打法选手的配对（如一攻一削）。

（4）弧圈球型和近台快攻型的搭配，对付削球最好。

（5）一名使用两面不同性能球拍的选手和一名使用常规球拍的选手配对。

二、双打的位置移动

双打位置移动的一般原则：

（1）击球后，应迅速移动，避免对方打追身球。

（2）在移位时不要妨碍同伴击球。

（3）站位应尽量接近下次击球最有利的位置。

（4）根据本人基本打法和特点，选择适当的移动步法。如擅长中远台攻球者，多用前后移动；近台快攻以左右移动为主；一个左手攻和一个右手攻，为了发挥正手攻，一般宜走横斜步或“八”字形移动；一个两面攻和一个左推右攻，前者可前后移动，后者可左右移动；两个削球运动员，一般以横斜步退让为主。

三、双打战术

双打的战术对比赛胜负的影响比单打更为重要。应坚持以我为主，随机应变。

1. 发球抢攻战术

（1）向右方底线区域和中路近网处，发急球或转与不转的球，伺机抢攻。

（2）以发短球为主，配合急球或发至中线附近的左侧上（下）旋球抢攻。

（3）发右侧上（下）旋球抢攻。

2. 接发球抢攻

（1）以打右角空当斜线或右方近网短球为主，打乱对方部署。

（2）回击对方弱区，控制其攻势。

（3）控制球的落点，迫使对方把球回到自己同伴便于还击的地方。

3. 相持阶段

相持阶段常用的战术如下：

（1）连续攻对方一点，迫使两人挤在一起，然后再变线进攻或打追身球，造成对方失误。

（2）交叉打两角，在对方左右移动中造成混乱，降低击球质量，突击空当。

（3）有意识攻击对方球员的弱点，伺机扣杀。

（4）连续打追身球，促使对方两人相撞，继而扣杀空当。

（5）变化击球的速度、力量、节奏、旋转等，调动对方。

四、双打的竞赛方法

（1）在双打的每一局开始时，先发球的一方应决定由谁先发球，再由对方确定由谁先接发球。

（2）发球方发 2 分球（10 平时发 1 分球）后，交换发球时，接发球方的两名队员应交换位置。

（3）乒乓球台面的中间，有一条与边线平行的直线，把球台分为左、右两半区，其右半区为发球区。发球时，必须从本方的发球区发入对方的发球区，如未能合法发球，则判罚失分。

（4）发球和接发球的次序。

① 甲 1 发球，乙 1 接发球。乙 1 发球，甲 2 接发球。甲 2 发球，乙 2 接发球。乙 2 发

球，甲 1 接发球。甲 1 发球，乙 1 接发球……这样循环进行。当打到 10 平或执行轮换发球时，次序不变，但一方每次只发一个球就换发球，直到该局比赛结束。

② 在双打比赛中，除第一局外，每一局选出了第一个发球员后，首先接发球的应是前一局发给他球的发球员。

③ 在双打决胜局，当一方先得 5 分时，双方需交换场地，接发球一方运动员应交换接发球次序。

④ 每一方的两名运动员应轮流还击，否则判失分。

⑤ 裁判员对双打选手中任何一个人的行为表现不能接受时发出的警告对两人都适用。

第三节　乒乓球基本战术

乒乓球的战术灵活多变，没有固定的模式，一般是由两种或两种以上的单项技术结合运用而构成，在一个回合当中常常会用到多个组合战术。战术运用得当，在比赛中会事半功倍，战术运用成功，可以战胜强于我方的对手。然而，无论采用什么组合战术，都离不开以下几个基本的战术。

一、发球抢攻战术

发球抢攻是最常用的一种战术，根据对方的站位和接球的弱点，发出旋转与落点相结合的有变化的球，可直接得分或为抢攻创造机会。例如，发对方反手位近网短球，转与不转相结合，抑制对方接发球抢攻，能为自己主动抢攻制造机会。此战术需要有一定的发球技术和拉球技术，因此可放在教学后期进行，难度也可以降低。例如，从发球上降低难度，对接球的落点规定一个区域。在练习的方法上也可以多种多样，如规定区域的练习、计分的练习、规定抢攻次数的练习等，这样可以提高学习兴趣。

二、搓攻战术

搓攻战术，是进攻型打法的辅助战术之一，又是削球打法相互交锋时的主要战术之一。当上旋球不如对方时，一般以先搓加转球为主，用下旋球压住对方攻势，自己在搓球中寻找机会起板。通过搓球控制对方，通过落点和旋转的变化伺机抢攻。搓球可分为快搓、慢搓、摆短和侧搓等技术。可以从搓球开始练习，不仅要学会搓球技术，而且要学会灵活地运用。扎实的搓球技术可以把对手牢牢地控制住，为自己进攻得分创造机会。练习时可采用一对一的 1/2 台练习，先练斜线，再练直线，进攻要做到稳、准、狠。搓攻战术在教学中是一个必不可少的内容，它可检验下旋球的能力，对搓球、拉球、推挡、进攻、防守等多项技术进行综合的测试，可以作为教学的考核项目。

三、削中反攻战术

它是削球类打法对付进攻型、弧圈型打法的重要战术。削攻是利用削球的旋转、节奏、落点变化来控制对方的攻势，并为进攻创造机会。削攻运用的战术方法有削两角球、削长短球、削转与不转球。

四、拉攻战术

拉攻是进攻型打法利用球的旋转和落点的变化对付削球类打法的战术，以拉球、小上旋、弧圈球和攻球为主要手段。拉攻战术运用要求，首先要拉得稳且有落点，注意旋转和力量的变化；其次要拉中突击或拉中结合连续扣杀方能奏效。

五、防中反攻战术

先防守后反攻，是防守好的选手常用的一种战术。这种防守不同于一般意义上的防守，它是一种积极的、主动的防守，在给对手制造一些困难后让对手抢攻，然后进行有落点变化、有速度变化、有旋转变化的防守，一旦对手出现漏洞，马上给予致命的还击。防中反攻战术要求技术全面，防守、进攻转换要快，而且善于把握进攻节奏。防中反攻战术一般在比赛实战中练习，所以在教学后期的比赛中安排，但不对学生做任何要求。

第四节　乒乓球竞赛规则和裁判法

一、场地和器材

（1）球台：球台长2.74米，宽1.525米，高76厘米。球台的上层表面是比赛台面。比赛台面应为水平放置的长方形。比赛台面可用任何材料制成，但不论何种材料，弹性的标准是一致的，即当标准球从离台面0.3米的高处落至台面时，弹起高度约为0.23米。比赛台面应为均匀的暗色，且无光泽。常见的比赛台面颜色为暗绿色和蓝色。在比赛台面上，边线和端线均为2厘米宽的白色线，中线为3毫米宽的白色线。有效的击球台面包括球台上面的边缘，不包括球台台面的垂直侧面。

（2）球网与球：球网的装置包括球网、悬网绳、垂直网柱，以及将它们固定在球台上的夹钳部分。球网装置的垂直网柱高度为15.25厘米。球应为圆球体，直径为40毫米，球重2.7克。球应用赛璐珞或类似的材料制成，呈白色或橘黄色，且无光泽。

（3）球拍：球拍的大小、形状和重量不限，但底板应平整、坚硬。海绵胶皮连同黏合剂的厚度不超过4毫米。球拍一面为黑色，另一面为与黑色及比赛用球颜色有明显区别的鲜艳颜色。从击球有效部位来说，完整的球拍还应包括手腕以下的部位。

（4）场地：正式比赛每张球台所需的地面面积不得小于长14米，宽7米。

二、竞赛规则

（1）回合：球处于比赛状态的一段时间。

（2）合法发球：发球时，球应放在不执拍手的手掌上，手应静止、张开；发球时应将球几乎垂直地向上抛起，不得使球旋转，并使球上升不少于16厘米；球从最高点下降时，发球员方可击球，并使球首先触及本方台区，然后越过或绕过球网装置，再触及接发球员的台区。在双打中，球应先后触及发球员和接发球员的右半区。从抛球前静止最后一瞬间到击球时，球应在比赛台面的水平面之上，且应在发球方的端线以外。发球员发球时，有责任让裁判员或副裁判员，以及对方球员看清他是否按照合法发球规定发球的，即无遮挡发球。

（3）赛制：团体赛一般采用五场三胜制，每场比赛采用五局三胜制。单项赛采用七局四胜制。一局比赛中，先得11分的一方为胜方。10平后，每人轮流各发一个球，先多得2分的一方为胜方。决胜局中，一方先得5分时，应交换方位。

（4）发球：在双打的第一局比赛中，先发球方确定第一发球员，再由接发球方确定第一接发球员。在以后的各局比赛中，第一发球员确定后，第一接发球员应是前一局发球给他的运动员。在双打中，每次换发球时，前面的接发球员应成为发球员，前面的发球员的同伴应成为接发球员。在双打中，球发出后应先接触发球员的右半区，然后再触及接球员的右半区。

（5）阻挡：对方击来的球尚未触及本方台面，在越出端线或边线上空之前即触及本方运动员或其任何穿戴物品。

（6）失 1 分：在一个回合中出现下列情况，应判失 1 分。

① 未能合法发球。

② 未能合法还击。

③ 球未出端线而被阻挡。

④ 故意连续两次击球。

⑤ 球连续两次触及本方台区。

⑥ 用不符合规定的拍面击球。

⑦ 运动员穿或戴的物品使球台移动。

⑧ 非持拍手触及比赛台面。

⑨ 运动员穿戴的任何物品触及球网及其装置。

⑩ 还击时，球碰障碍物。

⑪ 双打中，除发球和接发球外，运动员未能按正确的次序击球。

⑫ 实行轮换发球法时，发球方发出和还击的球，被接发球方连续 13 次合法还击。

（7）次序和方位。

① 在获得每 2 分后，接发球方变为发球方，依此类推，直到该局比赛结束，或直至双方比分为 10 平，或采用轮换发球法时，发球和接发球次序不变，但每人只轮发 1 分球。

② 在双打中，每次换发球时，前面的接发球员应成为发球员，前面的发球员的同伴应成为接发球员。

③ 在一局比赛中首先发球的一方，在该场比赛的下一局中应首先接发球。在双打比赛的决胜局中，当一方先得 5 分后，接发球一方必须交换接发球次序。

④ 一局中，在某一方位比赛的一方，在该场比赛的下一局应换到另一方位。在决胜局中，一方先得 5 分时，双方应交换方位。

（8）间歇。

① 在局与局之间，有不超过 1 分钟的休息。

② 在一场比赛中，双方各有一次不超过 1 分钟的暂停。

③ 每局比赛中，每得 6 分球后，或决胜局交换方位时，有短暂的时间擦汗。

思考题

1. 简述乒乓球基本技术。
2. 简述搓球技术的练习方法。
3. 乒乓球运动有哪些基本战术？

第十章　网　球

12—13 世纪，网球运动起源于法国，当时是传教士在教室回廊里用手掌击球的一种游戏，后来成为宫廷里的一种室内消遣娱乐活动。17 世纪初，场地中间开始使用小方格子状的网，球拍也改用穿线的网拍。大约在 1358—1360 年，这种游戏传到了英国，从此，网球开始在英国流行起来，并成为英国上层社会的一种娱乐活动，所以网球有“贵族运动”的雅称。1873 年，英国人沃尔特·克洛普顿·温菲尔德将早期网球打法加以改进，使之成为夏天在草坪上进行的一项体育活动，并取名为“草地网球”，至此网球便成为一项室内外都能进行的体育项目。

1874 年，美国女士玛丽·奥特布里奇在观看了英国军官的网球比赛后，将网球规则、网拍和球带到了美国，很快网球在美国得到了普及。此时，网球比赛从在室内、室外的草地上演变到可以在沙土地、水泥地、柏油地上进行。于是“网球（tennis）”慢慢替代了“草地网球（lawn tennis）”。

1875 年，英国人制定了网球比赛规则，1877 年加以完善，并在同年举行了第 1 届温布尔登草地网球锦标赛。网球运动在 19 世纪后期随着西方近代体育的传播进入我国，最先在京、沪、穗等地开展。中国在 1980 年加入国际网球联合会。

世界性的网球比赛很多，其中最负盛名的有：温布尔登网球锦标赛（始于 1877 年，单项），美国网球公开赛（始于 1881 年，单项），法国网球公开赛（始于 1891 年，单项），澳大利亚网球公开赛（始于 1905 年，单项），戴维斯杯赛（始于 1900 年，男子团体），比利·简·金杯赛（始于 1963 年，女子团体）。

近些年，中国网球发展迅速，网球人口迅速增加，网球硬件设施无论是赛场还是民用球场都得到了较大改善。2011 年，李娜夺得法国网球公开赛的冠军，成为第一个夺得大满贯的亚洲球员；2014 年，李娜夺得澳大利亚网球公开赛的冠军，将亚洲女球员的最高荣誉再度提高到一个新的档次。

第一节　网球基本技术

一、握拍方法

握拍方法一般有 4 种，分别称为：东方式、西方式、半西方式和大陆式。对于初学者，可先学东方式握拍法，以此为基础，再变换握法。

（1）东方式正手握拍法：对初学者来说比较容易掌握，适合各种类型的球场及各种击球方式。这种握拍方式类似与人握手，先将球拍柄水平放置，拍面与地面垂直，右手掌也与地面垂直，然后把手掌紧贴在拍柄上，这时大拇指与食指之间的“V”形虎口恰好对在拍柄的上平面偏右的位置上，大拇指第一关节位于拍柄的上部左上斜面，食指则轻绕至拍柄右侧到下平面，中指、无名指、小指握紧，并与大拇指接触，手掌底部与拍柄顶端对齐。

（2）东方式反手握拍法：在正手握拍的基础上，将握拍手沿逆时针方向旋转一个平面，使手掌的“V”形虎口略偏左侧，位于左垂直面与上平面之间的左斜面，食指关节在右上斜面的位置。

东方式握拍法见图 10-1。

正手　　反手

图 10-1　东方式握拍法

（3）大陆式握拍法：正、反手握法相同，无须换拍。用手掌根抵住拍柄上部的小平面，拇指直伸围住拍柄，食指下关节紧贴拍柄右上斜面。

握拍的练习方法：

① 固定球拍，以持拍手的正确部位握拍，体会握拍感觉。

② 在转动球拍中，自已发出信号瞬间以正确手法握拍。

二、准备姿势

面对球网，眼睛注视来球，双脚开立略宽于肩，脚掌着地，脚跟稍抬起，身体重心置于两脚之间，两膝微屈，并保持膝关节的良好弹性，上体稍前倾。球拍自然置于腹前，手腕低于拍头，拍头指向前方，球拍垂直于地面。不持拍手轻托拍颈，扶住并稳定球拍，集中注意力，准备迎击来球。

三、基本步法

网球的各种步法大致包括：滑步、踮步、跑步、左右交叉步、跨踏步、击球中的“关闭式”和“开放式”、截击球步法等。无论采用哪种步法，在击球前都应及时主动。当来球落点较远时，起动要快，步幅稍小，中间加大步幅，接近球时，再用小步调整人与球之间的距离，这样才能以适宜的身体姿态比较从容地击球。基本步法的练习方法：

（1）徒手练习前后、左右移动，后退脚步动作；以手掌为球拍增加手的动作。

（2）结合挥拍动作练习步法。

（3）利用多球进行步法练习。练习中应注意由慢到快，由易到难。

四、正、反手击球技术

正、反手击球是网球技术中最基本的技术，是在端线附近回击球向对方进攻的重要技术，也是初学者首先要学习和掌握的技术。正、反手抽球速度快、力量大，球被击出后有一定弧线，能够准确地将球击入对方场区，比赛中球员在底线时运用较多。

1. 正手击球

采用大陆式或东方式正手握拍法，从准备姿势开始。当判断出对方来球的方向和落点在正手位置时，应立即启动，快速移动到适当的位置（身体与球保持正确位置）并相对静止，将球保持在身体右前方，开始准备击球。击球前先迈出左脚，身体左侧朝来球方向，将球拍充分后摆，动作要自然放松，拍头翘起，手臂伸展，眼睛注视来球，然后手臂由后向前挥，在向前挥拍迎球过程中球拍由低向高挥动，形成一个小弧形的动作，拍与球碰撞的击球点应在身体的右前方，高度保持在腰与肩之间。拍触球时，拍面垂直或稍前倾，击球的后中部或后中上部。手腕固定握紧球拍，手臂和腰部要随身体转动，利用身体的转动力量带动手臂向前上方挥拍，身体重心从右脚逐渐移到左脚，击球后球拍随势挥至身体的左侧前上方。在整个动作过程中，球拍的顶端必须始终高于手腕。抽球动作完成后迅速还原，恢复成准备姿势。见图 10-2。

图 10-2　正手击球

正手击球的练习方法：

（1）徒手分解练习。准备姿势：准备动作是“1”；后摆引拍：转体向后引拍，向侧前方跨步是“2”；挥拍击球：改蹬腿转腰，向前挥拍是“3”；随挥上肩：脚步跟上，动作还原是“4”。然后再进行连贯动作的挥拍，直到动力定型。

（2）在原地挥拍练习的基础上，结合步法做挥拍练习，体会步法与手法的协同配合。

（3）自供球按要领完成击球的完整动作。

（4）由教练送球，完成击球练习。

（5）距网球墙约 7 米的距离，连续击球。

（6）于底线和同伴进行斜线与直线的练习。

2. 反手击球

反手击球是球落在身体左侧时采用的一种击球方法。当判断出来球飞向自己的反手方向时，应立即把球拍调整到反手握拍方式。然后，根据球的速度和弧度迅速判断球的落点，并快速移动到适当位置。在移动过程中要把球拍收向身后，移动到击球最后一步时，要保持右脚在前，屈膝，身体右侧朝向来球，同时，球拍开始向左后摆动，持拍手臂的肘部保持适当的弯曲，拍头稍翘起；在迎球过程中，左脚用力蹬地，挥拍手臂与身体的右转相配合，发力用在击球动作上，球拍由后向前挥动，击球点应在身体的左前方，高度在腰间。球拍触球时手腕固定握紧球拍，拍面垂直地面或稍后仰，击球的后部，击球后球拍随势挥至身体的右侧前上方，身体重心从左脚逐渐移到右脚，然后迅速还原成准备姿势。见图 10-3。

反手击球技术的练习方法与正手击球技术的练习方法相同。

图 10-3　反手击球

五、发球技术

两脚自然站立，侧对球网，前脚与端线大约呈 45°角，身体重心置于后脚。抛球时，球拍从膝关节开始向后方摆动，左手上举将球抛起至身体的右前上方，这时右肘弯曲，使球拍在背后下垂，双腿微屈，上体稍后仰。当球拍向上挥动击球时，双腿蹬地，手臂和身体充分伸展，腰部由后仰随手臂一起向前压，这时手臂、腰部和腿部同时用力作用于球拍挥击球。击球时，拍头朝前，在身体的最高点击球。击球后，球拍继续做弧线运动向前下挥至身体左侧，重心前移，右脚自然跟进。见图 10-4。

图 10-4　网球发球

发球基本分为平击发球、切削发球和旋转发球 3 种。它们的基本动作是一样的，只是在球拍击球时通过拍面的变化，击中球的不同部位，使球产生不同的旋转。

1. 平击发球

一般是拍面平击球的后部偏上一点的部位，也就是球拍作用力方向与球体的重心方向垂直，球拍在球面上没有较长时间的滑动，球也不太旋转。因此，这种发球的控制能力及准确性相对低一些，体力消耗也大，特点是击出的球力量大、速度快、落点深，常用于第一发球。

2. 切削发球

击球点不高，击球时球拍多由斜上向下切削，球飞行中带有侧旋和下旋，以曲线进入发球区。这种发球安全性较高，不但速度快、威胁大，而且发球命中率高。

3. 旋转发球

充分利用身体的转动，结合手腕的爆发力与灵活性，使球拍在球面上滑动，使发出的球带侧上旋，它的特点是旋转力强，在空中高弧度飞行，准确性较高。此种球发到对方反手区后弹起较高，并且向对方的反手方向拐弯，给对方接球造成困难。

发球技术的练习方法：

（1）明确正确的发球握拍法进行握拍练习。

（2）专门的反复抛球练习。

（3）完整发球的徒手模仿练习，多体会放松、准确、协调、完整、舒展的发球动作。

（4）距网球墙约 12 米进行对墙发球练习。

（5）在场地上用多球完成发球练习。

（6）由易到难地练习，即先发不定点球，后发定点球，再设立目标以发球来“打靶”。

（7）近网处练习一次发球挥拍和一次发球，进行比较并随时更正。

（8）逐渐向底线后退。

六、截击球技术

截击球是指对方来球未落地之前，在空中拦截的球，它回球速度快、力量重、威胁大，是网前技术中的一种攻击性击球方式，也是现代网球运动中最有生气和活力的一部分。目前，网球运动向快速方向发展，优秀球员都采用快攻上网型打法，因而截击球技术就成为进攻的重要手段。

截击球一般采用大陆式握拍，上网后前臂尽量伸出去，避免把球拍抱在怀里；重心降低，用小步调整身体位置，随时对来球做出反应。

1. 正手截击球

当判断来球在正手时，身体向右侧转，拍头后引至体后上方，手腕略向后屈，左脚向体前 45°方向跨出，球拍由后向前下击球的瞬间手腕要固定，握紧球拍，类似向前推击的动作。击球时用肩和前臂的动作，击球点在身体的右侧前方，截击后的随摆动作要小。截击高于网的来球时，平击的成分可多一些，这样击出去的球具有进攻性。截击低于网的来球时必须充分下蹲，拍头仍然要高于或平行于手腕，拍面应打开一些，截击球的后中下部并向前搓顶过去。见图 10-5。

图 10-5　正手截击球

2. 反手截击球

当判断来球在反手时，身体向左侧转动，向左上方引拍，要高于来球。击球时，要主动去迎击球，肘微屈，腕内收，手腕固定，手臂由左肩上部向前下方压。截击时随摆动作要小，击球点应保持在身体的左前方。高于网的来球和低于网的来球截击动作要领，同正手截击球动作要领。见图 10-6。

图 10-6　反手截击球

截击球练习方法：

（1）开始时双手在身体前方，同伴投球；用右手抓球。抓球后，手要保持抓球的动作（对于反手截击来说，用手的背面来练习与球相碰或伸手抓球）。

（2）抓住球拍颈并设法用球拍拍面接球——迈步要与击球相一致。逐渐握向球拍拍柄处。防止过分的后引拍，击球者可靠近挡网处进行向后引拍，以防止过分后引拍。

（3）一人作为击球者，另一人作为送球者和接球者，交替用正手和反手将球截给同伴手里。

（4）在正（反）手截击处排队。确保每对选手的球拍是正对着的。在球网和发球线之间交替进行正（反）手对打截击练习。

（5）送球者可随意送球（如高或低，正手或反手）。击球者设法将球截击给送球者的手上。击球者设法在送球者接住球前还原。

（6）控制截击练习：和同伴站在球网和发球线之间，设法用正手、反手截击来保持球的回合，应尽量在对方接触球前还原。

七、高压球技术

高压球是指击球者在头顶上方尽可能高处将球有力地击向对方场区，是对付挑高球的一种有力的回击手段。

高压球的握拍法及击球法均类似于发球，不同点是发球由发球者自己抛球控制球的高度和击球点；高压球必须由击球者根据对方挑球的高度及落点来移动步伐，在适当的高度击球。高压球下落速度比发球的抛球下落速度快得多，因而击球时要以较小的身体动作和短而直接的后摆动作把球拍后引至头后，以平击的击球方式击球。

高压球技术动作：当高球飞过来时，要及时移动脚步，侧身对着来球，右手收拍，左手指着来球，眼睛始终盯着来球；当高球飞近击球点的位置时，迅速挥拍后引，展开身体，踮起脚尖；击球时收腹，挥臂在头顶前上方高处击球，击球后右脚向前跨出一步，完成跟进动作，保持身体平衡。击球时注意手腕的动作，类似于排球的扣球，要有扣腕动作，以免球失去控制飞出界。准备击球时身体尽量展开成背弓状，像一根绷紧的弹簧，击球时随着向上挥拍收腹，身体前屈，右脚向前跨，身体呈弯月形，像弹出去的弹簧。见图 10-7。

图 10-7　高压球

八、挑高球技术

挑高球就是将球挑向高空击到对方后场，挑高球可分为进攻性和防守性两种。当对方正在冲上网或距离球网过近的时候，利用挑高球使球落入对方后场区，这就是主动且具有进攻性的挑高球。当自己处于困境或被迫远离球场的不利位置时，最好的回击球的方法就是利用挑高球，争取时间，做好准备，这是防守性的挑高球。

1. 进攻性挑高球

不论是正拍还是反拍挑高球，其准备动作都与正拍或反拍击球的准备动作相同，这样对方就难以判断是击球还是挑高球。只有在击球前很短的时间内突然改变动作，使拍面转向上，挥拍弧线稍向前上方，造成对手的措手不及，发挥挑高球的主动进攻作用。

2. 防守性挑高球

一般是运用平击挑高球的方法，这也是最容易掌握的一种挑高球技术，攻击性较小，击球时能将球挑得较高、较深（接近底线），对方难以直接进行高压球回击，只好让球落地弹起后再还击。从而使挑高球者有更多的时间由被动转向主动，或占据有利位置进行防守。

高压球与挑高球的练习方法：

（1）高压球和挑高球的模仿练习。

（2）用多球进行高压球和挑高球的练习。

（3）一人或两人专门练习底线挑高球和高压球。

九、放短球技术

放短球也叫放小球，是将球轻轻地击到对方场区靠近网前的位置，以调动对手，争取主动。当对方站在端线附近或远离球场时，采用这种战术打法很容易得分。放小球应具有突然性和隐蔽性，使用次数不能多，被对方识破了往往会让自己处于被动挨打的地位。

放小球的技术动作要领：放小球的握拍法与正、反手击球握拍法相同，击球时后摆收拍动作较小，往往采用削球的方式击出下旋球。放小球时手腕不能放松，击球点仍在身体前方，击球时拍面稍向上，成托盘状将球轻送过球网。

第二节　网球基本战术

网球运动战术是为争取比赛胜利而采取的各种攻防技术策略性运用的原则和方法。力争让对方随着自己的节奏走，利用对方的弱点进行攻击。

一、单打战术

单打战术是运用独立作战的能力，灵活多变，根据自己的技战术特点把各种战术有机地结合起来运用。一般分为上网型打法、底线型打法和综合型打法。

1. 上网型打法

上网型打法战术的指导思想是以网前进攻为主要得分手段。基本战术可分为：发球上网、随球上网、接发球上网、偷袭上网、伺机上网和放短球上网等。上网型打法在比赛中始终要保持头脑的冷静和清醒，对自己的战术运用要有很好的认识；上网战术的变化要及时、果断，并注意战术变化的质量。

2. 底线型打法

底线型打法战术是以进攻性为前提，正、反手为基础组织的战术。其指导思想是用速度、力量、旋转和落点的变化取胜。主要战术有：对攻、拉攻、侧身攻、紧逼攻和防反攻等。底线型打法要坚持将球打深，并且要变换落点，调动对方，同时要耐心，不急躁，等待战机。

3. 综合型打法

综合型打法以基本功扎实、技术全面为基础，根据不同的对手和不同的技战术掌握情况，灵活地采用各种战术打法。攻守平衡、灵活机动、积极主动。

二、双打战术

双打比赛因为有两人配合，控制面积较大，并且比赛速度比较快，所以运动员应有较高的战术意识。要求运动员动作迅速，反应灵敏，并且要有高度的判断力、预见性和好的配合能力。双打战术包括发球战术、接发球战术、网前交锋战术和底线作战战术等。其基本准则是控制网前。

1. 发球战术

双打比赛中采用强劲的攻击性发球，对保证上网和争取胜利是极其重要的。

（1）发球时的位置：不论是在右边发球还是在左边发球，都是同样的站法。发球者应站在中线与边线之间，这离上网的距离最近，也便于在向前移动的过程中根据来球的方向改变移动方向。发球者的同伴（网前队员）应根据本身的条件选择位置，一般可站在离网 2~3 米、离边线 3 米左右的地方。

（2）发球者的主要任务：一是运用各种发球方法迫使对方的接球员不能进行主动反击，从而取得比赛的主动，创造得分机会；二是发球后要迅速上网，取得网前的主动地位，准备迎击对方的回击球。在双打比赛中一般都采用急速旋转的发球方法，发向对方的反拍。这是因为，大多数运动员的反拍击球力量较小；接发球者的反击角度最小，对方如采用挑高球，网前队员一般可以很容易地用正拍进行有力的高压扣杀。

2. 接发球战术

接发球者一般处在防守的不利地位，因而接发球者应该运用由不利转为有利的进攻技术。一般来讲，接发球时首先要将球击回给对方（这是最根本的），其次要力争主动，最后要争取及时抢先上网。

（1）接发球时的位置：一般是站在端线内1~2步的地方，并且应站在对方可能发球角度的分角线上，这样可以缩短击球的距离、加快反击的速度，并且可以控制较大的面积。接发球者的同伴一般应站在半场处，并在发球线以内，以便于迅速上网截击抢攻或后退到端线防守。当接发球者击出的球反击性较强时，应迅速上网抢截，如果同伴回击的球完全是被动防守性的，而且给对方造成了良好的进攻机会，就应该迅速后退与同伴共同防守。

（2）回击：回击球的路线很多，可以根据对方的特点及自己击球技术的特点选择运用，但必须注意回击球的过网点要尽量低。回击球时一般采用斜线，使球经过网中央的上空落入对方场区，这是因为网中央的高度比两侧要低些，球可以以更低弧度过网，更快地落地，注意技术运用的突然性，以使对方准备不足。

（3）接发球者的同伴（网前队员）应注意下面两点：一是要有预见性。网前队员决不能因为有同伴在接发球而放松自己，相反，应该仔细地观察对方的发球、同伴的回击球和对方队员的移动情况，预判对方第二次击球的可能方向，并迅速移动位置，准备截击对方的回击球，只有这样才能与同伴更好地合作。二是主动截击对方的回击。接发球一方要想取胜，必须争取主动，对对方每一个攻击性较弱的回击球都应主动出击，抢截空中球，因为网前队员离网较近，更便于抢网反攻。

3. 网前交锋战术

双打的网前交锋速度相当快，双方队员都在抢网前，距离很近。因此，要求球员除必须具备更快的反应速度和高度的注意力外，还应做到下面几点。

（1）占据正确的位置：两个人都在网前不可能严守全场，因此占据正确合理的位置非常重要。正确的网前位置一般应离网2~3米，这样不仅可以尽可能地在球高于球网时进行攻击性较强的击球，而且还可以迅速后撤对付对方的挑高球。另外，同伴之间的距离不宜过大。但上述的站位方法只是基本的站位方法，网前队员还必须根据对方击球时的地点和击球方法，灵活机动地选择位置。如：当发现对方准备挑高球时，必须适当地退后2~3步，做好扣杀高压球的准备，如果对方由于被动而被迫做速度较慢的、攻击性不强的击球时，应立即向前抢先一步，做攻击性截击斜线球；如果对方也抢占了网前，则更应靠近网前，争取在高于球网处击球，迫使对方不能进攻，同时两人还应向中间靠拢一些，防备对方向中间击低球而陷入被动；如果对方在较斜的角度上击球时，两人必须同时向击球一侧移动，否则就会出现空当。另外，同伴之间还必须注意位置上的关系。如果发现同伴在防守位置上出现了漏洞，就应该尽快补上，做到密切配合。两人配合的基本原则是：如果球击向两人中间时，首先应由正拍击球者截击；如果球击在两人中间而且是斜线球时，应由迎球者击球；如果对方向两人中间挑高球时，应由正拍击球者做高压扣球；如果对方在接发球回击，将球击向场中间时，应由网前队员争取做截击，但发球者也要做好准备，以便同伴移不到位时进行反击；如果对来球判断不清，两人有些争抢时，可以喊一声“我的”或“你的”。

（2）预判比赛中的变化：在快速比赛过程中，只依靠反应的速度是不够的，必须具备很好的判断和预见能力。要提高预判能力，一方面要注意判断对方脚步移动、击球动作的情况，另一方面还要很好地了解对方的技术、战术特点。此外，也要很好地预测球的来往情况，了解同伴的击球特点和战术意识。

（3）控制网前球是关键：由于在双打比赛中主要的得分手段是网前截击，所以必须学会控制好各种网前截击球，特别要掌握好截击高球、中路球和低球的拍面。在遇到高球时，可以抽击、重打或在近处左右轻拨；在遇到中低球时，可用切削法击球。打网前截击球的击球力量要控制好，理想的截击目标是把球打到对方队员的腰部以下，迫使对方向上击球而送出一个好打的球来。

4. 底线作战战术

双打比赛尽量避免在底线击球，因为这是最被动的局面，如果已经被迫退到了底线，则必须争取一切机会，创造条件抢先上网。处在底线时可以用两种办法进行作战。

（1）击短球、低球：击短而低的球可以用削击和拉击旋转球等办法，这是在底线作战最有效的击球方法。因为这种击球的速度较慢，可以给自己冲到网前创造充足的时间，同时，对较慢的球对方难以做出有力的回击；这种击球的过网点较低，使对方无法做攻击性的回击球。但是，如果对方离网较近或本方在端线外较远的地方时，击短球、低球是比较危险的，必须慎重使用。

（2）抽球：准确而低平地抽向对方两人之间的球的威胁也是较大的。如果对方两人比较靠近时，他们的两侧一般是有漏洞的，这时可以采用直线或斜线击球，攻其两侧，大力、快速的球常常会使对手出现错误，尤其是从中场向对方做大力抽球威胁更大。但一般来讲，只有把握性较大时才采用大力球。

第三节　网球竞赛规则

一、场地与器材

1. 场地

一片标准的网球场，占地面积应不小于 670 平方米（长 36.6 米、宽 18.3 米）。其中双打场地为长 23.77 米、宽 10.97 米；单打场地为长 23.77 米、宽 8.23 米；两柱中心测量，柱间距是 12.80 米，网柱顶端距地面是 0.914 米；场地中间用球网横隔成两个等区。

球场两端的界线称“底线”；两边的线称“边线”；在球网两侧 6.40 米处的场内与球网平行的横线为“发球线”；连接两发球线中点的与边线平行的线称“中线”；中线与球网成“十”字形，将发球线与边线之间的地面分成 4 个相等的区域，称为“发球区”；在端线的中点，向场内画出的短线称为“中点”。全场各区的丈量，除中线外都从各线的外沿计算。场上所有的线，应是同一颜色（白色或黄色）。全场除端线要宽至 10 厘米外，其他各线的宽度均在 2.5~5 厘米。

2. 器材

（1）球

球为白色或黄色，外表毛质均匀，接缝处没有缝线。球的直径为 6.35~6.67 厘米，重量为 56.7~58.5 克。

（2）球拍

拍框和拍柄的总长度不得超过 81.28 厘米，总宽度不得超过 31.75 厘米。拍框内沿总长不得超过39.37厘米，总宽度不得超过29.21厘米。

二、比赛规则

网球比赛时，双方球员应各自站在球网的一边，先发球的球员叫发球员，另一边的球员叫接发球员。规则对发球员的位置有所限制，而接发球员可以站在自己场地一侧任何合适的位置上。球网不属于任何一方，但在球拍、身体、衣服、鞋袜等触网时为失分。发球员和接发球员在每一局结束后都要交换发球权。

1. 换场地

双方应在每盘的第1、3、5等单数局结束后，以及每盘结束双方局数之和为单数时，交换场地。

2. 失分

发生下列任何一种情况，均判失分：在球第二次着地前，未能还击过网；还击的球触及对方场区界线以外的地面、固定物或其他物件；还击空中球失败；故意用球拍触球超过一次；在活球状态下的任何时候，运动员的身体、球拍、穿戴任何物品触及球网、网柱、单打支柱、网绳或钢丝绳、中心带或对方场区以内的地面；过网击球；抛拍击球；连续两次发球失误。

3. 压线球

落在线上的球都算界内球。

4. 比赛方法

网球比赛有单打和双打两种形式，正式比赛项目分为7项：男子团体、女子团体、男子单打、女子单打、男子双打、女子双打和男女混合双打。比赛根据主办方规定可采用五盘三胜制或三盘二胜制。

网球比赛通常是用掷硬币的方法决定选择场地或首先发球权、接发球权，得胜者有权选择或要求对方选择。选择发球或接发球者，应让对方选择场地；选择场地者，应让对方选择发球或接发球。

三、计分方法

1. 胜一局

比赛中球员每胜1球即得第1分，计分15，胜第2分，计分30，胜第3分，计分40，先胜4分者为胜1局。如遇双方各得3分时，则为“平分”。“平分”后，某一方先得1分，为该球员“占先”，“占先”后再得1分，才算胜1局。如一方“占先”后，对方又得1分，则仍为“平分”。依此类推，直到一方在“平分”后净胜2分才完胜该局。

2. 胜一盘

一方先胜6局为胜1盘。但遇双方各胜5局时，一方必须净胜2局才为胜1盘，也就是7∶5。如果是双方的局数打到6∶6，就要以决胜局定胜负。决胜局比赛的计分方法有两种，一种是长盘方法，就是某一方必须净胜两局才为胜该盘；另一种是短盘方法，就是双方再赛1局，胜者即为胜该盘。除非赛前另有规定，一般短盘制应按以下办法执行：先得7分者为胜该局及该盘胜（若分数为6平时，一方须净胜2分）。

决胜局（抢7）的比赛，首先由发球员发第1分球，然后由对方发第2、3分球，此后轮流各发2分球，直至比赛结束。

3. 胜一场

一场比赛男子最多打 5 盘，女子最多打 3 盘，比赛双方中先胜 3 盘（男子）或 2 盘（女子）者为胜一场。

4. 术语

（1）Ace 球：指对局双方中一方发球，球落在有效区内，但另一方没有触及球而使发球方直接得分的发球，又可分为内角 Ace 球和外角 Ace 球。

（2）出界（OUT）：球没有打在场地的有效部位。单打时的有效部位是靠内的两条竖线之间的空间，双打时则是靠外的两条竖线之间的区域。

（3）擦网（NET）：在发球时擦网会被判为犯规需要重发，而在正常的比赛过程中会被视为运气球，因为通常球在擦网后会改变飞行方向，令对手防不胜防。

（4）穿越球：指一方上网截击，当对方打出一个速度很快的回球并落在界内得分，而上网的一方没能触到球。

（5）挑高球：指一方上网截击，占据有利位置，另一方打出弧度很高的球，跳过上网方的头顶，并落在界内得分。

四、发球

1. 发球前的规定

发球员在发球前应先站在端线后、中点和边线的假定延长线之间的区域里，用手将球向空中任何方向抛起，在球接触地面以前，用球拍击球（仅能用一只手的运动员，可用球拍将球抛起）。球拍与球接触时，就算完成球的发送。

2. 发球时的规定

发球员在整个发球动作中，不得通过行走或跑动改变原站的位置，两脚只准站在规定位置。

3. 发球员的位置

（1）每局开始，先从右区端线后发球，得或失 1 分后，应换到左区发球。

（2）发出的球应从网上越过，落到对角的对方发球区内，或其周围的线上。

4. 发球失误

未击中球；发出的球在落地前触及固定物（球网、中心带和网边白布除外）；违反发球站位规定。发球员第一次发球失误后，应在原发位置上进行第二次发球。

5. 发球无效

发球触网后，仍然落到对方发球区内，接球员未做好接球准备，均应重发球。

6. 交换发球

第一局比赛结束，接球员换为发球员，发球成为接球。以后每局终了，均依次互相交换，直至比赛结束。

五、双打

1. 双打发球次序

每盘第 1 局开始时，由发球方决定由何人首先发球，对方则同样在第 2 局开始时决定由何人首先发球。第 3 局由第 1 局发球方的另一球员发球，第 4 局由第 2 局发球方的另一球员发。以下各局均按此顺序发球。

2. 双打接球次序

先接球的一方，应在第1局开始时，决定何人先接发球，并在这盘单数局继续先接发球。双方同样应在第2局开始时，决定何人接发球，并在这盘双数局继续先接发球。他们的同伴应在每局中轮流接发球。

3. 双打还击

接发球后，双方应轮流由其中任何一名队员还击。如在其同队队员击球后，再以球拍触球，则判对方得分。

思考题

1. 简述正手击球的动作要领。
2. 简述网球个人战术的种类和特点。
3. 简述网球比赛的计分方法。

第十一章　羽毛球

羽毛球是一项在室内外均可进行的小型球类运动。比赛时，1 人或 2 人为一方，中间隔一个网，用球拍经网上往返击球，使球落在对方场地上或使对方击球失误而得分。羽毛球既是竞争激烈的竞技运动项目，又是一项深受人们欢迎的、娱乐性较强的群众体育活动项目。它不仅可以发展人的灵敏性和协调性，提高动作的速度和上下肢活动的能力，改善心血管系统的机能，而且有助于培养勇敢顽强、机智果断等品质，有利于更好地学习和工作。

现代羽毛球起源于英国，它是由印度的“浦那游戏”逐步演变而来。19 世纪 60 年代，一批退役的英国军官把这种称为“浦那游戏”的活动带回英国，并逐步使它演变成一项竞技运动。1873 年，英国公爵鲍弗特在格拉斯郡伯明顿镇的庄园里举行了一次羽毛球游戏表演。从此，羽毛球运动便逐渐开展起来，“伯明顿”即成了羽毛球的名字，英文的写法是“badminton”。

1877 年，世界上第一部羽毛球比赛规则在英国出版。1893 年，世界上最早的羽毛球协会——英国羽毛球协会成立，该协会于 1899 年举办了首届“全英羽毛球锦标赛”。此后每年举办一次，沿袭至今。1934 年，由加拿大、丹麦、英国、法国等国发起成立了国际羽毛球联合会，总部设在伦敦。1939 年，国际羽毛球联合会通过了各会员国共同遵守的《羽毛球竞赛规则》。

重要的世界级羽毛球比赛有汤姆斯杯赛、尤伯杯赛、世界羽毛球锦标赛、苏迪曼杯赛和奥运会。

1981 年 5 月，国际羽联重新恢复了中国在国际羽联的合法席位。从此，中国队在各类国际比赛中取得了辉煌的成绩。

第一节　羽毛球基本技术

羽毛球的主要基本技术包括手法和步法两大类：手法有握拍法、发球与接发球法和击球法；步法有基本步法和前后左右移动的综合步法。

一、手法

1. 握拍方法

羽毛球的握拍法有两种，即正手握拍法和反手握拍法。（以下各技术均以右手持拍为例）

（1）正手握拍法：用右手拿住球拍杆，使拍面与地面垂直，然后张开右手，使手掌下部靠在球拍的握柄底托，虎口对着球拍柄窄面的一端，小指、无名指、中指自然地并拢，食指和中指稍稍分开，自然地弯曲并贴在球拍柄上，拍面基本与地面垂直。击球前，握拍要放松自然，在击球的一刹那才紧握球拍，正手发球。右场区各种击球及左场区头顶击球等，一般都采用这种握法。见图 11-1。

（2）反手握拍法：在正手握拍的基础上，拇指和食指将拍柄稍向外转，拇指顶点在拍柄内侧的宽面上，中指、无名指和小指并拢握住拍柄，柄端靠近小指根部，使掌心留有空隙。球拍斜侧向身体左侧，拍面稍后仰。一般说来，击身体左侧的来球，大都先转体（背对网），然后用反手握拍法击球。见图 11-2。

图 11-1　正手握拍法

图 11-2　反手握拍法

2. 发球技术

发球是运动员在发球区将球由静止状态，用球拍击出，使之在空中飞行，落到对方的接发球区的技术动作。发球可分为正手发球和反手发球两种。若按球在空中飞行的弧线，又可分为高远球、平高球、平快球和网前球等。

（1）正手发球：站在靠近中线一侧，离前发球线约 1 米的位置上。左肩侧对球网，左脚在前，脚尖向网，右脚在后，脚尖稍向右侧，两脚距离与肩同宽，身体重心放在右脚上。准备发球时，右手握拍向右后侧举起，肘部微屈，左手拇指、食指和中指夹住球，举在腹部右前方，然后放开球，挥拍击球。击球时，身体重心由右脚移至左脚上。见图 11-3。

用正手发不同的弧线球时，击球前的准备和前期动作是一致的，只是在击球时及其后的动作有所不同。发高远球时，在左手放开球使之下落时，右手转拍由上臂带动前臂，自右后方沿身体向前左上方挥动。在球落到右臂向前下方伸直能够接触到球的刹那，紧握球拍，利用手腕屈收的力量向前上方发力击球，然后顺势向左上方挥动缓冲。

图 11-3　正手发球

发平高球时，动作过程大致与发高远球相同，只是在击球的一刹那，前臂加速带动手腕向前上方挥动，拍面要向前上方倾斜，以向前用力为主。注意发出球的弧线以对方伸拍击不着球的高度为宜，并应落到对方场区底线。

发平快球时，要充分利用前臂带动屈腕的爆发力向前方用力击球，使球直接从对方肩上高度越过，落在后场，出手（击球）动作要小而快。

发网前球时，握拍要放松，上臂动作要小，主要靠前臂带动手腕向前切送，球的弧线要贴网而过，落点在前发球区附近。注意手腕不能有上挑动作。

（2）反手发网前球：发球站位可在前发球线后 10~50 厘米及中线附近，也可在前发球线后及边线附近。面向球网，两脚前后开立，上体稍前倾，身体重心落在前脚上。右手臂屈肘，用反手握拍将球拍横举在腰间，拍面在身体左侧腰下。左手拇指与食指捏住羽毛，球托朝下，球体或球托在球拍前对准拍面。击球时，前臂带动手腕朝前横切推送，使球的飞行弧线略高于网顶，下落到对方前发球线附近。见图 11-4。

图 11-4　反手发网前球

反手发平快球时则要突然发力，拍面要有“反压”动作。

（3）发球练习步骤

① 徒手做发球前的准备姿势，模仿发球的动作练习。

② 在场上对练发球或用多球做发球练习。

③ 先练习发直线，后练习发斜线；先练习发定点球，后练习发不定点球。

④ 发高远球练习。

⑤ 发平高球练习。

⑥ 发网前球练习。

⑦ 综合练习各种发球。

3. 接发球技术

还击对方发过来的球叫接发球。接发球和发球一样，都是羽毛球最基本的技术。对学习羽毛球的人来说，接发球是不可忽视的技术。

（1）接发球的站位和姿势

① 单打站位：单打站位于离前发球线 1.5 米处。在右发球区要站在靠近中线的位置；在左发球区则站在中间位置。主要是防备对方直接进攻反手部位。一般左脚在前，右脚在后，双膝微屈，收腹含胸，身体重心放在前脚上，后脚脚跟稍抬起。身体半侧向球网，球拍举在身前，两眼注视对方。

② 双打站位：由于双打发球区比单打发球区短 0.76 米，发高远球易被对方扣杀，所以双打发球多发网前球为主。接发球时要站在靠近前发球线的地方。双打接发球准备姿势和单打的接发球姿势基本相同。略有区别的是身体前倾较大，身体重心可以随意放在

任一只脚上，球拍举得高些，在球来到网上最高点时击球，争取主动。但要注意右场区对方发平快球突袭反手。

（2）接各种发球

对方发来高远球或平高球时，可用平高球、吊球或杀球还击。一般说来，接发高远球是一次进攻的机会，还击得好，就掌握了主动。但初学者常因后场技术没掌握好，还击球的质量较差，以致遭到对方的攻击。因此，要提高后场的进攻技术。

对方发来网前球时，可用平高球、高远球、放网前球、平推球还击；如对方发球质量不好，也可用扑球还击。

对方发来平快球时，可用平推球、平高球还击，以快制快，由于接球方还击的击球点比发球方高，压得狠些可以夺取主动。其次亦可以高远球还击，以逸待劳。不能仓促还击网前球，因为若击球质量稍差，有可能遭受对方的进攻。

（3）接发球练习步骤

① 用固定的技术来接对方的发球。

② 注意提高对来球的判断能力，如来球的方向、落点等。

③ 进一步提高回球质量，避免被对方直接攻击。

④ 在接发球练到一定程度时，就要重点提高防御对方抢攻的能力。

4. 击球技术

羽毛球击球技术方法，包括击高球、吊球、杀球、搓球、推球、勾球、扑球、抽球、挑球等，每一种技术又可分为正手和反手击球法。

（1）高球：高球是自后场打到对方后场端线经过高空的球。高球分为正手、反手和头顶 3 种手法。

① 正手击高球：首先要判断好来球的方向和落点，侧身后退，使球处在自己的右肩稍前上方的位置。左肩对网，左脚在前，右脚在后，重心在右脚上。左臂屈肘，左手自然高举，右手持拍，手臂自然弯曲，将球拍举在右肩上方，两眼注视来球。击球时，右上臂后引，随之肘关节上提明显高于肩部，将球拍后引至头部，自然伸腕（拳心朝上）。然后在后脚蹬地、转体收腹的协调用力下，以肩为轴，上臂带动前臂快速向前上方甩腕，在手臂伸直的最高点击球；击球后，持拍手臂顺惯性往前左下方挥动并收拍至体前，与此同时，左脚后撤，右脚向前迈出，身体重心由后脚移到前脚上。正手高球也可跳起击球，按上述要求做好准备动作，然后右脚起跳，随即在空中转体，并完成引拍击球动作。击球动作在球从空中最高点落下的瞬间完成。见图 11-5。

图 11-5　正手击高球

② 反手击高球：当对方将球击到己方左后场区时，用反手回击高球。判断好来球的方向和落点，迅速将身体转向左后方，移动步伐，最后一步用右脚前交叉跨到左侧底线，背对网，身体重心在右脚上，使球处在身体右上方。击球前，迅速换成反手握拍，持拍于右胸前，拍面朝上。击球时，以上臂带动前臂，通过手腕的闪动，自下而上地甩臂，将球击出。在最后用力时，要注意拇指的侧压力与甩腕的配合及两腿蹬地转体的全身协调用力，把球击向后上方。击球后，转身，手臂随惯性自然回收至胸前。见图 11-6。

图 11-6　反手击高球

③ 头顶击高球：动作要领与正手高球基本相同，只是击球点偏向左肩上方。准备击球时，身体偏左倾斜。击球时，上臂带动前臂使球拍绕过头顶，从左上方向前加速挥动，注意发挥手腕的爆发力击球。落地时左腿向左后方摆动幅度大些。

练习步骤：徒手模仿练习击高球的动作，体会动作要领；固定直线或斜线的落点，“一点打两点”地练习；原地对打练习；移动中对打高球练习。

（2）吊球：吊球是把对方击来的高球自后场轻击或轻切、轻劈到对方的近网附近的球。吊球技术也分为正手、反手和头顶球 3 种手法，另外，按球的飞行弧线和击球动作的不同可分为劈吊、拦截吊和轻吊。

① 正手吊球：击球准备和前期动作同正手高球。只是击球时拍面稍向内倾斜，手腕做快速切削下压动作，击球托的后部和侧后部。若吊斜线球时，球拍切削球托右侧并向左下方发力；若吊直线球，拍面正对前方向下方切削。

② 反手吊球；击球准备和前期动作同反手高球。不同点在于击球时拍面的掌握和力量的运用。吊直线球时，用球拍反面切削球托的后中部，向对方的右半场网前发力；吊斜线球时，用球拍反面切削球托的左侧，朝对方左半场网前发力。

③ 头顶吊球：击球准备和前期动作同头顶高球。头顶吊斜线球时，中指、无名指和小指屈指外拉拍柄，使球拍内旋，拍面前倾，以斜拍面击球托左侧部位；头顶吊直线球时，球拍击球托的正中部位。

④ 劈吊：击球前动作和打高球、杀球相似。击球时用力较轻，带有劈切动作，落点一般离网较远。

⑤ 拦截吊：是把对方击来的平高球拦截下来，击球时用拍面正对来球，轻轻拦切或点击，使球以较平的弧线、较慢的速度越网后下坠。

⑥ 轻吊：击球前动作和打高球相似，击球时拍面正对来球，在触球的一刹那，突然减速或轻切来球，使球刚一过网即下坠。

练习步骤：徒手模仿练习，体会动作概念；原地吊球练习，定点吊斜线和吊直线，体会切削动作；移动中吊球练习，做变换方向的吊球。

（3）杀球：杀球是把对方击来的球在尽量高的击球点上斜压下去。这种球力量大，弧线直，落地快，给对方的威胁很大。它是进攻的主要技术。杀球分为正手杀直线和对角线球、头顶杀直线和对角线球。

① 正手杀直线球（侧身起跳）：准备姿势和动作要领与正手击高球大致相同。步子到位后，屈膝下降重心，准备起跳。侧身起跳时，往右上方提肩带动上臂。前臂和球拍上举，以便向上伸展身体。起跳后，身体后仰挺胸成反弓形。接着右上臂往右后上摆起，前臂自然后摆，手腕后伸，前臂带动球拍由上往后下挥动，这时握拍要松。随后腾空转体收腹带动右上臂往右上摆起，肘部领先，前臂全速往前上挥动，带动球拍高速前挥。当击球点在肩的前上方时，前臂内旋，手腕前屈微收，闪腕发力杀球。这时手指要突然抓紧拍柄，把手腕的爆发力集中到击球点上。球拍和击球方向水平面的夹角小于90°，球拍正面击球托的后部，使球直线下行。杀球后，前臂随惯性往体前收。在回位过程中将球拍回收至胸前。

② 正手杀对角线球（侧身起跳）：准备姿势和动作要领与正手杀直线球相同。不同点是起跳后身体向左前方转动用力，协助手臂向对角方向击球。

③ 头顶杀直线和对角线球：动作要领和准备姿势与头顶击高球相同。不同点是挥拍击球时，要集中全力往直线方向或对角线方向下压，球拍面和击球方向水平面的夹角小于90°。

④ 反手杀直线球：准备姿势和动作要领与反手击高球相同。不同点是击球前的挥拍用力要大，击球瞬间球拍与杀球方向的水平面夹角小于90°。

⑤ 腾空突击杀直线球：侧身右脚后退一步准备起跳。起跳后，身体向右后方腾起，上身右后仰成反弓形，右臂后引，肩尽量后拉。击球时，前臂全速往上摆起，手腕从后

伸经前臂内旋至屈收，同时握紧球拍，压腕产生爆发力，高速向前下击球。突击扣杀后，右脚在右侧着地屈膝缓冲，重心在右脚前；左脚在左侧前着地，利用左脚蹬地向中心位置回动，手臂随惯性自然往体前回收。

练习步骤：模仿练习，体会动作要领；体会杀球时的鞭打动作练习；原地杀球练习；移动中杀球练习；由低难度的近网区杀球过渡到稍高难度的杀球；控制杀球落点和线路变化练习。

（4）搓球：搓球是用球拍搓击球的左或右侧下部与球托底部，使球向右侧或左侧旋转与翻滚过网。

（5）推球：推球是把对方击来的网前球推击到对方的后场两底角去。球飞行的弧线较低平，速度较快。

（6）勾球：勾球是把在本方右（左）边的网前球击到对方左（右）边网前去的技术动作。

（7）扑球：对方发网前球或回击网前球时，在球刚越到网顶即迅速上网向斜下扑压，谓之扑球。

（8）抽球：抽球是把在身体左、右两侧，肩以下，腰以上的来球平扫过去。

（9）挑球：挑球是把对方击来的吊球或网前球挑高回击到对方后场去。这是在比较被动的情况下采取的一种防守性技术。

二、步法

羽毛球的基本步法主要有蹬步、跨步、腾跳步、交叉步、垫步和并步等。在此基础上，组成了上网、后退、两侧移动和起跳腾空等综合步法。

1. 上网步法

（1）上右网前：如果站位靠前，可用两步交叉步上网（图 11-7）；若站位靠后场，则采用三步交叉跨步的移位方法（图 11-8），即右脚向右前迈一小步，左脚接着前交叉迈过右脚，然后右脚顺着这一方向跨一大步到位。为了加速上网，还可采用垫步上网，即右脚向右前迈一小步后，左脚快速跟进到右脚跟后，利用左脚掌内侧后蹬，右脚向右前跨出一大步。

（2）上左网前：基本方法同上右网前，只是方向相反。如两步跨步上网。

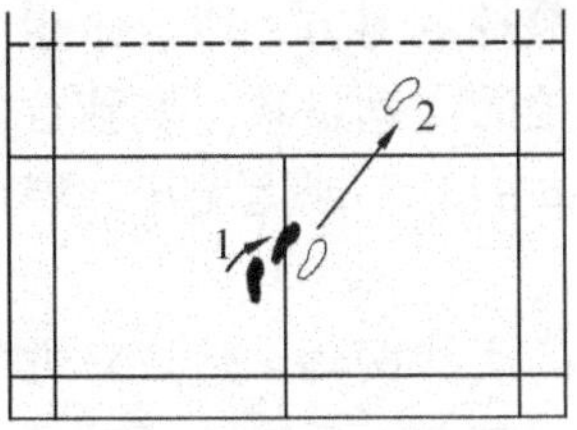

图 11-7　两步交叉步

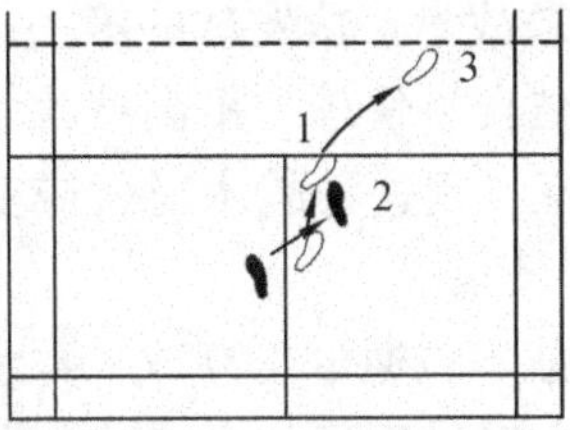

图 11-8　三步交叉跨步

2. 后退步法

（1）正手后退右后场：后退步法一般都用侧身后退，以便于到位后挥拍击球。如果是右脚稍前的站位，则先完成右脚后蹬使身体成侧身站位，然后采用三步并步后退或交叉步后退。

（2）后退左后场：后退左后场正手绕头顶击球的步法基本同正手后退右后场步法，

只是移动方向是向左后而已。

(3) 反手后退左后场：反手击球时，必须先使身体向左后转、背向网，在后退左后场时，无论是两步后退或三步后交叉后退都要注意这一点。

3. 两侧移动步法

(1) 向右侧移动：两脚开立，右脚跟稍提起，上体稍倒向左侧，左脚掌内侧用力起蹬，右脚同时向右侧蹬跨一大步到位击球。若距来球较远，则左脚可向右垫一小步再起蹬，右脚同时向右跨一大步到位。

(2) 向左侧移动：两脚开立，上体稍倒向右侧用力起蹬，左脚同时向左蹬跨一大步到位击球。离球较远时，左脚可先向左垫一小步，然后左转身，右脚（前交叉）跨大步（背向网）到位用反手击球。

4. 起跳腾空步法

步子到位后，为了争取战机和更高的击球点，用单脚或双脚起跳，居高临下，凌空一击，称为起跳腾空击球。在上网、后退和两侧移动中都可运用腾跳步。一般来说，腾跳步较多用于向左、右两侧进行跳起突击。当对方打平高球（弧线较低），球从右侧上空飞向底线时，用左脚向右侧蹬地，右脚起跳，上体向右侧上空腾起截住来球，突击扣杀对方空当；当球从左侧上空飞向底线时，则右脚向左侧蹬地，右脚起跳，用头顶击球法突击。在正手后退步法中，步子到位后，也可以右脚起跳腾空击球。击球后，左脚后摆在身体重心的后面着地，一经制动缓冲，便应立即回至中心位置。

练习步骤：

(1) 单个步法练习，按照各种步法要领，一步步分解练习。

(2) 综合步法练习，在单个步法熟练后，采用固定线路的综合步法练习。

(3) 不固定线路的步法练习。

(4) 利用多球加强步法的实用性。

第二节　羽毛球基本战术

一、单打战术

(1) 发球抢攻战术：从发球的第一拍起，争取控制对方，以攻杀得分。这种战术一般为发网前低球结合平快球、平高球，争取第三拍的主动进攻。实施这一战术应有高质量的发球予以保证，用这种战术对付应变能力较差的对手或运用于比赛的关键时刻，效果往往很好。

(2) 攻后场战术：通过击高球，重复压对方的底线两角，造成对方的被动，然后寻找进攻机会。用它对付后场初学者或那些还击能力较差、后退步子较慢，以及急于上网的对手是很有效的。

(3) 攻前场战术：对网前技术较差的对手，可运用此战术将其吸引到网前，然后再攻击其后场。采用此战术，要有较好的网前击球技术。

(4) 打四方球战术：若对手步子较慢、体力较差、技术不全面，可以快速、正确的落点攻击对方场区的 4 个角落，寻找机会向空当进攻。此战术的主要目的是通过打落点，逼迫对方前后奔跑、被动应付，使对方回球质量下降或露出破绽时乘机攻击。

（5）杀、吊上网战术：对对手打来的后场高球，先以杀球配合吊球把球下压，落点选在场区的两条边线附近，迫使对手被动回球。若对手回网前球，则迅速上网搓球、勾对角球或平推球，创造在中场扣杀的机会。这种战术必须能很好地控制杀、吊球的落点，迫使对方被动回球，才能主动迅速上网。

（6）打对角线战术：对身体灵活性差、转体较慢的对手，不论进攻还是防守，均以打对角线为主，以创造进攻机会。

（7）防守攻击战术：在对方主动进攻时，应高质量地接杀挡网或抓住对方力量减弱或落点不好的机会，以平抽底线球还击对方后场，扭转被动局面，并进行反击。

二、双打战术

（1）攻人战术：集中攻击对方有明显弱点的人，并伺机攻击另一个人因疏忽露出的空当，或对此人偷袭。双打比赛中的配对选手的技术，一般总有一人好，另一人稍差些。即使对方两人水平相差不多，但若能集中力量攻击其中一人也可给对方造成很大的心理压力，以使其出现失误。

（2）攻中路战术：当对方分边站位防守时，可将球攻击到对方两人的中间。当对方前后站位时，可将球下压或平推两边半场，使对方防守时互相争抢而出现失误。

（3）攻后场战术：若对方后场扣杀能力差，可采用平高球、推平球、接杀挑底线，把对方一人紧逼在底线两角移动。当对方被动还击时，应抓住机会大力扣杀。如另一对手后退支援，即可攻网前空当。

（4）后攻前封战术：当本方处于主动进攻前后站位时，站在后场的队员见高球就杀或吊网前球，迫使对方接球挡网前，为本方前场队员在网前进行封网扑杀创造机会。前场队员要积极封锁网前，迫使对方被动挑高球，一旦达不到后场，就为本方创造了再次进攻的机会。

（5）防守反击战术：在防守中寻找反攻的机会，以便摆脱困境，转被动为主动。例如，挑底线高球，不论对方从哪里进攻，都应设法把球挑到进攻者的另一边底线。当时机有利时，即可运用反抽或挡网前回击对方的杀球，从守中反攻，争得主动权。运用此战术时，一定要将球挑到底线，否则将会出现对方连续攻杀而本方无力还击的局面。

第三节　羽毛球竞赛规则

一、球场与球场设备

（1）球场：球场应是一个长方形，长 13.40 米，双打宽 6.10 米，单打宽 5.18 米。场地线颜色用白色、黄色或其他容易辨别的颜色，宽度 4 厘米，所有场地线都是它所确定区域的组成部分。

（2）网柱：网柱高 155 厘米，必须同地面垂直，并使球网保持紧拉状态。

（3）球网：球网应用深色的细绳织成，球场中央网高 152.4 厘米，双打边线处网高 155 厘米。

（4）羽毛球：羽毛球应有 16 根 6.2~7.0 厘米的羽毛固定在球托部。验球时，站在端线外，用低手向前上方全力击球，一个具有正常速度的球，应落在离对方端线 53~99 厘米之间的区域内。

（5）球拍：球拍由拍柄、拍弦面、拍头、拍杆、连接喉构成，总长度不超过 68 厘米，宽不超过 23 厘米。

二、团体比赛

团体比赛分为男子团体、女子团体、男女混合团体赛。常用以下两种比赛方式：

（1）三场制：每队 2~4 人参加比赛，2 名单打，1 对双打（可由单打运动员兼），共进行 3 场比赛，比赛次序为单、双、单（或单、单、双）。采取三场两胜制。

（2）五场制：每队 4~9 人参加比赛，男女团体由 3 名单打、2 对双打（可由单打运动员兼），共进行 5 场比赛，比赛次序为单、单、双、双、单（或单、单、单、双、双）。混合团体赛次序为男单、女单、男双、女双、混双（也可根据双方出场队员的兼项情况商定）。采取五场三胜制。

三、羽毛球比赛的主要规则

（1）掷挑边器：比赛开始前应挑边。赢方将在先发球或先接发球、一个场区或另一个场区开始比赛中做出选择。输的一方，在余下的一项中选择。

（2）计分方法：除非另有规定，一场比赛应以三局两胜定胜负。先得 21 分的一方胜一局。对方“违例”或球触及对方场区内的地面成死球，则该方胜这一回合并得 1 分。20 平后，先得 2 分的一方胜该局。29 平后，先到 30 分的一方胜该局。一局的胜方在下一局首先发球。

（3）交换场区：以下情况，运动员应交换场区：第一局结束；第二局结束（如果有第三局）；在第三局比赛中，一方先得 11 分时。如果运动员未按规则的规定交换场区，一经发现，在死球时立即交换。已得比分有效。

（4）发球：发球员的球拍必须先击中球托，整个球应低于发球员的腰部。此时，拍框应明显低于发球员的手部。发出的球应落入接发球员的发球区内。在双打比赛中，发球员或接发球员的同伴站位不限。

（5）单打：发球员的分数为 0 或双数时，双方运动员应在各自的右发球区发球或接发球；分数为单数时，则相反。

（6）双打：一局中，发球方的分数为 0 或双数时，发球方均应从右发球区发球；发球方的分数为单数时，发球方均应从左发球区发球。接发球方上一回合最后一次发球的运动员应在原发球区接发球；他的同伴接发球的站位与其相反。接发球员应是站在发球员斜对角发球区的运动员。发球方每得 1 分后，原发球员则变换发球区再发球。发球都应从与发球方得分相对应的发球区发出。每一回合发球被回击后，由发球方的任何一人和接球方的任何一人，交替在各自场区的任何位置击球，如此往返直至死球。发球方胜一回合则得 1 分，随后发球员继续发球；接发球方胜一回合则得 1 分，随后接发球方成为新发球方。

运动员在比赛中不得有发球、接发球顺序错误，或在一局比赛中连续两次接发球。一局胜方的任一运动员可在下一局先发球；一局负方的任一运动员可在下一局先接发球。如果发现发球区错误，应予以纠正，已得比分有效。

（7）违例。

① 不合法发球。

② 发球时未击中球。

③ 发球时，球挂在网上或停在网顶。

④ 比赛时，球落在球场界线外，球从网孔或网下穿过，球不过网，触及天花板、四周墙壁或运动员的身体及衣服，球碰到场外其他人或物体。

⑤ 比赛时，球拍与球的最初接触点不在击球者网的这一方。

⑥ 比赛中，运动员球拍、身体或衣服触及网线或网的支撑物，侵入对方场区，妨碍对方。

⑦ 比赛时，球被拖回，同一运动员连续击中球两次，同方两名运动员连续各击球一次，球碰球拍继续向后场飞行。

⑧ 运动员故意引起比赛中断，故意改变球速，举止无礼及其他不端行为。发球员违例，失去发球权，接发球员违例则失分。

（8）重发球。

① 遇到不能预见的意外情况。

② 除发球外，球过网后挂在网上或停在网顶。

③ 发球时，发球员和接发球员同时违例。

④ 发球员在接发球员未做好准备时发球。

⑤ 比赛中，球托与其他部分完全分离。

⑥ 司线员未看清，裁判员也不能做出决定。

重发球时，最后一次发球无效，原发球员重新发球。

（9）比赛的连续性：比赛自第一次发球开始至该场比赛结束应是连续的。每局比赛，当一方先得 11 分时，允许有不超过 60 秒的间歇。所有比赛中，每局之间允许有不超过 120 秒的间歇。

思考题

1. 羽毛球运动的特点及锻炼价值是什么？
2. 如何做好正手发高远球？
3. 羽毛球中单、双打技术各有哪些？
4. 合法发球有哪些要求？

第十二章　武　术

在原始社会，兽多人少，自然环境十分恶劣，在“物竞天择，适者生存”的严酷斗争中，人们自然产生了拳打脚踢、指抓掌击、跳跃翻滚等初级攻防手段，后来又逐渐学会了制造和使用石制或木制的工具作为武器，并且产生了一些徒手的和使用器械的搏斗捕杀技能，这便是武术的萌芽。武术，具有健身、护体、防敌、制胜的作用，是中国四大国粹之一，为各族人民所喜爱。武术的雏形与阶级、国家产生之后的战争有关。秦汉时，手搏、剑道已经很盛行。唐代兴武举，促进了练武活动。宋代开始有了使拳、踢脚、弄棍、掉刀、打套子等表演，武术从此渐以套路运动为主。元明清时期，不同拳种流派林立，“十八般武艺”及各家拳法广泛流传。新中国成立后，武术被正式列为体育竞技项目，得到了广泛的普及与推广。

武术之所以能繁衍至今且日益发展，是由于它具有健身防身的双重作用。武术在平时能满足民众强健体魄、陶冶性情的需要，遇到压迫或强暴则成为御强抗暴、抵抗外侮的手段。源远流长的中国武术在它的发展演进的过程中，始终充满着人民的智慧。在长期的社会实践中，武术形成了独特的民族风格和特点，蕴含着深邃的哲学思想和道德观念。武术作为国术、文化瑰宝，不但深受我国人民喜爱，而且受到国际友人的青睐，成为传播友谊、增进健康的使者。

武术运动按内容可分为拳术、器械、对练、集体演练和攻防技术5种主要类型。拳术主要包括长拳、南拳、太极拳、形意拳、八卦拳、象形拳等各种不同风格的拳种。器械包括长器械（枪、棍、大刀等）、短器械（刀、剑等）、软器械（九节鞭、绳标、流星锤等）、双器械（双刀、双钩、双锤、双剑、双圈等）等类型。对练包括双人和双人以上的徒手对练、器械对练、徒手与器械的对练等。集体演练包括徒手和器械的集体演练。攻防技术包括推手、散手（散打）、短兵器等。

第一节　武术基本功

手型、步型、手法、腿法和步法是构成长拳动作和动作过程的基本要素。人们可通过运用不同的手型、步型，掌握上、下肢的运动方法和动作规律。在武术竞赛规则中，对上述内容都有明确的规定和要求。能否正确运用，直接关系着套路动作的前后衔接和动作的质量。

一、手型

长拳的主要手型有拳、掌、勾3种。

1. 拳

俗话说“攥拳如卷饼”，是要求五指卷紧。先将四指并拢卷握，再把拇指紧扣食指和中指的第二指节。拳由拳面、拳眼、拳背、拳轮、拳心组成。

2. 掌

“伸掌似瓦垅”是这一手型的形象比喻。先将四指靠紧并拢，向上伸直，再把拇指弯曲，紧扣于虎口处。掌由掌指、掌背、掌根、掌心、掌外沿组成。

3. 勾

俗称“刁形勾手”。先将五指第一指节并拢在一起，再屈腕使勾夹朝下。勾手包括勾尖和勾顶。

二、步型

长拳的步型包括弓步、马步、虚步、仆步、歇步、坐盘、丁步、叉步和横裆步等十几种。

1. 弓步

弓步，也称“弓箭步”，有左弓步、右弓步、顺弓步。

以左弓步为例：并步站立，两手叉腰，眼向前平视。左脚向前一大步（约本人脚长的4~5倍），脚尖微向里扣，左腿屈膝半蹲，大腿接近水平，膝部与脚尖基本垂直；右腿挺膝伸直，脚跟后蹬，脚尖内扣，斜向前方。挺胸、塌腰、沉肩，上体略前倾，正对前方。头颈正直，眼向前平视。

要求：前腿弓要达到规格要求，后腿挺膝伸直，前脚尖与后脚跟成一条直线。

2. 马步

马步也称“骑马式”或“骑马蹲裆式”。

右脚向右侧横跨一步，宽度约为本人脚长的3倍，脚尖正对前方，两腿屈膝半蹲，膝不超过脚尖，大腿接近水平。身体重心在两腿之间，两手叉于腰间。挺胸、塌腰、沉肩、裹膝，脚跟向外蹬。两眼向前平视。

要求：跨步落脚要准确，身体重心不得偏移，注意定势规格要求。

3. 虚步

左脚虚为左虚步，右脚虚为右虚步。

以左虚步为例：两腿并步直立，两手叉于腰间，眼向前平视。然后右腿向后撤步，屈膝下蹲，脚尖外展约45°；左脚向前伸出，左腿稍屈，前脚掌虚着地面，两膝微合，重心落于后腿，眼向前平视。

要求：挺胸，直背，塌腰，落臀，虚实要分明。

4. 仆步

仆步有左仆步和右仆步。

以左仆步为例：两脚左右开立，右腿屈膝全蹲，臀部尽量下坐，大腿和小腿靠紧，脚尖和膝外展；左腿挺直平仆，脚尖里扣，两脚全脚掌着地。上体挺胸、塌腰、沉髋，两拳置于腰间，两眼向左前方平视。右仆步同左仆步，方向相反。

5. 歇步

两脚左右开立，两手叉于腰间，右脚向左脚的左后方落步，两腿靠紧迭拢。臀部下坐于右腿接近脚跟处，成左歇步。左脚全脚掌着地，右脚前脚掌着地。挺胸、塌腰，眼向左前方平视。

要求：挺胸，塌腰，两腿靠拢贴紧，定势要稳。

三、手法、肘法

长拳的手法包括冲、架、撩、劈、砸、崩、挑、扣、贯、压等十几种拳法，及穿、插、托、接、推、切、甩、盖、插、拍等十几种掌法。此外，还有换臂、顶肘、上架、下压、外带、里挂等肘法和运用上肢动作的各种方法。

1. 拳法

（1）冲拳

冲拳分为平拳和立拳两种。立拳拳眼向上，平拳拳心向下。右拳从腰间向前猛力冲出。转腰、顺肩，前臂紧贴腰部，肘关节过腰后，拳和小臂迅速内旋。当拳前冲到位后，拳心向下，力达拳面。臂伸直，高与肩平。同时左肘向后牵拉，眼看右拳。

要求：拧腰、顺肩、急旋前臂，出拳要有爆发力（即“拳打寸劲”）。

（2）劈拳

劈拳分为前劈、侧劈和抡劈。劈拳主要用于劈击对方头部。

2. 掌法

（1）穿掌

掌沿着身体某一部位和路线运行叫穿掌。如左穿手亮掌，是左掌沿着右臂内侧穿行；仆步穿掌是掌沿着腿的内侧向前穿出。一般可用于亮相动作，也是攻击对方的一种掌法。

（2）侧穿掌

右掌由身体右侧向右前上方、向左直臂弧形运行，摆至左前上方。眼看右掌。右掌继续向左、向下划弧运行；左掌掌心向上沿着右前臂向前上方穿出，力达掌指。右掌掌心向上，在左掌向前穿出时，沿着左臂收至左腋下，眼看左掌。

掌握以上各种基本动作后就可以根据自己的兴趣爱好，选择某种武术拳种的套路拳谱图，按照图示进行动作的模仿学习和提高。初学者可以选择简化太极拳、初级三路长拳、初级剑术、初级棍术等进行学习，逐步提高自己的武术运动水平。

第二节　24 式简化太极拳

太极拳融汇了中国传统文化和传统哲学思想，构成了博大精深的文化内涵。它以自然和谐、心无杂念，化解千般、包容万物的修习风格，揭示了深刻的为人处世的哲学理念。24 式简化太极拳在动作编排上结合了前进、后退，穿插了蹬腿、下势，以及独立和复杂的转折等动作，体现了由浅入深、难易结合的特点。学习练习它可以让身体得到全面均衡的锻炼，也可以对心理素质起到积极的作用。

一、起势（图 12-1~图 12-5）

（1）两脚并拢，身体自然直立，头颈正直；两臂自然下垂，两手指尖轻贴大腿侧；眼平视。

（2）左脚向左慢慢开步，与肩同宽，脚尖向前，两臂慢慢向前平举，两手高与肩平，与肩同宽，手心向下。两腿屈膝下蹲；双掌轻轻下按至腹前，两肘下垂与膝相对。

教法提示：① 并脚直立；② 开步站立；③ 两臂前举；④ 屈膝按掌。

图 12-1

图 12-2

图 12-3

图 12-4

图 12-5

二、左右野马分鬃（图 12-6~图 12-17）

（1）上体微向右转，两手心相对成抱球状；左脚收到右脚内侧成丁字步；眼视右手。

（2）上体微向左转，左脚向左前方迈出，同时左右手随转体慢慢分别向左上、右下错开。

（3）上体左转后坐，左脚尖翘起，微向外撇，左手翻转在左胸前屈抱，右手翻转前摆，在腹前屈抱，成左抱球。

（4）上体微右转，右腿向右前方迈出，同时左右手随转体慢慢分别向左下、右上错开。

（5）左野马分鬃动作同前。

教法提示：① 抱球收脚；② 弓步分掌。

图 12-6

图 12-7

图 12-8

图 12-9

图 12-10

图 12-11

图 12-12

图 12-13

图 12-14

图 12-15

图 12-16

图 12-17

三、白鹤亮翅（图 12-18~图 12-20）

（1）上体微向左转，左手翻掌向下，右手向左上划弧，手心转向上，与左手相对成抱球状。

（2）右脚跟进半步，上体后坐，左脚稍向前移，成左虚步，两手随转体慢慢向左下、右上分开，右手上提停于右额前，掌心向内，左手按于左胯前。

教法提示：① 转体抱手；② 虚步分掌。

图 12-18

图 12-19

图 12-20

四、左右搂膝拗步（图 12-21～图 12-31）

（1）右手从体前下落，向后上方划弧举至右肩外侧，手心斜向上；左手划弧至右胸前；同时上体向右转，左脚收至右脚内侧，脚尖点地；眼视右手。

（2）体左转，左脚向前（偏左）迈出成左弓步；同时右手由耳侧向前推出，左手向下由左膝前搂过落于左胯旁，指尖向前；眼视右手。

（3）上体后坐，左脚尖翘起向外撇，身体左转，弓步搂推动作同前，唯方向相反。

（4）左搂膝拗步动作同前。

教法提示：① 举手收脚；② 弓步搂推。

图 12-21

图 12-22

图 12-23

图 12-24

图 12-25

图 12-26

图 12-27

图 12-28

图 12-29

图 12-30

图 12-31

五、手挥琵琶（图 12-32～图 12-34）

（1）右脚跟进半步，上体后坐。左脚略提起稍向前移，脚跟着地，脚尖翘起。

（2）同时左手向上挑，高与鼻尖平；右手放在左臂肘部内侧，两手成侧立掌合于体前。

教法提示：① 跟步后坐；② 虚步合手。

图 12-32

图 12-33

图 12-34

六、左右倒卷肱（图 12-35～图 12-43）

（1）上体右转，右手翻掌（手心向上）经腹前由下向后上方划弧平举，臂微屈，左手随即翻掌向上；右手由耳侧，向前推出，手心向前，左臂屈肘后撤，手心向上，撤至左肋外侧。

（2）同时左腿轻轻提起向后退一步，成右虚步，右脚随转体以脚掌为轴扭正；眼视右手。

（3）左倒卷肱动作同前，唯左右相反。

教法提示：① 转体举手；② 退步卷肱。

图 12-35

图 12-36

图 12-37

图 12-38

图 12-39

图 12-40

图 12-41

图 12-42

图 12-43

七、左揽雀尾（图 12-44～图 12-55）

（1）上体微向右转，双手成抱球状；重心落在右腿，左脚收至右脚内侧，成丁字步。

（2）上体微向左转，左脚向左前方迈出，成左弓步；同时左臂向左前方掤出，右手向右下落放于右胯旁，手心向下，指尖向前；眼视左前臂。

（3）左手前伸翻掌向下，右手翻掌向上，向前伸至左前臂下方；然后两手下捋，上体右转，两手经腹前向右后上方划弧，左臂平屈于胸前，手心向后；重心移至右腿；眼视右手。

（4）上体微向左转，右臂屈肘折回，右手附于左手腕里侧，上体继续向左转，双手同时向前慢慢挤出，左手心向后，右手心向前；身体重心逐渐前移变成左弓步；眼视左手腕部。

（5）左手翻掌，手心向下，右手经左腕上方向前伸出，手心向下，两手左右分开，上体慢慢后坐，左脚尖翘起；同时两手屈肘回收至腹前，手心均向前下方；眼向前平视。

（6）重心慢慢前移，同时两手向前、向上按出，掌心向前，成左弓步；眼视前方。

教法提示：① 收脚抱球；② 弓步掤臂；③ 转体下捋；④ 弓步前挤；⑤ 后坐引手。

图 12-44

图 12-45

图 12-46

图 12-47

图 12-48

图 12-49

图 12-50

图 12-51

图 12-52

图 12-53

图 12-54

图 12-55

八、右揽雀尾（图 12-56~图 12-61）

（1）重心后坐并向右转，左脚尖内扣；右手划弧右摆，左手掌向下与右手成抱球状；重心移到左腿，右脚收到左脚内侧，脚尖点地；眼视左手。

（2）同“左揽雀尾”动作，唯左右相反。

教法提示：① 收脚抱球；② 弓步掤臂；③ 转身下捋；④ 弓步前挤；⑤ 后坐收手。

图 12-56

图 12-57

图 12-58

图 12-59

图 12-60

图 12-61

九、单鞭（图 12-62~图 12-66）

（1）上体后坐左转，右脚尖内扣；左手向左划弧，右手划弧至左肋前；眼视左手。

（2）上体右转，左脚成丁字步；右手向右上方划弧（手心由里转向外），至右侧方时变勾手，臂与肩平；左手向下经腹前向右上划弧停于右肩前，手心向里；眼视左手。

（3）上体左转，左脚向左前方迈出成左弓步；左掌经面前翻掌向前推出，臂微屈。

教法提示：① 转体运臂；② 勾手收脚；③ 弓步推掌。

图 12-62

图 12-63

图 12-64

图 12-65

图 12-66

十、云手（图 12-67～图 12-78）

（1）上体右转，左脚尖内扣；左手经腹前向右划弧至右肩前，掌心向内。右手松勾变掌。

（2）上体左转，重心左移；左手经面前向左划弧；右手由右下经腹前向左上划弧至左肩前；右脚靠近左脚，成小开立步；眼视右手。

（3）上体向右转，同时左手经腹前向右上划弧至右肩前，手心斜向后；右手向右侧运转，手心翻转向右；随之左腿向左横跨一步；眼视左手。

（4）左右云手动作相同，唯左右方向相反。

教法提示：① 转体松勾；② 云手收步；③ 云手开步。

图 12-67

图 12-68

图 12-69

图 12-70

图 12-71

图 12-72

图 12-73

图 12-74

图 12-75

图 12-76

图 12-77

图 12-78

十一、单鞭（图 12-62～图 12-66）

单鞭动作同前。

教法提示：① 转体勾手；② 弓步推掌。

十二、高探马（图 12-79～图 12-80）

（1）右脚跟进半步，重心逐渐后移至右腿上；右勾手变成掌，两手心翻转向上，两肘微屈；同时身体微向右转，左脚跟渐渐离地；眼视左前方。

（2）上体微向左转，面向左前方，右掌经右身旁向前推出，手心向前，手指与眼同高；左手收至左侧腰前，手心向上；同时左脚微向前移，脚尖点地，成左虚步；眼视右手。

教法提示：① 跟步翻掌；② 虚步推掌。

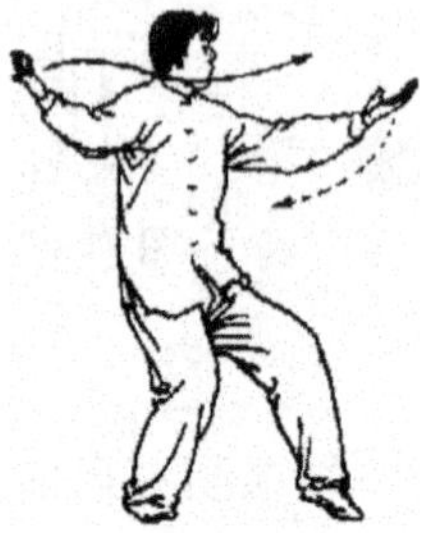

图 12-79

图 12-80

十三、右蹬脚（图 12-81～图 12-86）

（1）左手手心向上前伸经右手手腕交叉后，向两侧分开向下划弧，交叉合抱于胸前，右手在外，左脚前侧方进步（脚尖稍外撇）；成左弓步；眼视前方。

（2）右脚向左脚靠拢，脚尖点地；两手臂左右划弧分开平举，肘部微屈，手心均向外；同时右腿屈膝提起，右脚向右前方慢慢蹬出；眼视右手。

教法提示：① 弓步分手；② 抱手收脚；③ 分手蹬脚。

图 12-81

图 12-82

图 12-83

图 12-84

图 12-85

图 12-86

十四、双峰贯耳（图 12-87～图 12-90）

（1）右腿收回，屈膝平举；左手由后向上，两手心均翻转向上，两手同时向下划弧，分落于右膝盖两侧，眼视前方。

（2）右脚向右前方落下，成右弓步，双手变拳，经腰间两侧向上、向前划弧贯拳至面部前方，成钳形状，两拳相对，高与耳齐，拳眼斜向内下。

教法提示：① 屈膝落手；② 弓步贯拳。

图 12-87

图 12-88

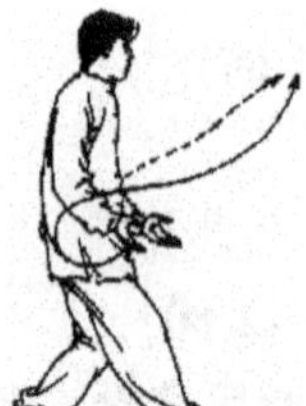

图 12-89

图 12-90

十五、转身左蹬脚（图 12-91~图 12-96）

（1）左腿屈膝后坐，上体左转，右脚尖里扣；两拳变掌，由两侧分开平举划弧合抱于胸前，左手在外，手心均向后；眼视左手。

（2）重心移右腿，左脚收到右脚内侧，脚尖点地；左腿屈膝提起，向左前方慢慢蹬出；两手臂左右划弧分开平举，肘部微屈，手心均向外；眼视左手。

教法提示：① 转身分掌；② 收脚抱手；③ 分手蹬脚。

图 12-91

图 12-92

图 12-93

图 12-94

图 12-95

图 12-96

十六、左下势独立（图 12-97~图 12-101）

（1）左腿收回，上体右转；右掌变成勾手，左掌向右划弧，立于右肩前。右腿屈膝下蹲伸出，成左仆步；左手顺左腿内侧向前穿出；重心前移，右腿后蹬成左弓步，右勾手下落，勾尖向后。

（2）右腿提膝，成左独立式；右勾手变掌，向前弧形上挑，屈臂立于右腿上方，手心向左；左手落于左胯旁，掌心向下，指尖向前；眼视右手。

教法提示：① 收腿勾手；② 仆步穿掌；③ 弓腿起身；④ 独立挑掌。

图 12-97

图 12-98

图 12-99

图 12-100

图 12-101

十七、右下势独立（图 12-102~图 12-106）

（1）右脚下落，脚尖着地，身体左转，左手向后平举变勾手，右掌随着转体向左侧划弧，立于左肩前；眼视左手。

（2）同左下势独立，唯左右相反。

教法提示：① 收腿勾手；② 仆步穿掌；③ 弓腿起身；④ 独立挑掌。

图 12-102

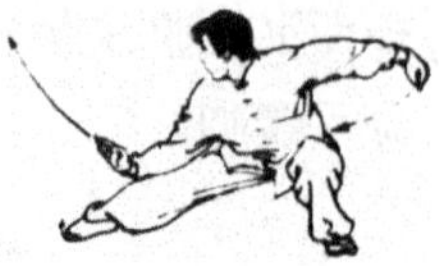
图 12-103

图 12-104

图 12-105

图 12-106

十八、左右穿梭（图 12-107~图 12-114）

（1）上体左转，左腿向前落地，脚尖外撇，两腿屈膝；同时两手在左胸前成抱球状（左上右下）；右脚收到左脚内侧，脚尖点地；眼视左前臂。

（2）身体右转，右脚向右前方迈出，成右弓步；右手向上举并翻掌停架在右额前；左手经体前向前推出，高于鼻尖；手心向前；眼视左手。

（3）左穿梭动作同前，唯左右方向相反。

教法提示：① 抱球收脚；② 弓步架推。

图 12-107

图 12-108

图 12-109

图 12-110

图 12-111

图 12-112

图 12-113

图 12-114

十九、海底针（图 12-115~图 12-116）

（1）右脚向前跟进，重心后坐，左脚稍向前移，脚尖点地成左虚步；右手下落屈肘上提至耳旁，左手下落至体前侧。

（2）身体稍向右转；右手由右耳旁斜向前下方插出，指尖斜向下；左手经膝划弧落于左胯旁，手心向下，指尖向前；眼视前下方。

教法提示：① 跟步提手；② 虚步插掌。

图 12-115

图 12-116

二十、闪通臂（图 12-117~图 12-119）

（1）上体右转，左脚收至右脚内侧，左脚向前迈出，脚跟着地成左弓步；两手上提。

（2）右手屈臂上举，于右额前上方；左手向前推出，高与鼻尖平，手心向前。眼视左手。

教法提示：① 提手收脚；② 上步分手；③ 弓步架推。

图 12-117

图 12-118

图 12-119

二十一、转身搬拦捶（图 12-120~图 12-124）

（1）重心后移，右腿曲坐，左脚尖内扣；身体右转，重心再移至左腿上；右手随转体经腹前划弧至左肋旁；左掌上举于头前，掌心斜向上。眼视前方。

（2）向右转体，右拳经胸前向前翻转搬出；右脚向前迈出，脚尖外撇，重心移至右腿；左腿向前迈出一步；左手上起经左侧向前上划弧拦出，右拳向右划弧收到右腰旁。

（3）左腿前弓成左弓步，同时右拳向前打出，拳眼向上，高与胸平，左手附于右前臂里侧。眼视右拳。

教法提示：① 转身扣脚；② 上步搬拳；③ 上步拦掌；④ 弓步冲拳。

图 12-120

图 12-121

图 12-122

图 12-123

图 12-124

二十二、如封似闭（图 12-125~图 12-130）

（1）左手由右腕下向前伸出，右拳变掌，双手掌心翻转向上并回收；身体后坐，左脚尖翘起，上体后坐。眼视前方。

（2）两手在胸前翻掌下按至腹前向前推出，与肩平，手心向前；左腿成左弓步。

教法提示：① 后坐收掌；② 弓步推掌。

图 12-125

图 12-126

图 12-127

图 12-128

图 12-129

图 12-130

二十三、十字手（图 12-131～图 12-134）

（1）屈膝后坐，左脚尖里扣，向右转体；右手向右划弧，与左手成侧平举，肘部微屈；同时右脚尖稍向外撇成右侧弓步。眼视右手。

（2）身体重心慢慢移至左腿，右脚尖内扣，向左收回，成开立步；两手向下经腹前向上划弧交叉合抱于胸前，腕高与肩平，右手在外，成十字手，手心均向后，眼视前方。

教法提示：① 弓腿分手；② 交叉搭手；③ 收脚合抱。

图 12-131

图 12-132

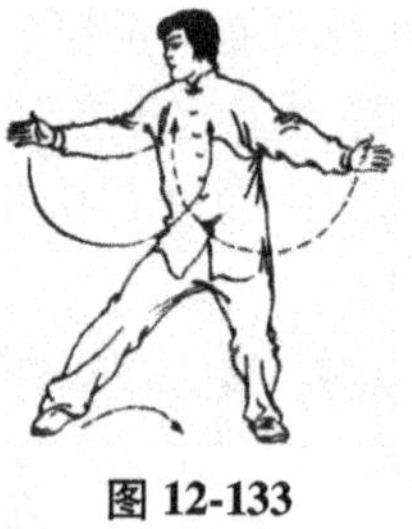

图 12-133

图 12-134

二十四、收势（图 12-135～图 12-138）

（1）两手向外翻掌，手心向下，两臂慢慢下落，停于腹前，眼视前方。

（2）两腿缓缓蹬直，同时两掌慢慢下落至大腿侧，然后收左脚成并步直立。眼视前方。

教法提示：① 翻掌分手；② 并步直立。

图 12-135

图 12-136

图 12-137

图 12-138

第三节　女子防身术

女子防身术是女生在受到不法侵害或可能要受到不法侵害时，为摆脱或反击歹徒进行防身自卫的一种防卫能力。自卫防身是将拳击、武术、摔跤、柔道、跆拳道、空手道、擒拿格斗等武术技击方法予以整合，以制服对方、保护自己为目的的专门技术。

一、女子防身术的技术动作

1. 基本姿势

侧身是女子自卫的基本姿势。

动作要领：两腿一前一后，屈膝，脚掌着地，两手握拳一前一后。见图 12-139。

图 12-139

2. 拳

女子防身术中的拳包括直拳、勾拳、劈拳和鞭拳。

（1）直拳：又称冲拳，指沿直线用拳攻击对方面部和胸部。见图 12-140。

（2）勾拳：又称抄拳，指沿直线或弧线从下方用拳面击打对方腹部、下颌等。见图 12-141。

（3）劈拳：由上往下，用拳外背棱或指棱攻击对方面部。见图 12-142。

（4）鞭拳：从左右以拳背攻击对方头部。见图 12-143。

图 12-140

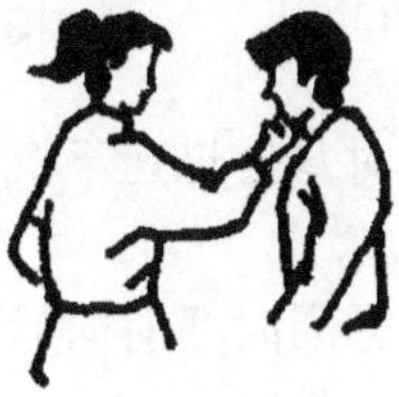
图 12-141

图 12-142

图 12-143

3. 手

在实战中，手可变成虎爪、撮钩、单指、双指、金剪指、金铲指、倒夹等手法，用来戳击对方眼睛、咽喉、腋下等部位。

4. 掌和爪

（1）被歹徒按压时，如手未被按压，可张开手掌，以掌根猛击对方鼻梁（图 12-144）。

也可在掌到对方面部后，张开五指用指甲贴面抓下（图 12-145）。

图 12-144

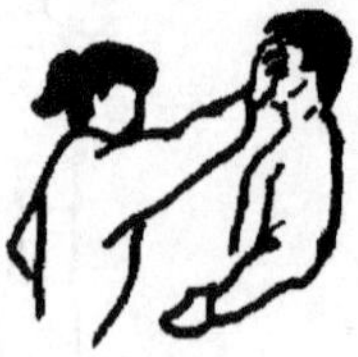
图 12-145

（2）被歹徒按压时，可用一指或两指叉对方眼睛。见图 12-146。

图 12-146

5. 肘

根据肘的生理构造特点，用肘攻击可分为顶肘、挑肘、横肘、砸肘、反手顶肘和反手横肘等。

（1）顶肘：肘部平抬，屈臂，肘尖向前，发力时蹬腿、送胯，同时另一手上臂向另一侧用力。见图 12-147。

（2）挑肘：前臂回收弯曲，肘尖由下向前上挑击。见图 12-148。

（3）横肘：横肘时借用蹬腿和转体的力量，上臂向前横移，用肘尖击打对方太阳穴、后脑、耳门、颈部和胸肋等部位。见图 12-149。

图 12-147

图 12-148

图 12-149

（4）砸肘：手臂上抬，肘尖朝前上方，砸击时身体迅速下沉，肘由上往下砸击。见图 12-150。

（5）反手顶肘：手臂略上抬，身体迅速下沉，同时两肘向后顶击，力达肘尖，攻击对方肋、腹部。见图 12-151。

（6）反手横肘：手臂平抬，蹬腿，身体旋转发力，同时手臂随旋转方向向后横向猛击，力达肘尖，攻击对方面部、太阳穴等部位。见图 12-152。

图 12-150

图 12-151

图 12-152

6. 膝

膝的力量较大，在近距离用膝攻击，可取得较好的效果。用膝攻击包括提膝和侧撞膝。

（1）提膝：提膝的要领是膝、腿上抬，动作要猛，并以双手拉住对方帮助发力。见图 12-153。

图 12-153

（2）侧撞膝：侧撞膝分为左、右侧撞膝。以左侧撞膝为例：左膝上抬，由左往右侧撞击，微转身，扭髋内转，两手抓住对方帮助发力。右侧撞膝动作相反。

7. 腿

腿法可分为屈伸性腿法和直摆性腿法。

（1）蹬腿：一腿支撑，一腿膝上抬，同时向前蹬出。蹬腿时要勾脚尖，力达脚跟，身体要稳，不可前俯后仰，蹬出后迅速收回。见图 12-154。

（2）弹腿：一腿支撑，一腿提膝，同时膝关节由屈到伸，向正前方弹踢出腿。弹腿时要脚背绷直，力达脚背。见图 12-155。

（3）踹腿：一腿支撑，一腿提膝稍上抬，上抬腿的脚尖外摆，向前下方猛力踹击，力达脚跟。见图 12-156。

图 12-154

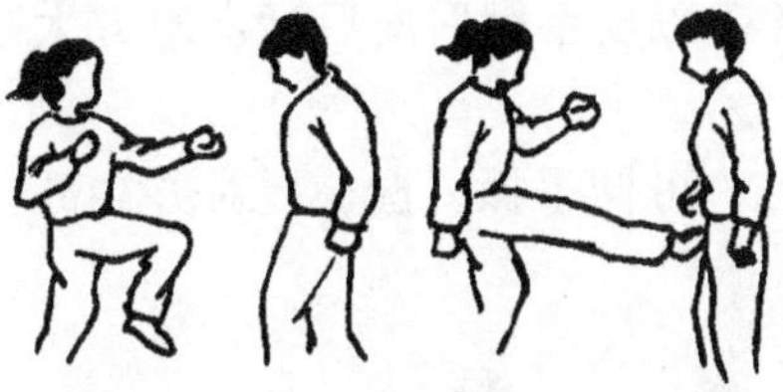
图 12-155

图 12-156

8. 头

头部虽然是要害薄弱部位，但前额是头部的坚实区域。用前额撞击对方的面部和胸部可取得较好的攻击效果。注意不要撞在对方前额，以免形成互伤。见图 12-157。

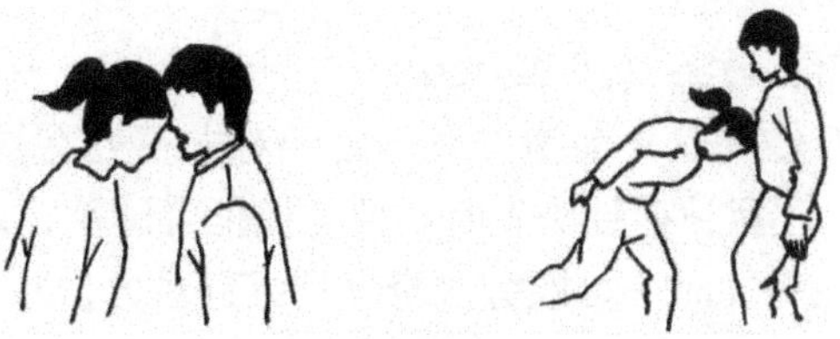
图 12-157

二、女子防身术的实战技法

1. 仰卧被按压时采用的技法（图 12-158）

（1）如对方是分跨站立于仰卧者之上，俯身面对仰卧者，仰卧者可抬腿蹬击其裆部。要抬起腰、臀，用全身的力量猛蹬。

（2）如对方手肘抬起，露出腋下，可用掌劈、捶、勾手等猛击其腋窝。

（3）直接戳击对方眼睛或咽喉。

（4）如果手臂未被压制住，对方的手臂又未形成阻隔，可用肘尖横击其太阳穴。

（5）如遇到强吻，可抓住机会咬掉对方鼻尖或舌尖。注意要趁对方负痛发愣的机会，连续进攻，不留给对方反击的机会。

（6）用前额撞击对方鼻梁。

图 12-158

2. 被抱住时采用的技法（图 12-159）

（1）正面被抱腰时，可用肘击对方太阳穴，戳对方眼睛和折对方手指。

（2）后腰被抱时，可抬手以反手横肘向后猛击对方太阳穴，反方向折对方手指，用脚跟猛跺对方脚面。

（3）连手臂后腰被抱时，可伸手抓、握、提对方裆部，或在对方弯腰时低头，猛仰头用后脑撞击对方面部。

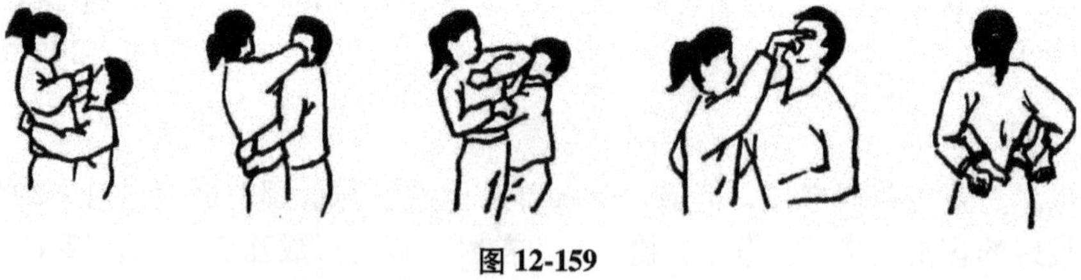

图 12-159

3. 头发被抓扯时采用的技法（图 12-160）

（1）被人从正前方抓住头发往前拖扯时，由于对方正处在被抓扯者对面，可趁势提高膝头，猛撞对方裆部。注意被抓扯头发时不要与抓扯者硬抗，以免头皮受伤。

（2）当侧立被人抓扯头发时，可顺势侧身弯腰靠近对方，掌击、抓握对方裆部。

图 12-160

思 考 题

1. 简述武术的起源与发展。
2. 简述武术的教育与锻炼价值。
3. 简述按照技术内容划分武术的种类。
4. 简述太极拳锻炼对人体生理的影响及你对太极拳哲学文化的思考。

第十三章　跆拳道

第一节　跆拳道运动的发展与健身价值

一、跆拳道概述

跆拳道是一项利用拳脚进行搏击的对抗性运动，属朝鲜民族传统的体育运动项目。主要内容包括品势、搏击（竞技与格斗）和功力检测三部分。现代的跆拳道被韩国人视为国技。“跆”指脚的蹬、踢；“拳”指用拳击打和防御；“道”即为练习的方法，同时也是一种精神的体现。跆拳道古称跆跟、花郎道、唐手道，是起源于古代朝鲜的民间武艺。1961 年 9 月韩国成立了唐手道协会，后更名为跆拳道协会，随后跆拳道成为韩国全国运动会正式比赛项目。1966 年，国际跆拳道联盟成立。1973 年 5 月在韩国汉城（即首尔）成立了世界跆拳道联合会，并在同年被国际体育联合会接纳为正式会员。1980 年，国际奥委会正式承认世界跆联。跆拳道现已成为奥运会的正式比赛项目，按公斤分级，共设 8 枚金牌。

中国跆拳道协会于 1995 年 8 月正式成立，同年 11 月，中国跆拳道协会被世界跆拳道联盟接纳为正式会员。1999 年 6 月 7 日，在加拿大埃特蒙多举行的世界跆拳道锦标赛上，我国女运动员王朔战胜多名跆拳道高手，获得了女子 55 公斤级冠军，这是我国运动员获得的第一个跆拳道世界冠军。2000 年悉尼奥运会上，我国运动员陈中获得了女子 67 公斤以上级冠军，这是我国选手获得的第一个跆拳道奥运会冠军。

二、跆拳道的主要特点

（1）以腿法为主，拳脚并用。

（2）以击破为测试功力的手段。

（3）强调气势，发声扬威。

（4）以刚制刚，直来直往。

（5）礼始礼终，培养良好的道德品质。

三、跆拳道的健身价值

（1）改善和增强体质。

（2）提高防身与自卫的能力。

（3）修身养性，培养优秀的意志品质。

（4）娱乐性和极高的观赏价值。

第二节　跆拳道的礼仪及考级方式

一、行“礼”

跆拳道的礼仪不只是形式上的表现，而是要发自内心地实施，并在长期练习和比赛中逐渐将礼仪的形式转化为心理动力。

1. 跆拳道敬“礼”动作的具体要求

面向对方直体站立，向前屈腰15°，头部前屈35°左右。此时，两手紧贴两腿，两脚跟并拢。

2. 关于跆拳道的“礼”

（1）“礼”是跆拳道深层内涵的精神表现。跆拳道练习虽然是以双方格斗的形式进行，但是不管怎样激烈，双方都是以提高技艺和磨炼意志品质为目的，双方都必须持有向对方表达敬意和学习的心理。因此，在练习或比赛前后都一定要向对方敬礼，即跆拳道运动始终倡导的“以礼始，以礼终”的尚武精神。

（2）“礼”是每一位跆拳道练习者都必须学会的。学习跆拳道是练习者对精神和身体的综合修炼，练习者在艰苦的磨炼中要想培养出理想的人格和体魄，想真正掌握防身自卫的本领，就必须在日常训练中接受“礼仪”的教育和熏陶。“礼仪”是跆拳道运动必不可少且十分重要的组成部分，一名训练有素的跆拳道练习者必须具备两个基本素质：一是要具备高超的技艺；二是要具备良好的礼节。

（3）在练习时，练习者要衣着整齐、头发整洁，对待教练、同伴要抱有恭敬、服从、谦虚、互助互学的心态。最常用的礼节是向教练、同伴敬礼。训练进入道馆后，先以端正姿势向国旗敬礼，然后依次向馆长、教练和长辈敬礼。运动过程中道服松开时，应停止运动，转身背向国旗、会旗和教练员及同伴整理道服，整理好后再转回原来方向。训练之余，无论是在学校或家中谈话、用餐、打电话、介绍他人，还是访问亲友，都要按一定的礼节进行，将礼仪意识带到日常生活、学习及工作的各个方面，培养克己礼让、宽厚待人和恭敬谦逊的道德品质。

二、考级

跆拳道训练分为十级九段，初学者必须接受一段时间的培训，考试及格后方可晋级，跆拳道十级——白带，九级——白黄带，八级——黄带，七级——黄绿带，六级——绿带，五级——绿蓝带，四级——蓝带，三级——蓝红带，二级——红带，一级——红黑带。学员至少需要用一年半的时间完成第一阶段的学习后，才能再接受更严格的训练，考试合格后，方可晋升到第二阶段——黑带（一段）。黑带共分九段，段数刺在黑带两端，以供识别。

第三节　跆拳道基本技术

一、基本步型

1. 准备姿势

两脚开立与肩同宽，身体自然直立，两脚尖略外展，两手握拳置于腹前，两手之间一拳间隔。

2. 马步

两脚开立，较肩宽，两脚尖平行或略内扣，挺胸直背，两腿屈膝半蹲，重心在两腿之间，收拳放于腰际，拳口朝上。

3. 弓步

弓步又称前屈立。前后脚分立，两脚相距一步半，前腿屈膝，后腿伸直，前腿膝关节与脚尖垂直，重心大部分在前脚上。左脚在前称左弓步，右脚在前称右弓步。

4. 三七步

腿膝关节略屈，重心在后脚上。

5. 前行步

前行步又称高前屈立，如走路姿势。两脚之间距离小于弓步，上体略前倾，前腿膝关节略屈，重心大部分落在前脚上。左脚在前称左前探步，右脚在前称右前探步。

6. 虚步

与后弓步相似，前脚掌点地，脚跟提起，重心落在后脚。

二、基本手型

1. 直拳

直拳也称平冲拳或正拳。将手的四指并拢握紧，拳面要平，拇指压贴于食指和中指的第二节上。使用正拳时用拳的正面的食指和中指部分击打。

2. 手刀

四指伸直，拇指弯曲靠近食指，用小指侧的掌外沿攻击对方。只限于在品势、防身术中使用。

三、准备姿势与步法

1. 准备姿势

准备姿势也称实战姿势或预备姿势，是竞赛跆拳道比赛中双方开始时的基本站立姿势。在立正站好的前提下，右腿向体后拉出宽于肩的距离，身体斜侧位，双手握拳放于体前。准备姿势应便于进攻和防守反击及步法的移动。

2. 步法

（1）上步

动作过程：右架准备姿势（以下简称“右架”）站立，以左脚为轴，右脚向前上一步，成为左架准备姿势（以下简称“左架”）；反之，左架亦然。见图 13-1。

要领：上步时通过转髋带动身体移动，两臂在侧自然上下移动，重心不要上下起伏过大，上步时贴着支撑腿移动。

（2）后撤步

动作过程：右架站立，左脚向后撤一步，成为左架准备姿势；反之，左架亦然。见图 13-2。

要领：膝关节夹紧，向前提膝，尽量走直线；支撑脚外旋 180°；髋关节往前顺，身体与大小腿成直线，严格注意击打的力点在正脚背，踝关节放松。横踢攻击的主要部位有头部、胸部、腹部和肋部。后撤步时重心保持平稳移动，通过向左拧腰转髋完成，两臂在体侧自然上下移动。

图 13-1　上步

图 13-2　后撤步

（3）前跃步

动作过程：右架站立，两脚同时向前跃进一步，保持右架准备姿势；反之，左架亦然。

要领：向前跃步时，重心不宜起伏过大，尽量使重心平稳移动，两脚稍离地即可。

（4）后跃步

动作过程：右架站立，两脚同时向后回撤一步，保持右架准备姿势；反之，左架亦然。

要领：向后回撤时，重心不宜起伏过大，尽量使重心平稳移动，两脚稍离地即可。

（5）原地换步

动作过程：右架站立，两脚原地前后交换，由右架换成左架；反之，左架亦然。

要领：重心不宜起伏过大，尽量使重心平稳移动，两脚稍离地即可。

（6）侧移步

动作过程：第一种步法是以前脚为轴，后脚向左（右）侧方向移动，用以改变与对手的站位方向；第二种步法是右架站立，右脚先向右（或向左）侧移动一步，随之左脚也迅速向右（或向左）侧移动一步。见图 13-3。

要领：一般是将身体重心移向前脚，以利于后脚进攻。

图 13-3　侧移步

（7）垫步

动作过程：右架站立，右脚向左脚内侧上步，同时左腿迅速抬起以便进攻和防守。见图 13-4。

要领：身体随步法同时移动，重心平稳。

图 13-4　垫步

3. 准备姿势和步法的练习步骤（图 13-5）

（1）练习左架准备姿势。

（2）练习右架准备姿势。
（3）练习左架与右架之间的原地换步。
（4）练习上步和后撤步（左架与右架都要练）。
（5）练习前跃步和后跃步。
（6）练习侧移步。
（7）练习连续向前跃步和连续向后跃步。
（8）练习连续侧移步。
（9）练习（左架）左脚先上步接左脚后撤步。
（10）练习（右架）右脚先上步接右脚后撤步。
（11）练习弹跳步和垫步。
（12）练习连续垫步。
（13）几种步法熟练后，可组合起来练习。
（14）结合教练员的手势或声音信号练习。
（15）两人配合练习，一人进攻步法，一人防守或反击步法。
（16）将两个以上的步法组合起来练习。
（17）结合横踢、后踢等动作练习步法。

图 13-5　准备姿势和步法

4. 训练中拿靶的方式（图 13-6）
（1）前踢握靶法：主要训练前踢。
（2）横踢握靶法：主要训练后横踢、前横踢、旋风踢等。
（3）高横踢握靶法：主要训练高后横踢、高前横踢和后旋踢等。
（4）劈腿握靶法：主要训练前腿下劈、后腿下劈。
（5）后踢握靶法：主要训练后踢、侧踢、推踢等。
（6）双飞握靶法：主要训练双飞踢。

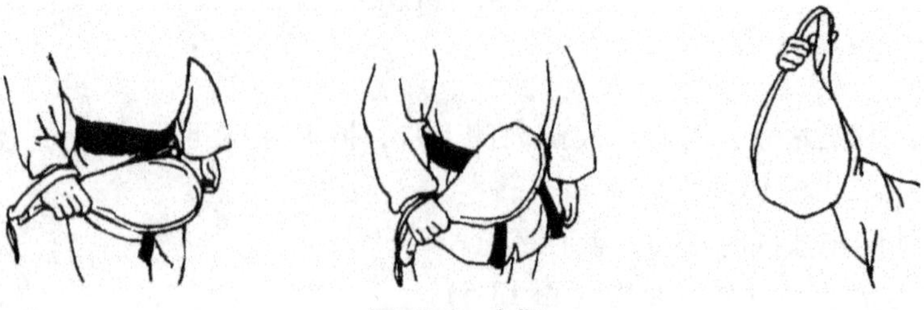

图 13-6　拿靶

四、基本腿法

1. 前踢

动作规格：以左势实战姿势开始。右脚向后蹬地，身体重心前移至左脚；右脚蹬地顺势屈膝提起，左脚以前脚掌为轴外旋约 90°，同时，右腿迅速以膝关节为轴伸膝、送髋、顶髋，把小腿快速向前踢出，力达脚尖或前脚掌。踢击目标后右腿迅速放松弹回，落回顺势站为右势实战姿势。见图 13-7。

动作要领：膝关节上提时大小腿折叠，膝关节夹紧，小腿和踝关节放松，有弹性。踢击时顺势往前送髋，高踢时往上送髋。

图 13-7　前踢

2. 横踢

动作规格：实战姿势开始。右脚蹬地，重心前移至左脚，右脚屈膝上提，两拳置于胸前；左脚前脚掌碾地，左脚脚后跟逆时针转动，髋关节左转，左膝外翻；随即左脚掌继续逆时针转至约 180°，右腿膝关节向前抬至水平状态，小腿快速向左前横向踢出；击打目标后迅速放松收回小腿。右腿落回原地成实战姿势。见图 13-8。

动作要领：膝关节夹紧，向前提膝，尽量走直线；支撑脚逆时针外旋 180°；髋关节往前顺，身体与大小腿成直线；严格注意击打的力点在正脚背；踝关节放松，击打的感觉是“面团”“鞭梢”。横踢攻击的主要部位有头部、胸部、腹部和肋部。

图 13-8　横踢

3. 后踢

动作规格：实战姿势开始。以左脚掌为轴外旋，向身体右后转体；右腿屈膝上提，大小腿加紧折叠，勾脚尖，眼睛透过肩峰看目标；送胯，右腿顺势向后平伸后踢出；击打后，右腿收小腿，自然落下成左架，然后后撤右腿，还原成准备姿势。见图 13-9。

动作要领：起腿时要贴紧支撑腿，转体动作与提膝动作同时进行，要注意重心放在支撑腿上；踢腿时用整个脚刀击打，力量由腰胯送出。

图 13-9　后踢

4. 下劈（劈腿）

图 13-10　下劈

动作规格：实战姿势开始。右脚蹬地，重心前移至左脚。同时，右腿以髋关节为轴屈膝上提，两手握拳置于胸前；随即充分送髋，上提膝关节至胸部，右小腿以膝关节为轴向上伸直，将右腿直举于体前，右脚过头。然后向下以右脚后跟（或脚掌）为力点劈击，放松收腿成实战姿势。见图 13-10。

动作要领：腿尽量往高、往头后举，要向上送髋，重心往高起；脚放松往前落，落地要有控制；起腿要快速、果断；踝关节要放松。劈腿的主要攻击部位有头项、脸部和锁骨。

5. 后旋踢（简称后旋）

动作规格：实战姿势开始。两脚以两脚掌为轴均内旋约 180°，身体右转约 90°，两拳置于胸前。上体右转，与双腿拧成一定角度。右脚蹬地将蹬地的力量与上体拧转的力量合在一起，将右腿向后上以髋关节为轴直腿摆起，右腿继续向右后旋摆鞭打，同时上体向右转，带动右腿弧形摆至身体右侧，右腿屈膝回收；右脚落至右后成实战姿势。见图 13-11。

动作要领：转身、旋转、踢腿连贯进行，一气呵成，中间没有停顿；击打点应在正前方，呈水平弧线；屈膝起腿的旋转速度要快；重心在原地旋转 360°。后旋腿攻击的主要部位为头部。

图 13-11　后旋踢

6. 侧踢

动作规格：实战姿势开始。右脚蹬地，重心移至左脚。同时，右腿以髋关节为轴屈膝上提，两手握拳置于胸前；随即充分送髋，上提膝关节至胸部，左脚以前脚掌为轴外旋约 90°，同时，右腿迅速以膝关节为轴伸膝、送髋、顶髋，把小腿快速向前蹬出，力达脚跟。蹬击目标后右腿迅速放松弹回，落回原地仍成左势实战姿势。见图 13-12。

动作要领：提膝后尽量收紧膝关节；重心往前移，利用身体的重量为力量；推的时候腿往前伸展、送髋；推的路线水平往前。推踢的攻击目标是腹部。

图 13-12　侧踢

7. 双飞踢

动作规格：实战姿势开始。攻方先用右横踢攻击对方左肋部，同时，左脚蹬地起跳，身体腾空右转，腾空高度在膝关节以上，但不宜过高；左脚起跳后在空中用左横踢迅速踢击对方胸部或腹部；左右脚交换，右脚落地支撑，左脚横踢目标后迅速前落，成左势实战姿势。见图 13-13。

动作要领：右腿横踢目标的同时，左脚蹬地跳起；左脚起腿击打目标后迅速右转换腿再次横踢目标；两腿在空中交换，右脚先落地。

图 13-13　双飞踢

第四节　跆拳道基本战术

一、压迫式强攻战术

这是一种先发制人的主动进攻，是一种有计划有准备的战术行动。在比赛开始后就猛烈进攻，连续使用技术，借以扰乱和破坏对方的心理平衡、战术准备和距离感，使对手忙于防守，疲于招架，消耗对手大量体力，这样能够在短时间内取得胜利或掌握场上主动权。

这种战术的优点是直接掌握主动权，迫使对方只能招架，没有反攻的机会。这种战术的缺点是使自己的体力消耗得较快，容易露出破绽或是被对手用以逸待劳的战术克制。

运用这种战术的较好时机：力量、速度、耐力素质比较好，但技术不如对方时；身体素质好，技术比较全面，但比赛经验不如对方时；对方的近战能力比较差时；对方的心理素质比较差时。

二、引诱式进攻战术

这种战术是跆拳道比赛中最常用的基本战术之一，它是指发挥假动作与真动作联合使用的方法，迷惑对手，借机找出对方漏洞依次得分。如推踢的假动作加后横踢的进攻或反击腿法，在使用踢腿时，可亦真亦假，如对方后撤，可以接后横踢进攻，如对方不后撤，可直接变为高腿的前横踢。在跆拳道训练和比赛中，一般采用的引诱式进攻是上下动作结合、左右动作结合、前后动作结合，多采用声东击西、指上打下的战术，引诱对手“上当”。

运用这种战术的时机：对手体力好，但技术不太全面，战术不灵活时，可以使用这种战术；在双方选手实力相当，试探对方长处时，也可以应用此战术，以克其长。

三、防守反击战术

当对方正面进攻时，采取快速地向前、后、左、右方向移动步法，避其锋芒，寻找机会制敌。主动进攻时身体的一些部位必定会产生防守空隙和薄弱环节，此时实施防守反击战术，即在防守的同时或之后立即进行反击，可得分。这就是所谓的“以静制动”。这种战术对于性情急躁，缺乏比赛经验，喜欢猛打猛攻的对手很有效。

四、克制对手长处的战术

每一个运动员都有自己擅长的技术，如有的运动员擅长使用横踢进攻，有的运动员擅长用劈腿阻击。在比赛中运动员要能及时发现对方使用的战术，然后及时调整自己的战术，采用相应的方法，使其不能正确发挥其特长技术，并克制对方短处，就必定能取得胜利。采用这种战术的方法有：第一，克制善于打贴身战的对手，可始终与其拉开距离，可用侧推踢蹬击等技术；第二，克制擅长主动进攻的对手，可采用自己先进攻，迫使对方防守的战术；第三，克制擅长防守反击的对手，可引诱对方主动进攻，自己进攻时使用不易被反击的战术。

五、边角战术

这是在比赛中利用场地优势进行得分的一种战术。比如在比赛中，对手处于防守状态时，利用警戒线给对方制造陷阱，迫使对方犯规而失分。比如引诱对手到场地边缘，然后利用猛攻迫使其出界，使对方犯规或被扣分。

六、心理战术

比赛开始前，利用情绪、动作和表情等威慑对手，比赛中用气势压倒对手或利用规则允许的各种手段干扰对方情绪，给对方造成心理负担，使对手技能战术发挥失常，挫败对方的锐气，发挥自己的优势，在气势上战胜对方。

思考题

1. 练习跆拳道要遵循哪些基本礼仪？
2. 简述跆拳道运动的基本腿法。

第十四章 游 泳

游泳是远古以来人们在同大自然的抗争和生产生活中形成的一种生存技能，是凭借人自身的动作和与水的相互作用力，在水里进行的一种有意识的运动。人们在生产劳动的过程中，积累了在水中移动的技能，逐渐学会了漂浮、游泳和潜水，并使游泳活动得到发展，游泳的技能不断得到完善。

游泳分为实用游泳和竞技游泳两大类，实用游泳分为侧泳、潜泳、反蛙泳、踩水、救护、武装泅渡；竞技游泳分为蛙泳、自由泳、仰泳、蝶泳和四种姿势的混合泳。在1896年第一届现代奥林匹克运动会上，竞技游泳被列为正式比赛项目。

除奥运会游泳比赛外，世界游泳锦标赛和世界杯游泳比赛是世界性的大型游泳竞赛。世界游泳锦标赛和世界杯游泳比赛都是两年一届，由国际游联举办。

第一节 熟悉水性

熟悉水性是学习各种游泳姿势前一个重要的过渡性练习，是游泳教学中的一个重要环节和组成部分，也是初学者入门必经的阶段。熟悉水性的目的主要是体会和了解水的特性，逐步适应水的环境，消除怕水心理，掌握游泳中一些最基本的动作，如呼吸、漂浮、滑行、踩水等，为以后学习和掌握各种游泳技术打下基础。

一、水中行走

水中行走是学习游泳的第一个步骤。在齐腰深的水里，做各种方向的行走或跑的练习，可用两手拨水维持身体平衡或加快走、跑、跳、转身、跃起、下沉等的速度。熟悉后可在水中做追逐或走、跑、接力等游戏。

二、水中憋气

憋气练习主要是体会水的压力，掌握水中憋气的规律。练习时，可以扶池壁或在同伴帮助下手拉手进行。在齐胸深的水中将头部撩湿，深吸一口气，屈膝下蹲，将头部浸没在水里，憋一口气，再用口慢慢将气呼出，然后站立，头露出水面吸气。见图 14-1。

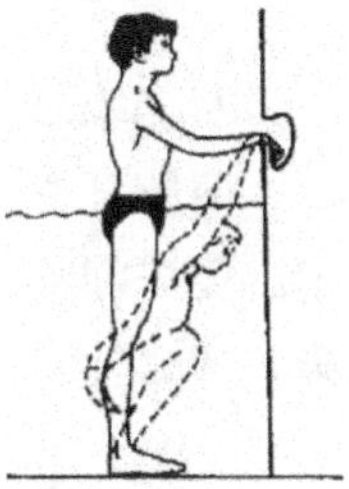

图 14-1 憋气

开始练习时，可以扶池壁或在同伴帮助下手拉手进行，憋气时间可以逐渐延长，眼睛可以逐渐张开。睁眼练习可以作为重点练习内容。

三、水中呼吸

游泳时的水中呼吸与陆上习惯用鼻呼吸有所不同。水中呼吸应是用鼻和嘴在水中慢慢呼气，抬头即将露出水面时，嘴使劲将最后的气呼出，接着用嘴快速深吸一口气，低头浸入水中稍憋气，再慢呼气，以此类推反复进行，直到逐步适应水中的呼吸方法。见图 14-2。

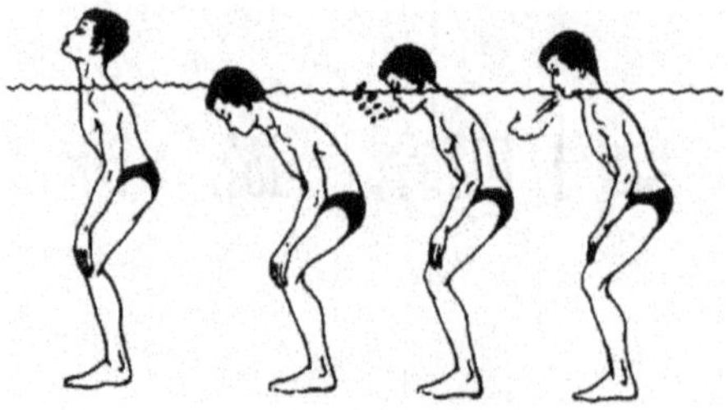

图 14-2 水中呼吸

呼吸的节奏是呼气—吸气—憋气。周而复始，如此循环，不论是快做或慢做，都要保持这个完整的过程，不可打乱。

开始练习可由两人手拉手轮流进行，逐步过渡到单人练习。初学者可先学水中憋气，水面上换气，然后学呼吸方法。

四、漂浮、滑行与站立

练习漂浮、滑行与站立主要是让练习者体会水的浮力和学习在水中控制身体，以便掌握在水中漂浮和滑行的身体姿势，为学习各种游泳姿势打下良好的基础。

1. 抱膝漂浮

原地站在齐腰或齐胸深的水中，深吸一口气后下蹲，然后低头，两手抱膝，成低头团身抱膝姿势，使身体漂浮在水中。用嘴和鼻子慢慢吐气，到快吐完时，两臂前伸，手掌向下压水抬头，同时两腿向下伸直。两脚踩住池底时站立，两手于体侧压水保持身体平衡。见图 14-3。

图 14-3 抱膝漂浮

2. 展体漂浮

两脚开立，两臂放松向前伸出，深吸气后身体前倒并低头，两脚轻松蹬离池底，成俯卧姿势漂浮于水中，两臂两腿自然伸直。站立时，收腹、收腿，两臂向下按压水并抬头，两腿伸直，脚触池底站立。见图 14-4。

图 14-4 展体漂浮

3. 蹬池边滑行

背向池壁，一手拉水槽，一臂前伸，同时一脚站立，一脚贴池壁。深吸气后低头，上体在水中前倾成俯卧姿势，大小腿尽量收紧，臀部靠近池壁，两脚掌贴住池壁。与此同时，拉水槽的一臂向前伸出与前伸臂并拢，头夹于两臂之间，这时两脚用力蹬离池壁，成流线形向前滑行。见图 14-5。

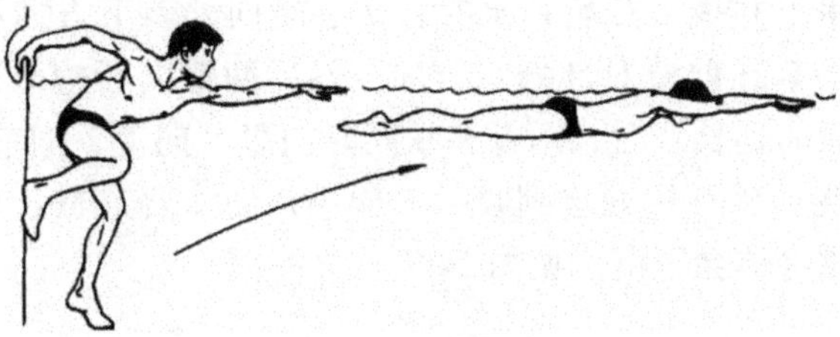

图 14-5 蹬池边滑行

第二节 游泳基本技术

一、蛙泳

蛙泳是模拟青蛙游泳的一种姿势，是最古老也是实用性最强的一种泳式。它的特点是动作较缓慢、省力，呼吸方便，易于观察方向，并能充分利用水的浮力使人体长时间漂游，因此很受游泳爱好者喜爱。

1. 基本技术

（1）身体姿势

蛙泳时，身体应俯卧在水中，在完成臂和腿的动作后几乎成水平姿势，两臂向前伸直，两腿并拢向后伸直，脸部浸入水中，后脑部始终露出水面。腰腹平直，使身体保持一定的紧张程度向前滑行。

（2）腿部动作

蛙泳腿部动作起主要推进作用，包括收腿、翻脚、蹬夹腿与滑行 4 个阶段。见图 14-6。

① 收腿、翻脚：两膝弯曲并自然分开与肩同宽，小腿回收两脚放松向外翻脚，勾脚尖，脚跟靠近臀部。

② 蹬夹腿、滑行：翻脚后，腰腹与大腿同时发力，以小腿和脚尖急速向后做蹬夹动

作，蹬夹腿要形成一个鞭打动作过程。动作完成后，两腿和两脚并拢夹紧并向前滑行，完成一个动作周期。

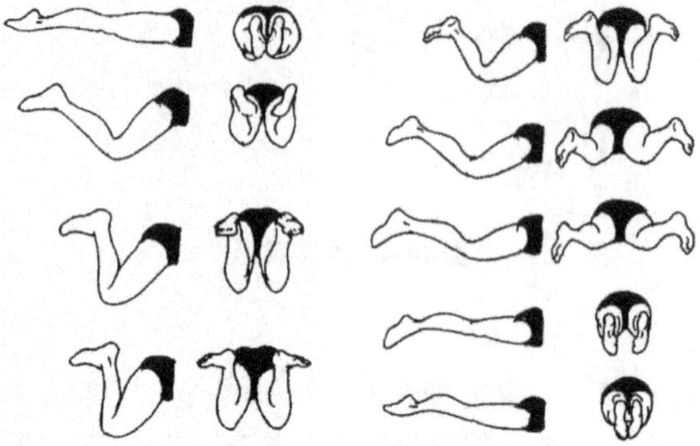

图 14-6 腿部动作

（3）手臂动作

两臂自然伸直，手指并拢。开始划水时，掌心转向外斜下方并稍压手腕，两手分开向侧斜下方划水，使手掌和前臂对准划水方向；然后两臂向后抱水，划水时肘关节保持较高的部位，当划至肩的延长线时，两臂和掌同时向里、向上、向前收手至下颌部下方，接着两手向前伸直并拢。从开始划水到收手、伸手，动作要连贯、加速，特别是收手时不能有停顿现象，否则身体会下沉。见图 14-7。

图 14-7 手臂动作

（4）呼吸动作及腿、臂与呼吸的配合

蛙泳呼吸与其他姿势呼吸相同，都是用嘴吸气，用嘴、鼻呼气。

在一个动作周期里，一般是采用 1 次呼吸、1 次划臂、1 次蹬腿的配合技术。即当两臂划水至 1/2 处时抬头吸气，划水将要结束时开始收腿；收手结束收腿亦结束，伸手的同时低头用力蹬夹水；蹬水后，手腿伸直并拢滑行，同时呼气，然后做下一个动作。此配合时机适用于初学者。见图 14-8。

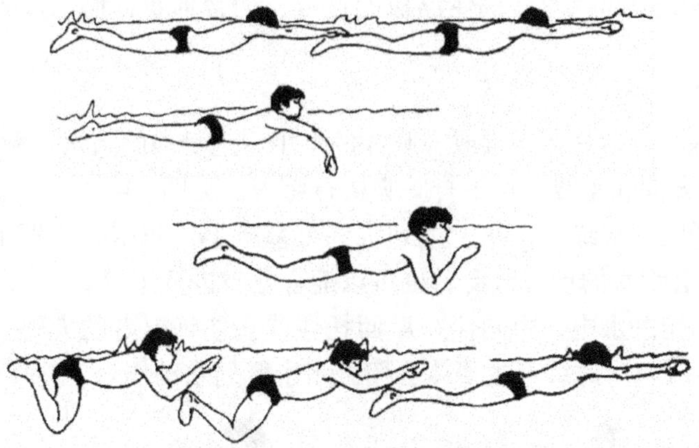

图 14-8　腿、臂与呼吸的配合

2. 练习方法

（1）腿部动作练习

此练习可分 5 个层次进行：

① 陆上坐撑模仿蛙泳腿动作。见图 14-9。

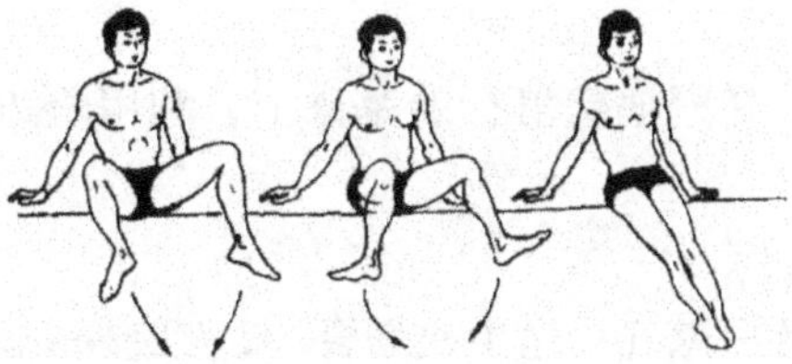

图 14-9　陆上坐撑练习

② 俯卧凳上做收、翻、蹬夹、停的动作。见图 14-10。

③ 水中固定支撑做蛙泳腿练习。手扶支撑物（池边或池槽），身体平卧浮于水中，髋关节展开，两腿放松伸直并拢，做收、翻、蹬夹、停的动作，先分解再连贯起来做。这个练习也可以做双人练习。见图 14-11。

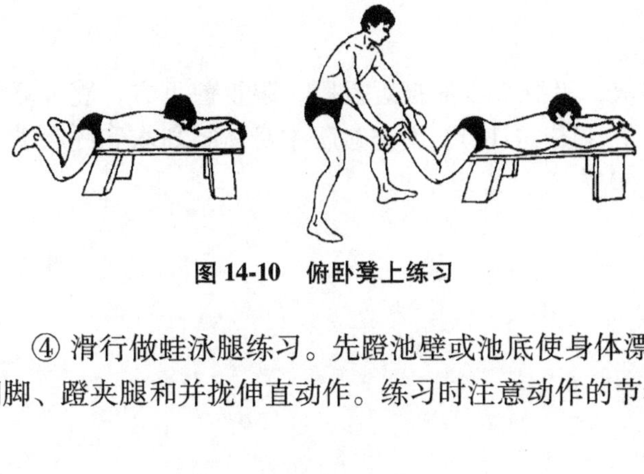

图 14-10　俯卧凳上练习

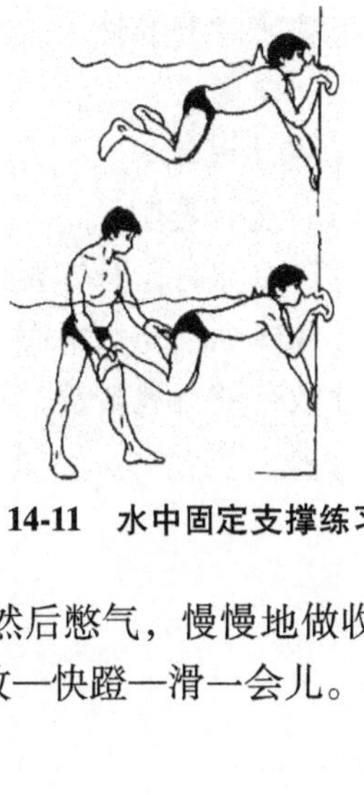

图 14-11　水中固定支撑练习

④ 滑行做蛙泳腿练习。先蹬池壁或池底使身体漂起滑行，然后憋气，慢慢地做收腿、翻脚、蹬夹腿和并拢伸直动作。练习时注意动作的节奏，即慢放—快蹬—滑一会儿。

⑤ 游动支撑做蛙泳腿练习。扶住浮板的近端，两臂伸直，面部浸入水中，做蛙泳蹬腿动作。

（2）臂的练习

① 站立划臂练习。站立在齐腰或齐胸深的水中，上身前倾入水，做蛙泳臂划水练习。主要体会臂划水的方向和路线。可配合呼吸进行练习。见图 14-12。

② 走动时做臂的划水练习。在上述划水练习基础上，利用向后划水的推进力，边划手边向前走动。体会划水的动作节奏，也可以配合呼吸进行练习。

③ 双人练习。俯卧水中，由同伴在后面托住或夹住练习者的大腿，使其浮起，做蛙泳划臂练习（图 14-13）。此练习主要体会俯卧水中臂划水动作。

图 14-12　站立划臂练习

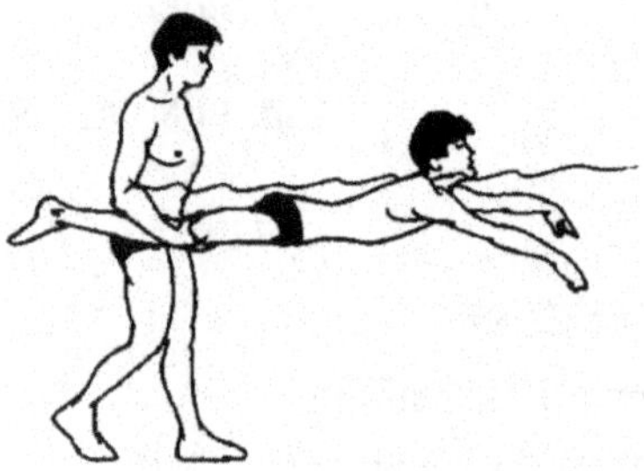

图 14-13　双人练习

④ 滑行后臂划水练习。在蹬池壁滑行的基础上，利用蹬边后滑行速度，做憋气臂划水练习。

（3）腿、臂与呼吸配合练习

① 分解配合练习。滑行后憋气，做 1 次划臂、2 次蹬腿的分解练习。

② 腿、臂配合练习。吸足气后憋气使身体浮起，连续做几次腿、臂配合动作练习。此练习主要体会配合的时机。

③ 逐步增加呼吸次数的练习。开始练习时，可以做 3~5 次腿臂配合、呼吸 1 次的练习，然后过渡到 2~4 次腿臂配合、呼吸 1 次的练习，最后过渡到 1 次腿臂配合、呼吸 1 次的完整配合练习。

④ 逐渐增加游距练习。在初步掌握蛙泳配合技术之后，应逐渐增加游泳距离，以巩固和提高所掌握的技术。练习中要注意动作的节奏、肌肉放松和用力交替进行。

二、自由泳

1. 基本技术

（1）身体姿势

游自由泳时，身体要保持水平姿势，平卧，水面接近发际，眼视前下方，髋部略低于肩，身体纵轴与水平面成很小的锐角（图 14-14）。游进过程中身体随划水和呼吸动作绕纵轴做有节奏地转动，转动角度在 40°左右。

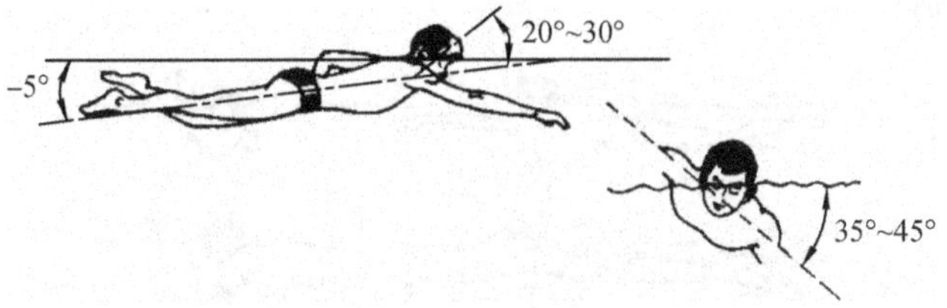

图 14-14　身体姿势

（2）腿部动作

自由泳腿部动作主要起着维持身体平衡、保持身体位置和配合划水的作用。打水时，两腿上下交替动作，两脚稍内扣，踝关节放松，以髋关节为支点发力，传至大腿带动小腿和脚，膝关节自然屈伸动作，做鞭状打水，动作应有力并有弹性。见图 14-15。

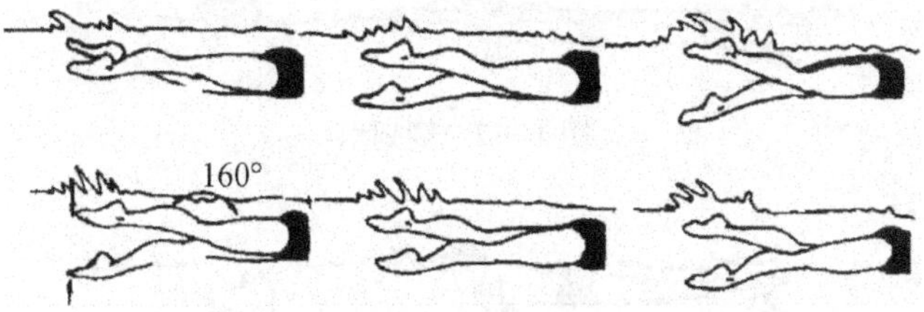

图 14-15　腿部动作

（3）臂部动作

自由泳臂划水是推动身体前进的主要动力。它包括入水、抱水、划水、推水、出水与空中移臂等几个阶段。

① 入水与抱水：手在肩前入水，入水时手指自然并拢，指尖先行；入水后肩随之前伸，同时屈腕、提肘向后抱水。见图 14-16。

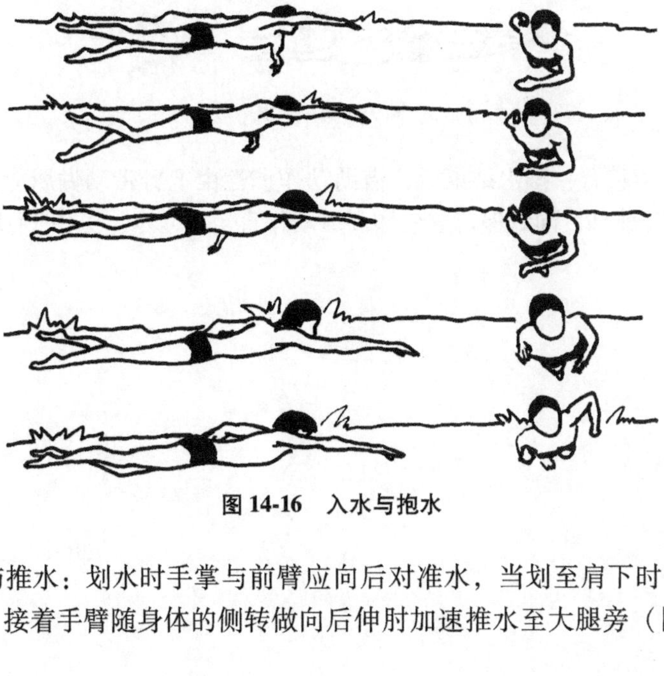

图 14-16　入水与抱水

② 臂划水与推水：划水时手掌与前臂应向后对准水，当划至肩下时，肘关节弯曲最大（图 14-17）；接着手臂随身体的侧转做向后伸肘加速推水至大腿旁（图 14-18）。整个

划水过程呈“S”形路线。

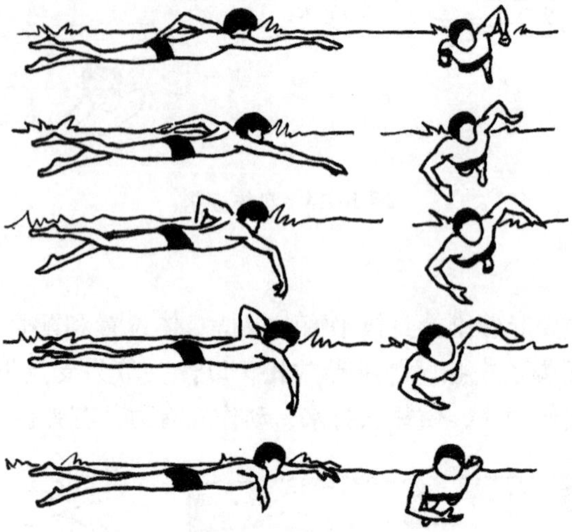

图 14-17　臂划水

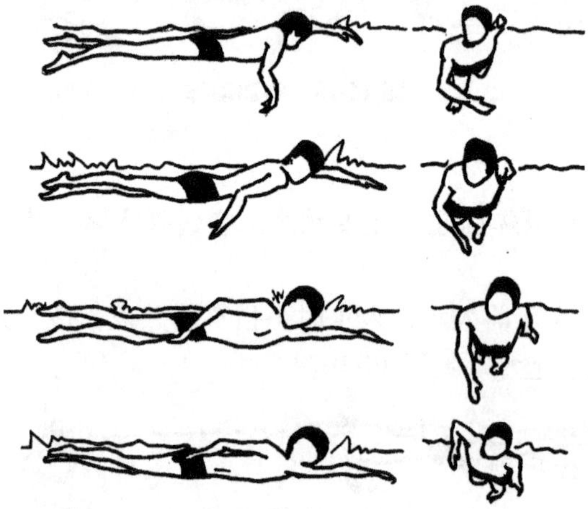

图 14-18　推水

③ 出水与空中移臂：推水结束后，借助动作惯性由上臂带动做屈肘向上提拉的出水动作，并立即摆臂前移，同时保持放松和高肘动作直至手入水。见图 14-19。

图 14-19　出水与空中移臂

④ 两臂配合时机：因人而异，对初学者来说，一般是当一臂开始入水时，另一臂划水到肩前下方，这叫前交叉配合，易为初学者掌握。

（4）呼吸动作及臂与呼吸的配合

自由泳时，一般在两臂各划水 1 次的过程中完成 1 次完整的呼吸，即吸气、憋气和呼气。吸气时肩和头应向一侧转动。以配合右臂动作为例：当右手划至肩下方时，头部开始向右侧转动并慢呼气，随着推水与提肘出水动作的进行，迅速转头张嘴换气，手出水时完成吸气动作，然后憋气将头转正。

（5）臂、腿配合动作

对初学者来说，自由泳的臂腿配合方式采用 2∶6 形式，即两臂交替划水 1 次的同时打 6 次腿。自由泳完整配合技术见图 14-16~图 14-19。

2. 练习方法

（1）腿的练习

① 扶池底或水槽的打腿练习。两臂支撑浅水池底或水槽，身体成水平的俯卧姿势，两腿做打腿练习。见图 14-20。

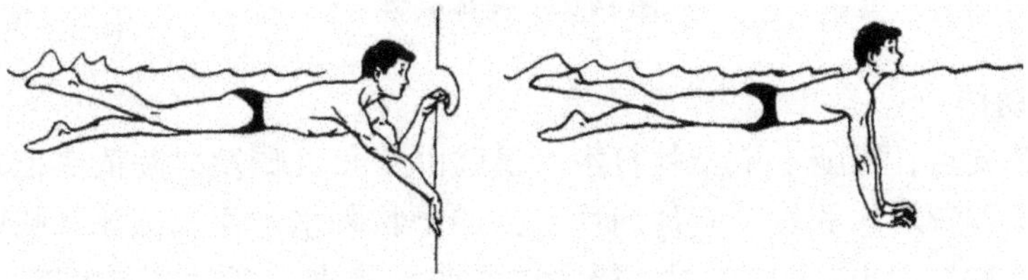

图 14-20　固定打腿练习

② 滑行打腿练习。将头夹在两臂中间，身体较平地俯卧水中进行打腿练习。见图 14-21。

图 14-21　滑行打腿练习

（2）臂的练习

① 陆上练习。两腿并立，上体前倾，做臂划水模仿练习。先做单臂模仿，再做双臂配合练习。

② 在水中走动中的臂划水练习。在原地练习的基础上，利用臂划水的推动力，推动身体向前走动。此练习主要体会臂向后划水时的感觉，一旦掌握这种动作，可以配合呼吸进行练习。

③ 双人练习。由同伴扶住练习者的双腿，使练习者俯卧于水面做划水练习。在此基础上可以配合呼吸进行练习。划臂练习主要体会手掌与前臂对水的压力感，整个划水阶段是一个逐渐加速的过程。同时要注意空中移臂与入水时肩部肌肉要自然、放松。

（3）完整配合动作练习

① 陆上模仿练习。先俯卧凳上做臂、腿配合模仿练习，再加上呼吸动作。

② 水中边蹬边滑行打腿，先一臂前伸，另一臂划水，然后两臂交叉配合划水。

③ 同上练习，由划臂数次、呼吸 1 次，逐渐过渡到两臂各划 1 次、呼吸 1 次练习，然后逐渐加长游距。

三、仰泳

1. 基本技术

（1）身体姿势

游仰泳时，身体应自然伸展，接近水平仰卧于水面，头部略高于腰和腿部，身体纵轴与水平面构成一个较小的锐角（图 14-22）。游仰泳时，腰部应该保持适当的紧张，身体应随划水和打腿动作绕纵轴自然转动，头部保持不动。

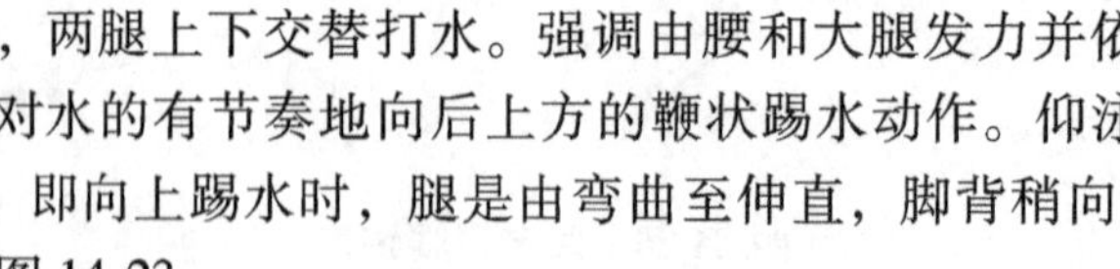

图 14-22　身体姿势

（2）腿的动作

以髋关节为支点，两腿上下交替打水。强调由腰和大腿发力并依次把力传递到膝和踝关节，形成用脚背对水的有节奏地向后上方的鞭状踢水动作。仰泳两腿的整个配合过程就是“下压上踢”，即向上踢水时，腿是由弯曲至伸直，脚背稍向内旋；向下压水时，腿几乎是伸直的。见图 14-23。

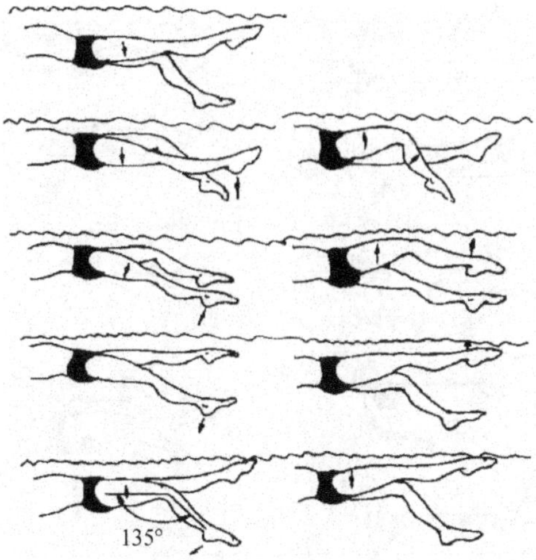

图 14-23 腿的动作

（3）臂的动作

① 入水与划臂。开始时，划水臂在同侧肩延长线的远端入水，臂直掌平，小指领先入水，入水后充分伸肩并屈腕做抱水动作，同时向下、向后用力划水，划水时掌心要对准划水的方向；当划至半程时，手掌赶上肘部，肘角弯屈至 90°左右，此时用最大力量向大腿下方快速推水。见图 14-24①~⑧。

② 出水与移臂。臂出水动作紧接在加速推水之后进行，借助推水和同侧肩的内旋动作产生的惯性，使臂顺利出水面并随即直臂做垂直于水面的移臂动作（图 14-24⑨~⑬），空中移臂时动作要轻松自如。

③ 两臂配合时机。当一臂入水时，另一臂划水处于推水结束阶段（图 14-24⑧），两臂几乎处在相对的位置上，动作要连贯。在仰泳划水的全程中，当一臂在水下划水时，另一臂在空中以较快的速度向前移动。这样能保持动作的连贯和速度的均匀，而且还有助于划水力量的加强。

（4）腿、臂与呼吸的配合

臂与呼吸的配合是两臂各划 1 次、呼吸 1 次。仰泳的呼吸规律是当左（右）臂前移时吸气，接着憋气；右（左）臂前移时呼气。两臂和两腿的配合与自由泳一样，是 6∶2∶1，即在一个动作周期内腿打水 6 次、臂划水 2 次、呼吸 1 次。仰泳完整配合技术见图 14-24。

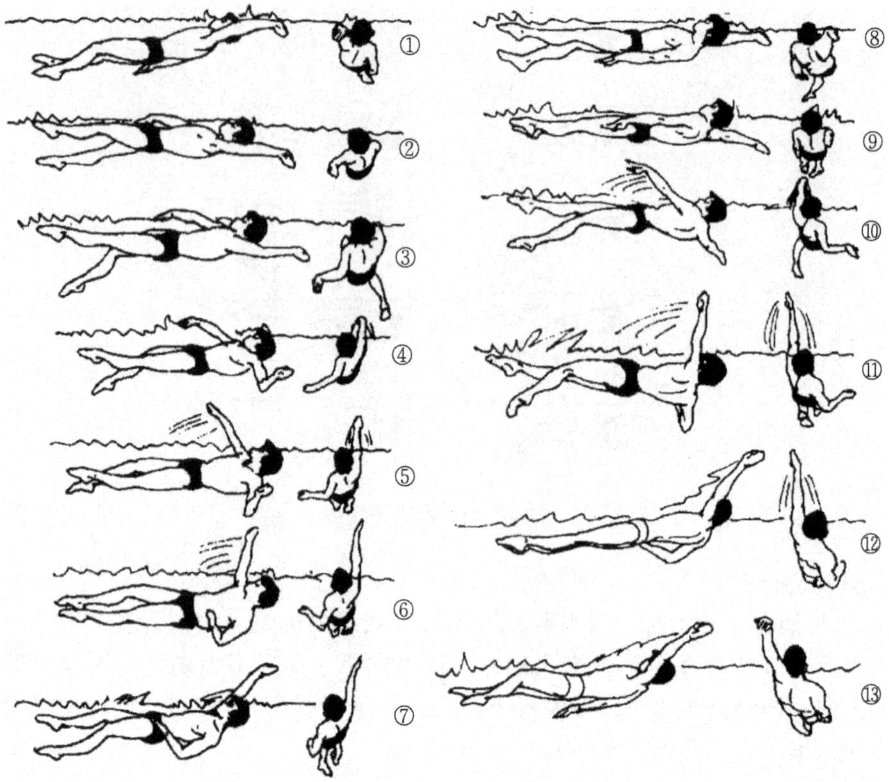

图 14-24　腿、臂与呼吸的配合

2. 练习方法

（1）腿的练习

① 两手反推池槽或后撑池底，身体仰卧浮于水中，髋关节展开，两腿伸直稍内旋，做上下交替鞭状打水动作。要求屈腿后上屈，直腿下压，膝和脚不能露出水面。

② 仰卧漂浮。头和上体慢慢后仰，由同伴托住头，做仰卧漂浮练习，要求展髋，头躺在水中。见图 14-25。

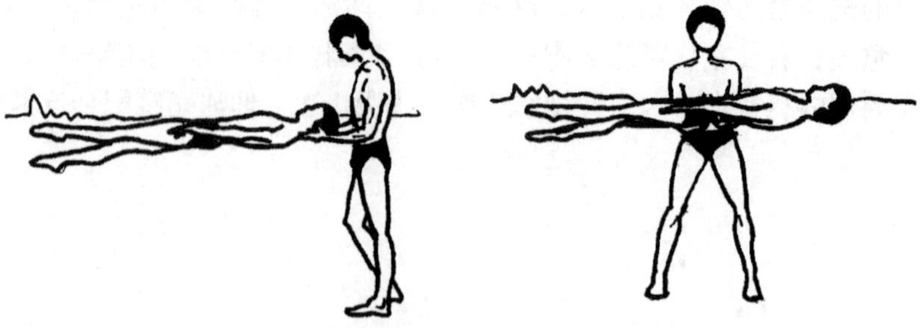

图 14-25　仰卧漂浮

③ 仰卧滑行打水。同上练习，滑行后两腿交替上下踢水，两手可在体侧做拨水动作。见图 14-26。

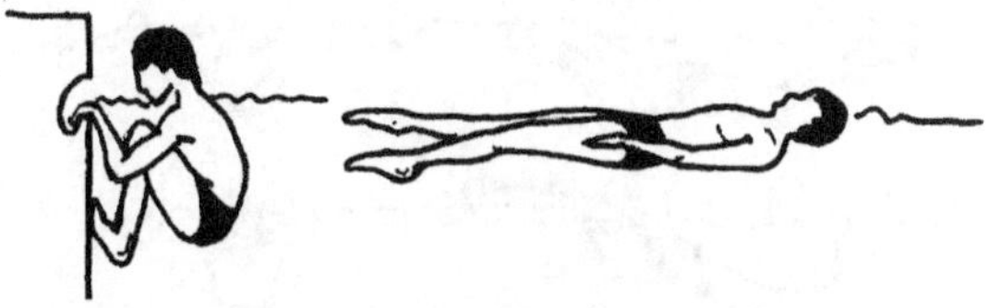

图 14-26　仰卧滑行打水

④ 同上练习，要求单臂或双臂前伸进行打水练习。见图 14-27。

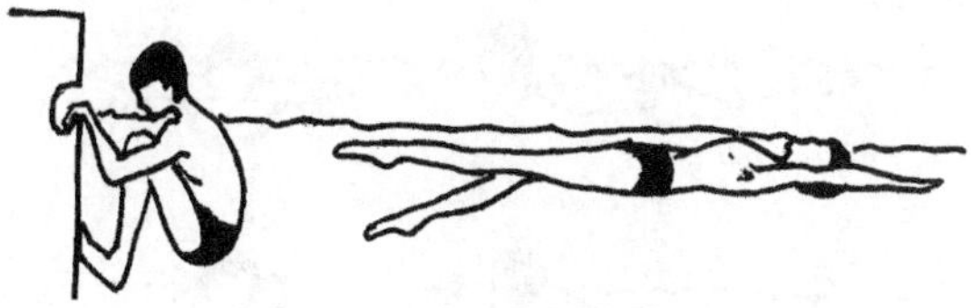

图 14-27　双臂前伸打水

（2）臂部动作练习

① 原地站立或仰卧凳上，模仿仰泳臂划水动作练习。见图 14-28。

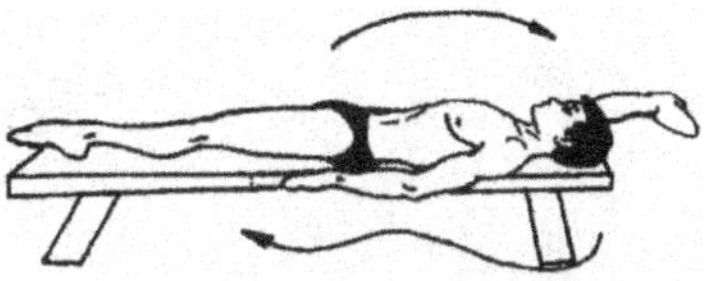

图 14-28　模仿臂划水练习

② 仰卧水中，由同伴抱住双腿，做仰泳臂划水动作练习。见图 14-29。

③ 在水中仰卧打腿的基础上，配合两臂做仰泳划水练习。

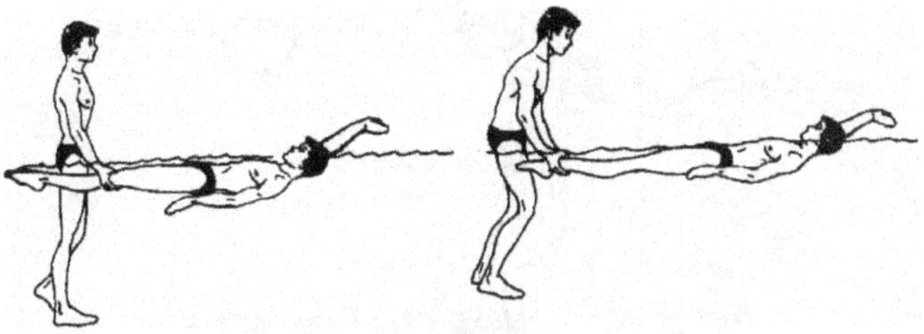

图 14-29　仰泳臂划水练习

（3）完整配合动作练习

① 在以上练习的基础上，配合呼吸进行练习，呼吸应配合两臂的动作节奏，即一臂划水时呼气，另一臂划水时吸气。

② 逐渐加长游距和改进技术的练习。

四、蝶泳

蝶泳又称为“海豚泳”，因人体在游进中腿部动作类似海豚而得名。游蝶泳时，身体俯卧水中，两臂划水后同时在空中前摆，臂部动作可分为入水、抱水、划水、出水和空中移臂 5 个动作。腿部动作是两腿自然并拢，从腰部发力，带动脊柱、髋、膝、踝各关节相继屈伸，做打水动作。蝶泳的臂、腿和呼吸的配合，通常是划水 1 次、腿打水 2 次、呼吸 1 次。蝶泳对身体的协调性及臂、腿、腰、腹的肌肉力量有较高的要求，因此是最难以掌握的一种游泳姿势。见图 14-30。

图 14-30　蝶泳

第三节　游泳的注意事项

一、什么情况下不宜游泳

（1）凡患有精神病、癫痫、严重心脏病、皮肤病、中耳炎、肝炎、鼻窦炎、急性结膜炎及其他各种传染病的人，均不宜游泳。

（2）激烈运动后、饭后或酒后，不宜立即下水游泳。

（3）暴风雨期间不宜在天然游泳场所游泳。

（4）对水域及地形不了解的江河湖海，不宜游泳。

二、游泳的卫生知识

（1）先进行体检，经医生同意，方可下水游泳。

（2）下水前，做好准备活动，使身体各器官适应运动的需要。

（3）游泳池要及时对池水消毒和净化。游泳者要注意公共卫生，淋浴后再下水，不得在水中吐痰或小便。

（4）出现头晕、恶心、冷战等异常情况时，应及时出水。

（5）在天然浴场游泳，必须选择水质干净的地方，注意游泳安全和水域卫生。

（6）游泳中常发生的几种现象。

① 呛水：呛水是水从鼻腔或口腔吸入呼吸道而引起的。呛水会造成呼吸困难。喉和气管受到水的刺激，严重时会发生反射性痉挛，使呼吸道梗塞，引起窒息。发生呛水时不要紧张，将头露出水面，把水从鼻和口里咳出，就能迅速恢复正常呼吸。

② 耳朵进水：耳朵进水后，应立即处理。在水中时，可用“吸引法”，即将头偏向有水的耳朵一侧，用手掌压紧有水的耳朵，屏住呼吸，然后迅速提起手掌，反复做几次，即可将水吸出来。在岸上可用“跳空法”，即将头偏向有水的耳朵一侧，以同侧的腿支撑身体，连续跳几次，使水从耳内流出。

③ 抽筋：在游泳中，身体各部位肌肉都可能发生抽筋现象。常发生抽筋部位的有小腿、大腿、手指和脚趾，其主要原因是游泳时间过久，身体受到寒冷刺激，过度疲劳，精神紧张，身体缺盐，过多重复一种姿势或局部的活动量太大，猛然用力，运作失调或入水前准备活动不充分等。如在水中发生抽筋现象，必须保持镇静，可叫人来救或保持自救。发生抽筋后，一般不要再继续游泳，应立即上岸，擦干身体，按摩抽筋部位的肌肉，注意保暖。

（7）自救方法。

① 小腿或脚趾抽筋：先吸一口气仰浮水上，用抽筋腿对侧的手握住抽筋腿的脚趾，并用力向身体方位拉，同时用同侧的手掌压在抽筋腿的膝盖上，帮助抽筋腿伸直。

② 大腿抽筋：吸一口气，仰卧水上，弯曲抽筋的大腿，并弯曲膝关节，然后用两手抱着小腿用力使它贴在大腿上，并加振颤动作，最后用力向前伸直。

③ 胃部抽筋：先吸一口气，仰卧水上，迅速弯曲两大腿靠近腹部，用手稍抱膝，随即向前伸直，注意动作不要太用力。

思考题

1. 蛙泳的基本技术有哪些？
2. 游泳时要注意的事项有哪些？
3. 游泳中常发生哪几种情况，如何自救？
4. 游泳中抽筋的自救方法有哪些？

时尚运动篇

- 健美操
- 形体训练
- 体育舞蹈
- 瑜伽
- 轮滑
- 健美

第十五章　健美操

第一节　健美操运动概述

现代健美操是近几十年发展起来的一项体育运动项目，它起源于传统的有氧健身操，是以有氧运动为基础，以健、力、美为特征，融体操、音乐、舞蹈为一体的大众健身方式，也是一个竞技运动项目。通过徒手、手持轻器械和在专门器械上进行健美操练习，可达到健身、健美和健心的目的。此外，健美操还具有竞技性、娱乐性和观赏性。

一、健美操运动的产生与发展

1. 国际健美操运动的发展

从20世纪60年代末开始，随着信息技术的快速发展，人们的脑力工作增加，体力活动减少，加之营养物质的摄入过多，导致一系列的健康问题。例如：肥胖、心血管疾病，以及伴随各种压力的增加而引起的心理问题等。在发达国家，为了抵御这种健康危机，人们发明了各种各样的健身方法，如慢跑、骑自行车、打球等，通过一系列的有氧运动达到减肥、健身、保健的目的。

1968年，美国太空总署医生库帕博士根据宇航员所处的环境和对宇航员身体功能的特殊要求，为太空人的体能训练设计了健身健美操，这种有氧操出现后便引起了人们的关注。1969年，杰姬·索伦森又结合当时流行于美国黑人中的各种爵士舞和非洲民间舞，创编了综合体操和舞蹈的健身舞。健身舞带有娱乐性，形式新颖，它把具有较强节奏感的音乐与自然而大幅度的动作融为一体，对现代健美操的形成产生了深远的影响。

到20世纪70年代末，健美操成为一项独立的体育运动项目，其明显的标志就是“简·方达健美操”的出现。简·方达是美国好莱坞的电影明星，在经历了采用节食、呕吐、服用可卡因和利尿剂等方法减肥失败的打击后，她认识到“健康的美才是真正的美、持久的美”。从此，她选择了体育锻炼，并根据自己的亲身体会和实践撰写了《简·方达健身术》一书，向人们介绍健身减肥的方法。她在书中写道：“健美操可以改变你的形体，烧掉身体各处积存的多余的脂肪，并且在你从未想到的部位增强肌肉张力，它使你在身体上和心理上感觉更加良好。”简·方达成为20世纪80年代风靡世界的健美操的杰出代表人物。

健美操在亚洲的发展也很迅速。早期具有代表性的人物是佐藤正子，她于1977年开始讲授健美操，1980年在日本开设了健美操学校，并出版了《自学健美操》一书。当时的健美操动作比较崇尚创造性和自由性，大量素材取自爵士舞和非洲民间舞，动作激烈、奔放，深受广大青年的喜爱。在健美操广泛普及的基础上，日本的健美操竞赛制度将竞技健美操与健身性健美操相结合，吸引了更多的健美操爱好者。在国际体操联合会（FIG，简称国际体联）成立健美操委员会之前，总部设在日本的国际健美操联合会（IAF）一直是国际上最大的健美操组织。健美操在新加坡、韩国、中国香港地区及东南亚国家和地区发展得也很迅速，人们把参加健美操运动作为健身防病和丰富精神文化生活的一部分。

2. 我国健美操运动的发展

现代健美操在20世纪70年代末80年代初传入中国。开始是引入了扭动全身各关节的非洲民间舞蹈与基本体操相结合的迪斯科健美操，后来把中国传统的武术、民间舞蹈、古代壁画造型、气功等都巧妙地融入其中，创造了具有中国特色的徒手健美操和持轻器械的健美操。1982年2月，中国青年出版社出版了《美，怎样才算美》一书，选登了陈德星创编的“女青年健美操”。同年年底，上海电视台录制了娄琢玉的《女子健美——形体健美操》《减肥操》和《持环健美操》等专题节目；1984年，中央电视台播放了孙玉昆创编的“健美操”。从此，“健美操”一词迅速被广大体育工作者采用。1984年，北京体育大学成立了健美操教研室，接着上海体育学院也成立了健美操教研室，率先开设了选修和专修课，培养了一大批健美操师资。目前，健美操已被教育部列为普通高等学校体育教育专业的主干必修课，并成为我国各级各类学校体育课或课外活动中一项深受师生欢迎的教学内容和锻炼项目。与此同时，各种健美操中心、俱乐部、培训班如雨后春笋般涌现，许许多多的人选择健美操作为自己主要的健身方式。

3. 现代竞技健美操的发展

（1）国际竞技健美操的发展

1982年，美国出现了竞技健美操单人赛，1984年又出现了单人、双人、三人比赛项目。

竞技健美操的首次国际比赛是由国际健美操联合会（IAF）在1983年举办的第一届国际健美操比赛，约有近百名运动员参加。此外，比较著名的比赛还有由国际健美操冠军联合会（ANAC）举办的世界健美操冠军赛，而且此项赛事在1998年还增加了不少少儿健美操比赛。从1995年开始，国际体联（FIG）每年举办健美操世界锦标赛，每届均有30多个国家、百名以上运动员参赛。各健美操国际组织还单独或联合举办各种世界健美操巡回赛和大奖赛，以扩大健美操运动在世界范围的影响。这些都表明，竞技健美操运动是一项很有生命力的竞技体育运动项目。

竞技健美操比赛项目开始分为男单、女单、混双和三人项目。2001年开始，国际体联（FIG）比赛增加了6人比赛项目。此外，难度动作是特定的规定难度，有俯卧撑、仰卧起坐、高踢腿、劈叉，它们在整套动作中必须存在，是竞技健美操难度的标志。随着比赛激烈程度的加深和运动员技术水平的提高，2013年竞技健美操比赛项目中6人操改为5人操，并增设了有氧舞蹈和有氧踏板，原有的难度规定动作被取消，现成套动作至少要包含以下各组难度动作各1个：A（动力性力量）、B（静力性力量）、C（跳与跃）、D（平衡与柔韧），且成套动作中最多允许做10个难度动作，可任意选择。动作技术发展趋势是必须突出成套动作编排的艺术性和动作的创新性，避免动作的对称性和重复性，提倡编排多样化，这样难度水平和动作质量将不断提高。

（2）我国竞技健美操的发展

竞技健美操在中国发展非常迅速。1986年4月6日，首届全国女子健美操邀请赛在广州举办，设有集体6人和个人2项比赛。1987年5月，我国首届正式的竞技健美操比赛——长城杯健美操邀请赛在北京举办。这次比赛吸收了美国阿洛别克健美操的比赛项目，结合我国健美操的比赛特点，举行了男女单人、混双、男女3人、混合6人共5个项目的比赛。1989年1月，在贵州举行的第三届长城杯健美操邀请赛上，国家体委审定的具有中国特色的健美操竞赛规则正式使用。1988年6月，长城杯国际健美操邀请赛在北京举办，有中国、美国、日本、巴西等国家和中国香港地区的30多名运动员参赛，同时在北京还成立了国际健美操协会筹委会。

1992年9月，中国健美操协会（CAA）在北京成立。1998年年初，中国健美操协会由社会体育中心并入国家体育总局体操管理中心，并先后制定了《全国健美操指导员专业等级实施办法》（试行）、《全国健美操大众锻炼标准实施办法》和《健美操等级运动员规定动作》，这些举措对我国健美操运动的普及和提高具有重大意义。1999年，我国正式使用FIG国际健美操评分规则，这标志着我国竞技健美操竞赛与国际接轨。

1992年2月，中国大学生体育协会健美操艺术体操分会（CSARA）成立，协会每年举行一届大学生健美操艺术体操锦标赛，并将健美操作为中华人民共和国大学生运动会正式比赛项目。这标志着我国高校健美操运动已进入一个崭新的发展阶段。

2002年8月，我国组队参加了第7届健美操世界锦标赛，在这次大赛上，我国选手取得了3人操的第7名。2004年5月，在保加利亚举行的第8届健美操世界锦标赛上，我国选手取得了6人操第3名的好成绩。更可喜的是，我国选手在2006年健美操世界锦标赛上荣获6人操冠军，在2008年的第10届健美操世界锦标赛上获得1金、2银、1铜的好成绩。

二、健美操的分类与特点

1. 健美操的分类

健美操内容丰富、形式多样、种类繁多。按照不同的目的和任务，可将健美操分为健身健美操和竞技健美操两大类，见图15-1。

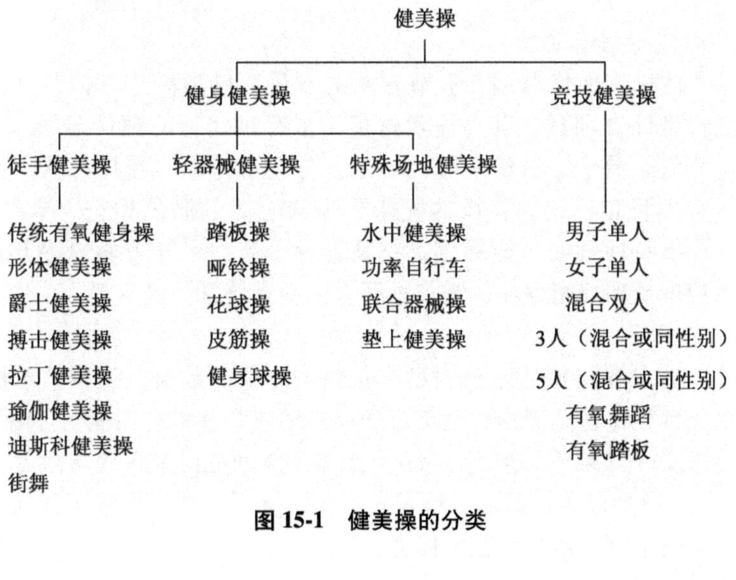

图15-1　健美操的分类

（1）健身健美操

健身健美操是一种有氧运动，也称有氧健身操。它以健身为目的，通过在有氧供能的条件下，按照一定的顺序全面锻炼身体的各个部位，来提高有氧代谢能力、增进健康、健美形体、焕发精神、娱乐身心。为了保证一定的运动负荷和锻炼的全面性，其动作多有重复（可持续中低强度的全身性运动达1个多小时），并均以对称的形式出现，也可使用器械增加锻炼效果。健身健美操主要面向大众，故也称大众健美操。健身健美操动作比较简单，讲究针对性和实效性，节奏感强，强度和难度相对较低，而且练习时间可长可短，也可以根据个体情况而变化，所以受到社会不同年龄、性别、职业、基础的人欢迎。近年来，随着人们健身娱乐的需求越来越强，出现了多种时尚的徒手健美操与健身舞，进一步丰富了健身健美操的练习形式。

（2）竞技健美操

竞技健美操是在健身健美操的基础上发展起来的，其主要目的是“竞赛”。竞技健美操有特定的竞赛规则和评分办法，其成套动作必须展示连续的动作组合、柔韧性和力量，并在综合运用7种基本步伐的同时，高质量、完美地完成各种难度动作。竞技健美操对人的身体素质、技术能力和艺术表现力有较高的要求，是展示人体健、力、美的竞赛项目。竞技健美操对参赛人数、比赛场地和成套动作的时间等方面都有严格规定，在动作设计要求上也更加多样化，并严格避免重复动作和对称性动作。

2. 健美操的特点

健美操与其他体育锻炼方式相比较，具有以下几个主要特点：

（1）健身美体的时效性

健美操是以人体解剖学、人体生理学、体育美学、体育心理学等多学科理论为基础，以健身美体为目的而创立的健身运动。与其他体育项目相比，健美操的动作讲究健美大方，强调力度和弹性，趋向以不停顿的走、跳、跑，使练习者消耗过剩的脂肪，增强肌肉力量，提高协调灵敏性，展现健美的体姿。可以说，健美操对塑造人健美的形体、培养健美体态、提高人的协调性和弹跳能力、培养人的审美意识作用较大。

（2）强烈的时代感与律动性

健美操把基本体操、现代舞蹈和有节奏感的音乐巧妙地融于一体，是具有鲜明特色和强烈时代感的新型体育项目。其动作素材多为富有时代感的现代舞蹈、时尚体操，其音乐多取材于迪斯科、爵士、摇滚等现代音乐。与艺术体操、花样游泳、自由体操等具有音乐伴奏的体育项目相比，健美操的配乐更强调旋律的激昂振奋、节奏的鲜明强劲，它们使健美操表现出一种鲜明的律动感，充满着青春活力。健美操的特点满足了当代青年自娱自乐的精神享受和情绪宣泄的需求，所以深受青年学生的喜爱。

（3）高度的艺术性

健美操是一种追求健与美的运动项目，属健美体育的范畴，强调艺术性。与同样具有艺术性的体育项目相比，健美操比健美运动更具动感和弹性（非静止造型），比艺术体操更强调健美与力度（非柔美和连绵不断），比基本体操更讲究多变与活力（非完全对称和“横平竖直”）。参加健美操锻炼，练习者不仅锻炼了身体，增强了体质，而且从中得到了美的享受，提高了审美水平和艺术修养。

(4) 广泛的适用性

健美操能够健身美体，符合现代人追求健美身心的需要。在激昂振奋的音乐声中，舒活筋骨，自娱自乐，健美操能给人们带来欢快奔放的情感体验。健身健美操的动作套路形式多样，节奏有快有慢，套路有长有短，动作有难有易，运动负荷和运动强度的大小可任意调节，适合于不同职业、不同年龄、不同性别、不同体质的人锻炼，各类人群都能从健美操练习中找到适合自己的方式，并得到乐趣。此外，健美操锻炼对场地、器材条件要求不高，练习起来简便安全，适合不同地区、不同条件的人群开展。因此，健美操具有广泛的适用性。

三、健美操锻炼的意义

1. 增强身体素质

长期进行健美操锻炼可以增强人体运动系统、心血管系统、呼吸系统、消化系统和神经系统的功能。

2. 塑造形体风度

长期坚持健美操锻炼可以塑造健美的身体形态，培养高雅的气质风度。

3. 提高素质能力

坚持健美操锻炼可以培养审美情趣和增强社会适应能力。

4. 锤炼思想意志

坚持健美操锻炼可以培养良好的思想情操，锤炼顽强的意志品质。

第二节　健美操基本动作训练

健美操的基本动作训练主要包括身体姿态训练、常用手形训练、手臂动作训练和基本步伐训练。

一、身体姿态训练

身体姿态的训练是健美操锻炼的一个非常重要的方面，它决定着完成动作的质量、人体所要表现出来的气质及锻炼效果。健美操的基本姿态指完成动作时正确的形态和身体的标准位置，包括躯干、后背、骨盆的稳定性和腹肌的收缩。上体关节位置，颈肩的姿态及颈椎相对于脊椎的位置，踝关节和膝关节的相对位置等，这些是体现健美操姿态特色的关键。身体姿态的训练一般包括两个部分：一是健美操基本动作的身体姿态训练，二是健美操操化动作与难度动作中身体姿态的控制。健身性健美操运动主要是健美操基本动作的变换训练。这里主要介绍健美操基本动作的身体姿态的训练。

健美操的身体姿态是根据现代人的人体与行为美的标准而建立的。首先，人体在整个运动非特殊条件下，应保持自然挺拔，头部稍稍昂起，颈部挺直、挺胸收腹、腰背挺立、脊柱正直，头、颈、躯干和腿保持在一条直线上，四肢的位置根据具体的动作要求应该在准确的位置上。最常见的动作有：站立——躯干保持上面所说的状态，两腿并拢伸直；蹲——躯干保持上面所说的状态，臀部收紧，保持整个身体垂直于地面并屈膝。基本动作的身体姿态训练方法通常有动作控制法和舞蹈训练法。

1. 动作控制法

动作控制法是指身体处于某一动作位置时，保持该动作的正确的身体姿态，使该动作控制一段时间的方法。该方法的目的是让锻炼者找到控制该动作的肌肉感觉，起到强化动作的作用。

2. 舞蹈训练法

舞蹈训练法是通过练习拉丁舞、爵士舞、现代舞、民间舞等，体会不同舞蹈的表现意识、气质与风格。通过徒手、把杆、双人姿态等大量舞蹈动作的训练，可以进一步改变身体形态的原始状态，逐步形成正确的站姿、坐姿、走姿，提高形体动作的灵活性。如经常采用芭蕾舞形态训练中的把杆练习来发展运动员的身体形态。

二、常用手形及训练规范

手形的变化不仅可以使手臂的动作更加丰富多彩、生动活泼，表现出美感，而且有助于加强动作的力量性。健美操的手形有多种，是从爵士舞、芭蕾舞、西班牙舞、迪斯科、武术等手形中发展起来的。常用健美操手形有以下几种：

1. 并拢式

五指伸直，相互并拢。大拇指微屈，指关节贴于食指旁。见图 15-2。

2. 分开式

五指用力伸直，充分张开。见图 15-3。

3. 芭蕾手式

五指微屈，后三指并拢、稍内收，拇指内扣。见图 15-4。

4. 拳式

握拳，拇指在外，指关节弯曲，紧贴于食指和中指。见图 15-5。

5. 西班牙舞手式

五指用力，小指、无名指、中指自掌指关节处依次弯曲，拇指稍内扣。见图 15-6。

图 15-2　并拢式

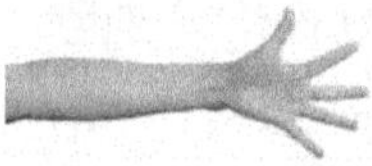

图 15-3　分开式

图 15-4　芭蕾手式

图 15-5　拳式

图 15-6　西班牙舞手式

三、手臂动作及训练规范

手臂动作训练是健美操锻炼的重要组成部分，它与基本步伐组合共同构成了丰富多彩的健美操动作内容。健身性健美操关于手臂动作的术语有不同的说法，如有些健身性健美操书中介绍的手臂动作是自然摆动、臂屈伸、屈臂提拉、冲拳、推等。这里介绍的术语主要以体操术语为基础。

图 15-7　摆动

1. 摆动（图 15-7）

动作描述：屈肘前后摆动，两手握拳。

技术要点：屈肘角度不宜过小或过大，大约 60°左右。向前摆动手臂时，肘关节不超过躯干前面，向后摆动手臂时，手不超过躯干。

2. 举（图 15-8）

动作描述：以肩关节为轴，臂伸直向某方向抬起。臂的活动范围不超过 180°并停止在某一部位。

技术要点：动作到位、路线清晰、有力度感。

动作变化：前举、上举、前上举、前下举、侧平举、侧上举、侧下举。

图 15-8　举

3. 屈、伸（图 15-9）

动作描述：上臂固定，以肘关节为轴，肘关节由弯曲到伸直或由伸直到弯曲。屈臂时肱二头肌收缩，伸臂时肱三头肌收缩。

技术要点：关节有弹性地屈伸。

动作变化：胸前屈、胸前平屈、胸前上屈、肩侧屈、肩侧上屈、肩侧下屈、腰侧屈、头后屈。

图 15-9　屈、伸

4. 绕、绕环（图 15-10）

动作描述：两臂或单臂以肩为轴做弧线运动。上臂固定，前臂以肘关节为轴做弧线运动。

技术要点：路线清晰，起始和结束动作位置明确。

动作变化：两臂或单臂向内、外、前、后绕或绕环。

图 15-10　绕、绕环

四、基本步伐训练

基本步伐是健美操动作中最基本的单位，是进行健美操练习的一个重要组成部分。通过基本步伐的练习，练习者能培养协调性和节奏感。健美操基本步伐根据人体运动时对地面的冲击力大小分为无冲击力步伐、低冲击力步伐和高冲击力步伐三大类。因此，基本步伐的训练又主要包括无冲击力步伐组合训练、低冲击力步伐组合训练和高冲击力步伐组合训练三大类。然而，在日常训练中常常进行各种步伐的组合训练。

1. 无冲击力步伐概念及其分类

无冲击力步伐是指两腿始终接触地面的动作，主要包括并腿和分腿两大类。

（1）并腿类

动作描述：两腿始终接触地面，并且两腿始终并拢，脚尖朝前。

技术要点：膝关节要有弹动地屈伸，把握好弹动的技术。

① 膝弹动（图 15-11）

动作描述：两腿并拢，膝关节有弹动地屈伸。

技术要点：膝关节由弯曲到还原，还原时膝关节应处于微屈状态。

② 踝弹动（图 15-12）

动作描述：两腿伸直或屈膝，踝关节有弹动地屈伸。

技术要点：脚尖或脚跟抬起时，保持身体的稳定性和踝关节的弹性。

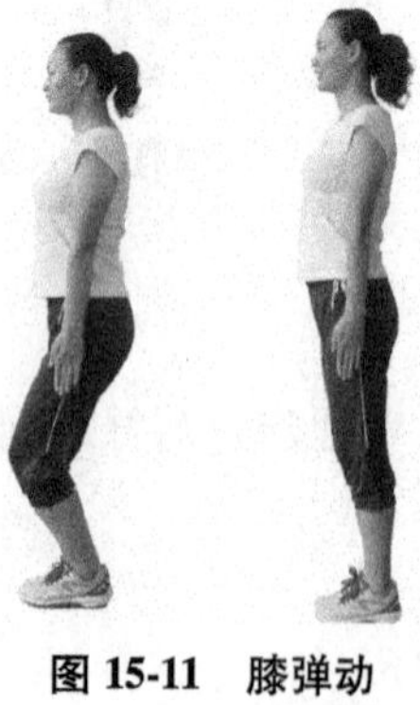

图 15-11　膝弹动

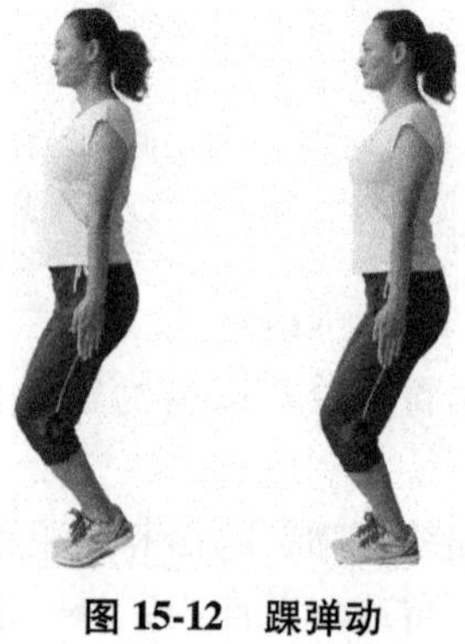

图 15-12　踝弹动

（2）分腿类

动作描述：这类动作是指两腿分开，膝关节有弹性地屈伸。

技术要点：膝关节屈伸要有较好的弹性，重心移动要平稳自如。

① 半蹲（图 15-13）

动作描述：两腿有控制地屈和伸。可分为并腿半蹲和分腿半蹲。

技术要点：分腿半蹲时，两腿左、右分开稍大于肩，脚尖稍外开，膝关节角度不小于 90°，方向与脚尖方向一致，臀部向后 45°方向下蹲，上体保持直立。

动作变化：并腿半蹲、迈步半蹲、迈步转体半蹲。

② 弓步（图 15-14）

动作描述：两脚前、后分开，平行站立，下蹲。

技术要点：半蹲时，后腿膝关节向下，大腿垂直于地面；重心在两脚之间，前腿膝关节弯曲不能超过 90°，膝关节不能超过脚尖。

动作变化：原地前后弓步、原地左右弓步、转体弓步。

图 15-13　半蹲

图 15-14　弓步

③ 移动重心（图 15-15）

动作描述：两腿开立为初始动作，两腿屈膝下蹲之后，身体向右侧移动重心，然后两腿伸直，右脚全脚掌着地，右腿脚尖点地。

技术要点：身体重心的移动要保持平稳。

动作变化：左右移重心、前后移重心。

预备姿势　1　2　3　4

图 15-15　移动重心

2. 低冲击力步伐概念及其分类

低冲击力步伐动作是指在做动作时一脚着地、另一脚离地的动作。低冲击力步伐动作是目前健身健美操编排运用最多的动作类型，主要有踏步类、点地类、迈步类和抬腿类 4 种类型。

（1）踏步类

动作描述：此类动作两脚依次抬起，在落下时膝、踝关节有弹性地缓冲。

技术要点：注意两腿的相对位置及脚尖膝盖的朝向，做动作时注意膝关节、踝关节有弹性地缓冲。另外，根据动作的需要，躯干部分要有适当的起伏变化，与基本步伐协调一致。

① 踏步（图 15-16）

动作描述：两腿原地依次抬起，依次落地。

技术要点：下落时，踝、膝、髋关节依次有弹性地缓冲。

动作变化：踏步转体、踏步分腿、踏步并腿、弹动踏步。

② 走步（图 15-17）

动作描述：迈步向前走时，脚跟先着地，过渡到前脚掌；向后走时则相反。

技术要点：落地时，踝、膝关节依次有弹性地缓冲。

动作变化：向前向后走步、向侧前和侧后走步、向左右转体或弧线走步。

图 15-16　踏步

图 15-17　走步

③ 一字步（图 15-18）

动作描述：一脚向前一步，另一脚并于前脚，然后依次还原。

技术要点：向前迈步时，脚跟先着地，过渡到全脚掌；前后均要有并腿过程；每一拍动作膝关节始终有弹性地缓冲。

图 15-18　一字步

④ V 字步（图 15-19）

动作描述：一脚向前侧方迈一步，另一脚随之向另一方迈一步，成两脚开立，屈膝，然后依次退回原位。

技术要点：两腿膝、踝关节始终保持弹动状态，分开后成分腿半蹲，重心在两腿之间。

动作变化：倒V字步、转体V字步、跳的V字步。

图 15-19　V 字步

⑤ 漫步（图 15-20）

动作描述：一脚向前迈出，屈膝，重心随之前移，另一脚稍抬起，然后原地落下；或向后撤一步，重心后移，另一脚稍抬起，然后原地落下。

技术要点：两腿始终保持交替落地，身体重心随动作前后移动，但始终在两脚之间。

动作变化：转体的漫步，跳的漫步。

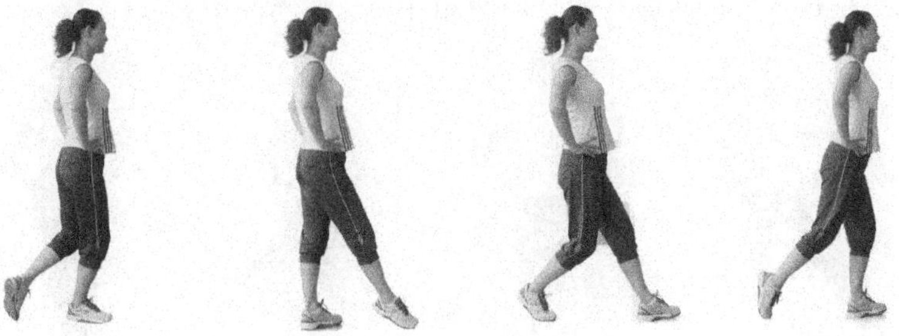

图 15-20　漫步

（2）点地类

动作描述：此类动作两腿有弹性地屈伸，点地时，一腿屈膝，另一腿伸直。

技术要点：整个动作过程中，膝盖要有弹性地屈伸，包括动作完毕时，两腿膝盖也应处于微屈状态，而不应过分伸直，以免破坏健美操特有的弹性。

动作变化：前点地、侧点地、后点地。

① 脚尖点地（图 15-21）

动作描述：一腿稍屈膝站立，另一腿伸直，脚尖点地，然后还原到并腿姿势。

技术要点：支撑腿始终保持屈膝站立，并且随动作有弹性地屈伸。

动作变化：脚尖前点地、脚尖侧点地、脚尖后点地。

② 脚跟点地（图 15-22）

动作描述：一腿稍屈膝站立，另一腿伸直，脚跟点地，然后还原到并腿姿势。只可做向前和向侧的脚跟点地。

技术要点：支撑腿始终保持屈膝站立，并且随动作有弹性地屈伸。动作始终保持高度的弹性和节奏感。

动作变化：脚跟前点地、脚跟侧点地。

图 15-21　脚尖点地

图 15-22　脚跟点地

（3）迈步类

动作描述：一条腿迈出一步，重心移到这条腿上，另一条腿用脚跟、脚尖点地或吸腿、屈腿、踢腿等，然后向另一个方向迈步。

技术要点：注意重心之间的转移和跟进。

① 并步（图 15-23）

动作描述：一脚迈出，另一脚随之并拢屈膝着地；再向反方向迈步。

技术要点：两膝保持弹动，动作幅度和力度以动作风格而定。

动作变化：左右并步、前后并步、向两侧并步、转体并步。

图 15-23　并步

② 迈步点地（图 15-24）

动作描述：一脚向侧迈一步，两脚经屈膝移重心，另一腿在前、侧或后用脚尖或脚跟点地。

技术要点：两腿有弹性地屈伸，重心移动轨迹呈弧形；上体不要扭转。

动作变化：左右迈步点地、前后迈步点地、迈步转体点地。

图 15-24　迈步点地

③ 迈步后屈腿（图 15-25）

动作描述：一脚迈出一步，另一腿后屈，然后向相反方向迈步。

技术要点：经过屈膝半蹲，支撑腿稍屈膝，后屈腿的脚跟靠近臀部。

动作变化：侧迈步后屈腿、前后移动后屈腿、转体后屈腿。

图 15-25　迈步后屈腿

④ 迈步吸腿（图 15-26）

动作描述：一脚迈出一步，另一腿屈膝抬起，然后向反方向迈步。

技术要点：经过屈膝半蹲，还原时支撑腿稍屈膝。

动作变化：向前迈步吸腿、向侧迈步吸腿、迈步吸腿、转体吸腿。

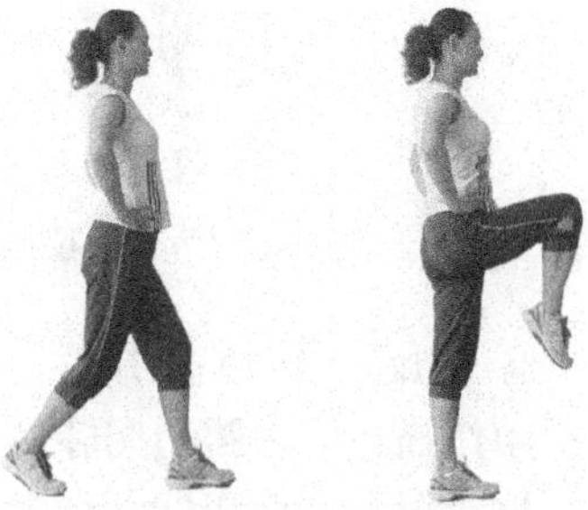

图 15-26　迈步吸腿

⑤ 侧交叉步（图 15-27）

动作描述：一脚向侧迈一步，另一脚在其后交叉，随之再向侧迈一步，另一腿并拢，屈膝点地。

技术要点：第一步脚跟先落地，身体重心快速随着脚步移动，保持膝、踝关节的弹动。

动作变化：左右的交叉步、转体的交叉步。

图 15-27　侧交叉步

（4）抬腿类

动作描述：一腿站立，另一腿抬腿的动作。

技术要点：这一类动作要求支撑腿有控制地屈膝弹动，另一腿以各种形式抬起，同时收腹、立腰。

① 吸腿（图 15-28）

动作描述：一腿屈膝抬起，落下还原。

技术要点：支撑腿保持屈膝弹动，大腿上抬至水平，小腿自然下垂，绷脚尖，上体保持正直。

动作变化：向前吸腿、向侧吸腿、向侧前吸腿、转体吸腿。

② 踢腿（图 15-29）

动作描述：一腿稍屈膝站立，另一腿抬起，然后还原。

技术要点：抬起腿要有控制，保持上体正直。主力脚脚跟不能离地，膝关节微屈缓冲。踢腿的幅度因人而异，避免受伤。

动作变化：前踢、侧踢。

图 15-28　吸腿

图 15-29　踢腿

③ 摆腿（图 15-30）

动作描述：一腿稍屈膝站立，另一腿做摆动，然后还原成并步。

技术要点：摆腿时上体顺势前倾、后倒或侧倾。主力腿屈膝缓冲，摆动腿抬起时幅度不要过大，且要有控制。

动作变化：向前摆腿、向侧摆腿。

④ 弹踢（图 15-31）

动作描述：一腿站立（跳起），另一腿先向后屈，再向前下方弹踢，还原。

技术要点：腿弹出时要有控制，两膝盖紧靠，弹踢腿，脚尖伸直保持上体正直。

动作变化：向前弹踢、向侧弹踢、转体的弹踢、移动弹踢。

图 15-30　摆腿

图 15-31　弹踢

3. 高冲击力步伐概念及其分类

高冲击力步伐是指在做动作时两脚都离地的动作，即平常所说的跳类动作，主要包括单脚起跳、两脚起跳、迈步起跳和跑步四大类。

（1）单脚起跳类：此类动作是指先抬起一腿，另一腿跳起。

① 吸腿跳（图 15-32）

动作描述：一腿屈膝抬起，落下还原，另一脚离开地面，向上跳起。

技术要点：支撑腿保持屈膝弹动，大腿上抬至水平，上体保持正直，注意身体的稳定性。

动作变化：向前吸腿跳、向侧吸腿跳、向前侧吸腿跳、转体吸腿跳。

图 15-32　吸腿跳

② 屈腿跳（图 15-33）

动作描述：一腿站立（跳起），另一腿向后屈膝，放下腿还原。

技术要点：支撑腿保持弹性，两膝并拢，脚跟靠近臀部。屈膝腿的膝关节不宜超过支撑腿的膝关节，落地时注意缓冲。

动作变化：左右依次后屈腿跳、转体后屈腿跳。

图 15-33　屈腿跳

③ 弹踢腿跳（图 15-34）

动作描述：两腿起跳，单腿落地，另一腿小腿后屈，然后小腿前踢伸直。

技术要点：两脚落地的过程，弹踢腿脚尖伸直，上体保持正直。

动作变化：向前弹踢腿跳、向侧弹踢腿跳、转体弹踢腿跳、移动弹踢腿跳。

④ 摆腿跳（图 15-35）

动作描述：一腿自然摆动，另一腿向上跳起，落地时两腿屈膝缓冲。

技术要点：保持上体正直。主力腿屈膝缓冲，摆动腿抬起时幅度不要过大，且要有控制。

动作变化：向前摆腿、向侧摆腿。

图 15-34　弹踢腿跳

图 15-35　摆腿跳

（2）两脚起跳类：这类动作是指两脚起跳、两脚落地的动作。两腿的动作基本一致，两脚需要腾起一定高度，落地时注意屈膝缓冲。

① 并腿跳（图 15-36）

动作描述：两腿并拢同时跳起，屈膝，然后落地缓冲。

技术要点：起跳时，两脚同时用力，落地缓冲有控制。

动作变化：向前并腿跳、向后并腿跳、向侧并腿跳。

② 开合跳（图 15-37）

动作描述：由并腿跳起，分腿落地，再由分腿跳起，并腿落地。

技术要点：分腿屈膝蹲时，两脚自然外开，膝关节沿脚尖方向屈，夹角不小于 90°，膝关节有弹性地缓冲，脚跟落地。

动作变化：原地开合跳，转体开合跳。

图 15-36　并腿跳

图 15-37　开合跳

③ 弓步跳（图 15-38）

动作描述：并腿向上跳起，前后成分腿姿势落地，接着再向上跳起，并腿落地。

技术要点：落地时，膝关节有弹性地缓冲，分腿落地时双脚脚尖都朝前方，并且基本在一条直线上。

动作变化：左右弓步跳、前后弓步跳、侧弓步跳。

图 15-38　弓步跳

（3）迈步起跳类

① 并步跳（图 15-39）

动作描述：以左脚起步为例。左脚迈出，随之蹬地跳起，右脚并左脚，并腿落地。

技术要点：身体重心随身体迅速移动，落地时注意缓冲。

动作变化：向前并步跳、向后并步跳、向侧并步跳。

② 迈步吸腿跳（图 15-40）

动作描述：以左脚起步为例。左脚向前迈出一步，之后身体重心跟进，同时右腿抬起，抬起至 90°时，两脚起跳。

技术要点：跳起时，上体保持正直，收腹立腰。

动作变化：向前迈步吸腿、向侧迈步吸腿。

图 15-39　并步跳

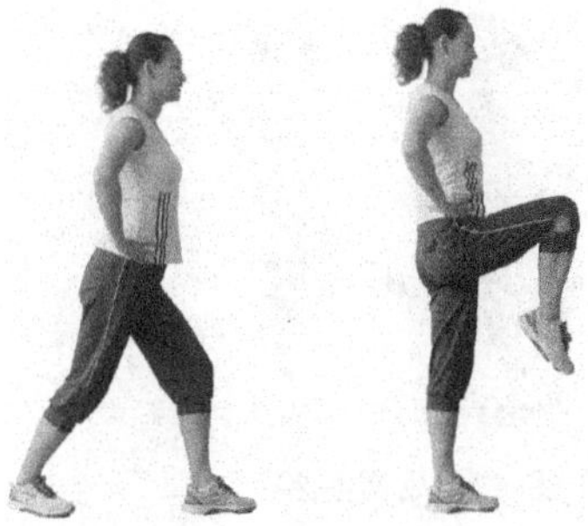

图 15-40　迈步吸腿跳

③ 迈步后屈腿跳（图 15-41）

动作描述：一腿侧迈一步，另一腿向后屈膝，同时两腿起跳，缓冲落地。

技术要点：两腿跳起时，屈膝腿脚尖绷直，落地时，两腿膝关节微屈，不宜伸直。

动作变化：向前迈步后吸腿、向侧迈步后吸腿。

图 15-41　迈步后屈腿跳

（4）跑步类

动作描述：两腿腾空，依次落地缓冲，两臂屈肘摆臂。落地屈膝缓冲，脚跟尽量落地。

① 后踢腿跑（图 15-42）

动作描述：两脚依次经过腾空后，一脚落地缓冲，另一腿小腿后屈，两臂配合下肢前后摆动。

技术要点：膝、踝关节有弹动地缓冲，落地时由前脚掌着地。

动作变化：原地跑、向前跑、向后跑、弧线跑、转体跑。

② 小马跳（图 15-43）

动作描述：以右脚起步为例。左脚蹬地跳起，同时右脚向侧迈步落地，随之左脚并右脚点地，随后反方向做一次，动作相同，方向相反。

技术要点：两脚轻松蹬地，身体重心随之平稳移动，注意膝、踝的弹动。

动作变化：原地小马跳、向前小马跳、向侧小马跳、向后小马、转体小马跳。

图 15-42　后踢腿跑

图 15-43　小马跳

第三节　健美操音乐与动作编排

一、健美操音乐

音乐是声音的艺术。音乐作为完整的艺术形式有着自己独特、系统和完整的表达方式。健美操的动作在音乐的衬托下，更具生命力与艺术性。可以说，音乐为健美操插上了翅膀，使健美操扩大了表现空间。如果说动作构成了健美操的锻炼与原始的冲动，那么音乐则为健美操注入了灵魂。

音乐的节奏与速度严格地控制着动作的节奏与速度，因此，在相当程度上控制着运动的强度。仅就节奏与速度而言，时间相同，节奏与速度越复杂、越快，运动强度就越大，反之越小。

音乐的风格决定动作的风格。音乐风格受时代变化、民族地域、环境、作者等因素影响，因此应当尊重音乐的风格。唯有这样，动作与音乐才能协调，音乐才能有力地支撑起动作。

音乐的强弱变化为动作的力度与起伏创造了内在的条件，使动作与音乐在结构上产生联系。曲调与节奏的变化加之动作的起伏产生了韵律感，增加了健美操的韵律感，使健美操的美学价值更高。

音乐有控制健美操动作与脑细胞兴奋性的作用，因此，在音乐伴奏下进行锻炼可以缓解疲劳。同时，音乐可以影响人的情绪，这也是健美操多选择曲调欢快、节奏强劲的音乐作为伴奏乐的重要原因之一。欢愉明快的音乐可以更快地调动起人的兴奋性。

运用音乐时的注意事项：

1. 音乐的风格与动作的风格相一致

音乐的选择直接影响着健美操的风格、结构、节奏和速度，音乐选配得当容易激发编操者的创作灵感和练习者的锻炼激情。健身健美操应体现民族风格，并向着突出时代特征的方向发展。

2. 音乐应体现健美操的特点

健美操是健、力、美的统一体，选配音乐时要注意体现这一点，强调美与力的结合。音乐旋律要动听，力求新颖，丰富多变，节奏鲜明。

3. 音乐速度的选用

健美操设计动作速度的标准通常以 10 秒钟为单位。竞技健美操要求音乐时长在 1 分 40 秒至 1 分 50 秒之间，速度在每 10 秒 24~27 拍；健身健美操要求音乐时长在 2 分 30 秒至3分钟之间，速度在每10秒22~26拍，充分体现健身健美操的有氧性及健身性。相比之下，较快节奏的音乐更容易提高一套动作的活跃性，同时也更容易引起群众的共鸣。

4. 成套动作的连贯性和完整性

一般成套音乐的开头常采用10秒钟的慢拍或造型变化，突出风格特点。中间每部分或小的阶段要体现高低起伏的变化。如果需要剪接，则剪接处前后乐曲的旋律应基本相似，且有一定的连贯性。乐曲的结尾一定要保持音乐的完整性，不要动作做完或时间到了就立刻把音乐在这里卡断，这样会给人一种悬在空中而没有结束的感觉。

二、健美操的动作编排

在大学生中积极推广介于竞技与表演之间的成套健身健美操，特别是更具感染力和能容纳更多参与者的集体健身健美操已成为发展健美操运动的一个重要途径。这就要求专门从事健美操教学的教师和教练，认真研究健身健美操编排艺术，掌握编排艺术，不断挖掘编排过程中的艺术魅力。

1. 成套健身健美操的构成

成套健身健美操的音乐、动作和编排3个要素间的关系可用图15-44形象地表示。

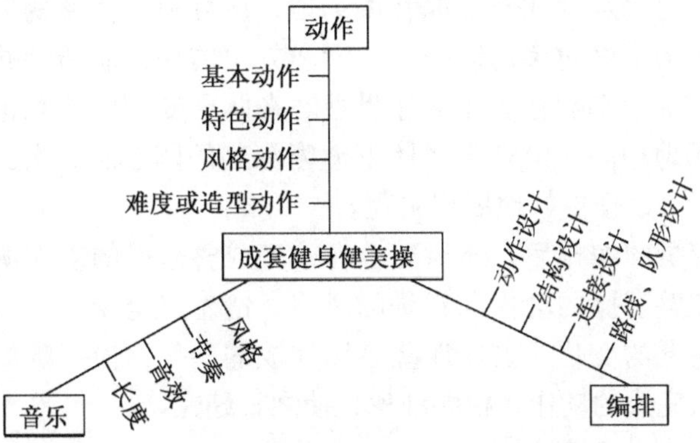

图15-44　成套健身健美操音乐、动作和编排的关系

在成套健身健美操动作中，如果说音乐是灵魂、动作是躯骨，那么编排就是经络。编排是套路成型的关键，是成套动作质量的保证，是衡量成套健身健美操价值的重要指标。

2. 成套健身健美操动作的编排

（1）动作设计

① 针对大学生生理、心理特点选择动作。在校大学生的年龄一般在18~25岁，因此在编排时，应选择一些刚劲有力、健美大方、富有朝气、积极快速、振幅较大、舞蹈因素多、时代特点突出、有明显锻炼价值的动作。同时，造型动作要新颖、独特、多变、有趣、奔放。在设计动作时应考虑到学生的实际水平，除基本动作外还可设计一些具有挑战性的动作，做到有一定难度的同时又具有可接受性。

② 借鉴相关项目，内容设计要突出特色。动作编排应有机结合舞蹈、体操、技巧等相关项目，创造性地编排出既刚又柔、协调流畅的动作。此外，在设计时可考虑加入一些风格操如拉丁健美操、街舞等的动作来渲染整套操，但是这些内容不宜过多，时间不宜太长，起到画龙点睛的作用即可。

（2）结构设计

在创编一套操时，先要根据需要达到的要求，确定这套操中的核心动作和风格动作，再对所选音乐进行反复分析，确定操的表现风格，然后再确定安排多少难度动作、多少操化动作、多少造型动作。集体项目还应考虑队员间的配合度，勾勒出成套动作的整体结构和框架。有了比较清晰的想法后，就可以具体操作了。

（3）连接设计

① 合理分配各类动作。选择设计好单个动作和成串的组合动作后，要将风格性动作、难度动作、配合动作等按照一定的原则，合理地分配连接，切忌出现“头重脚轻”等安排不平衡的情况。

② 把握好成套动作的节奏。节奏是表演艺术的基本要素，一套成功的健美操编排，其主题动作和陪衬动作要节奏分明，其动作要有大小、快慢、强弱、刚柔的搭配，有开始、有高潮、有结束。高潮应多在后半段形成，吸引人的动作和队形要逐渐上升，感染观众。

（4）路线、队形设计

首先，要根据场地特点合理充分地利用场地，注意利用队形变化，加强整套操的流动性，不要在一个队形上做过多的动作，队形、方位的变化应巧妙并易于整齐一致，不应牵强附会，生拉硬扯，影响整套操的连贯性。在队形变化中注意把惊险、新颖、观赏性强的动作安排在场地中间，给观赏者留下清晰深刻的印象。其次，应按照操的内容与风格选择适宜的队形，以便更好地展现主题。

在初步完成整套操的编排后，还要配合音乐完成整套操的动作演练，观察整体表演效果，加以修改，使整套操的动作和音乐的风格、情感完全吻合。同时，注意随着训练的深入，队员技术情况的变化，去掉那些难以完成的动作，根据队员特点加强或增加表演效果好、队员擅长完成的动作，精雕细琢，使之日趋完善。

3. 健美操动作编排的原则

（1）根据编操的目的、任务、对象、特点进行编排

健美操总的目的和任务是增进健康，培养正确的体态，塑造美的形态，陶冶美的情操。但具体到某一套操时，其具体任务又会有所侧重，创编的要求也不尽相同。另外，创编任何一套健美操都必须考虑使用对象的具体情况，要针对不同对象的生理、心理特点，来确定总体构思的特点、风格和动作内容。

（2）坚持全面发展身体

创编健美操时，必须坚持全面发展身体的原则。为了达到增进健康的目的，编排的动作应涉及身体各个部位、各个器官系统的机能，使身体能得到全面、协调地发展。另外，在动作设计上要讲究对称性，即动作的结构、身体各部位的活动、练习方式等方面应是对称的。

（3）合理安排动作顺序和运动量

在安排成套健美操的顺序和运动量时，主要应考虑使用对象的具体情况，应符合人体运动的生理曲线要求，动作由小到大、由慢到快、由弱到强、由局部到整体，使心率变化由低到高，呈波浪形的逐步发展，且在出现最高心率后能恢复到平静状态。另外，在安排运动量时，还要考虑练习者的年龄、性别和实际承受能力。

（4）精心设计动作，使之有独特的风格和特点

健美操的动作设计，是创编整套动作的重要一步。在进行单个或成节动作设计时，除了参考平时收集积累的各种素材外，还要精心设计每一个动作，要考虑到动作的幅度、速度、节奏、数量和形式，力求动作简单易学、造型美观、富有弹性、结构合理、讲求实效，其整体动作要连贯，活而不乱，符合总体构思。

（5）选配音乐要考虑风格、韵律及内在结构特点

音乐是健美操的灵魂。如果失去灵魂，健美操将失去价值和意义。因此，在选配音乐时，要考虑到音乐的各种特点，使动作和音乐巧妙结合。

（6）根据比赛规则要求进行编排

竞技健美操的编排要依据比赛规则的要求进行。规则对每套动作的难度、时间等均有严格的规定。

思考题

1. 健美操可以分为哪些种类？
2. 竞技健美操有哪些特点？
3. 长期进行健美操练习对人体有哪些益处？

第十六章　形体训练

第一节　形体美的内容及表现形式

一、形体美的内容

形体美是指人的躯体线条结合人的情感和品质，通过形象、姿态诉诸欣赏者眼前的一种美，它是一种整体美，是人类体格、体型、姿态的自然美和思想修养、心灵的社会美的综合表现。

形体美来源于科学合理的营养和锻炼，这是青春常驻、健美持久的重要因素。形体美的塑造，不仅要塑造形态美，更应加强姿态的美化和气质的培养。

二、形体美的表现形式

1. 健康美

健康美是指一个人有健康的身体和心理，以及积极向上的精神面貌。健康美是形体美的基本条件。强健的体魄，丰腴的身姿，红润的面庞，有神的双眼，充沛的精力，无不体现出一个人的健康美。因此，只有在身体和心理健康的基础上通过专门的综合练习，才能达到形体美。

2. 体形美

体形美是指人体各部分的比例均衡协调。体形美是形体美的重要标志，均匀的肢体、优美的曲线等虽然与先天遗传因素有关，但是通过后天有针对性地锻炼，形成正确的身体姿态，在一定程度上也可以弥补先天的不足。

3. 体态美

体态美是指人体动作姿势中所表现出的美。体态美是形体美的表现形式，是一个人的基本素质和修养的行为体现。“站如松，坐如钟，行如风”“站有站样，坐有坐相”等都是对体态美的形象描述。

4. 心灵美

心灵美又称“精神美”“内心美”“灵魂美”，是指人的精神世界的美。心灵美是形体美的内在表现，是社会美之一，是人的本质力量的集中体现，体现了社会文明对人的思想、感情、意志的要求。只有在追求形体美的同时，加强自身的思想和艺术修养，把外在美和内在美融合在一起，才能形成高雅的气质风度，才能构成形体的完美。

第二节　形体的基本姿态及其审美标准

形体的基本姿态主要有立姿、坐姿和行姿 3 个方面，形体美在这 3 个不同的方面分别有着不同的审美标准。

一、立姿美及其标准

立姿美是形体美的基本内容。立姿是生活静力造型的基本动作，优美而典雅的造型是形体美的基本要求。

立姿美的标准：上体正直，挺胸收腹；两肩平行地面，稍向后展开；两臂自然下垂，颈部保持正直，微前倾，两膝伸直，两脚掌均匀着地。这里强调的是“挺”。

二、坐姿美及其标准

坐姿美是形体美的重要内容，优美的坐姿使人感觉安详、大方、舒适、端庄、高雅。

坐姿美的标准：上体正直，两肩自然下垂，高度相同；颈部梗直微前倾，两膝自然弯曲，大腿保持水平，两脚掌均匀着地。这里强调的是“正”。

三、行姿美及其标准

行姿美是形体美的综合表现，矫健、轻松、灵活的步伐，令人精神振奋；稳健、端庄、自然的步伐，表现出沉着、庄重、斯文；雄壮、有力的步伐，给人留下英武、勇敢、无畏的印象；轻盈、敏捷的步伐，给人以轻巧、欢悦、柔和之感。

行姿美的标准：一腿自然弯曲向正前方抬起，落脚要正，膝关节伸直，后腿绷直，前脚掌蹬地使重心前移，两臂前后自然摆动。上体动作同立姿标准。这里强调的是“稳”。

第三节　形体练习的原则

一、目的性原则

形体练习的积极性来自于明确的目的和端正的动机。因此，首先要进行经常性的思想教育，把形体练习的目的同提高整个中华民族的素质和国民形象联系起来，同促进身体的正确发育和增进健康联系起来。这一目标的确定，有助于练习者产生积极情绪，自觉地克服练习过程中遇到的各种困难。其次，在形体练习的每一个阶段，要力求达到预期的目的。每个练习阶段都应有明确的目的要求，这些要求应成为练习者预期达到的目标。

二、实际性原则

实际性原则是根据练习者的情况，制定相应的练习方案，选择相应的练习内容，使练习者在参与练习的过程中，既能对身体各部位产生有效的刺激，又不至于产生畏难情绪或是过度疲劳。同时又要将一般要求与区别对待相结合，根据同一水平的人的共同点提出一般要求，而对每个人的不同点加以区别对待。

三、经常性原则

进行形体练习必须持之以恒，使形体练习中各种有效的方法对人体各部位产生持久的影响，并使练习者逐渐形成一种“习惯”，举手投足都体现出一种“行为美”。这样不仅有助于练习者在概念上正确理解形体姿态的规范要求，在实际操作上掌握形体练习的方法手段，更有助于生物节律的形成。

四、渐进性原则

形体练习的教学过程中，必须遵循由易到难、由简到繁，逐步提高教学难度和要求的原则。在内容方法和运动负荷的安排上做到合理有序，应反映形体练习教学过程的客观规律，保证练习者以最佳的状态进入练习，增强接受能力，提高练习效果，同时又能防止伤害事故的发生。

五、全面性原则

形体练习应全面发展身体各个部位、各种身体素质和基本活动能力，认真细致地“雕琢”人体的每一个部位。同时，要把身体形态练习与内在气质培养结合起来，使练习者通过形体练习形成正确的审美意识，既使形体得到良好的发展，又拥有高雅脱俗的气质，在美好的艺术环境中得到健康成长，使形体练习成为提高练习者综合素质的有效手段。

第四节　形体基本姿态训练

基本姿态是人最基本的姿态，包括立、坐、走等。通过站立、就座、行走等最基本的形体姿态的训练，大学生可以在日常举止中呈现出良好的气质和美好的仪表，形成富有个性、韵味的美感。

一、站姿

优美的姿态是由正确的站姿发展出来的。采用正确的站姿时，男子应挺拔刚健，女子应亭亭玉立。因此，站姿作为仪态美的起点和基础，应该得到真正的重视和有效的训练。正确的站姿要求头、颈、躯干和脚在一条纵轴垂直线上，两脚直立并拢，双肩平而放松，两肩自然垂直，挺胸，收腹，收臀，立腰，立背，颈直，下颌微收，双目平视前方。

1. 立姿控制练习（图 16-1）

动作要领：①站立时，气要上提，肩要下沉，臀部肌肉收紧。②梗颈时，颈部要用力，颈椎略向后收，眼睛平视。

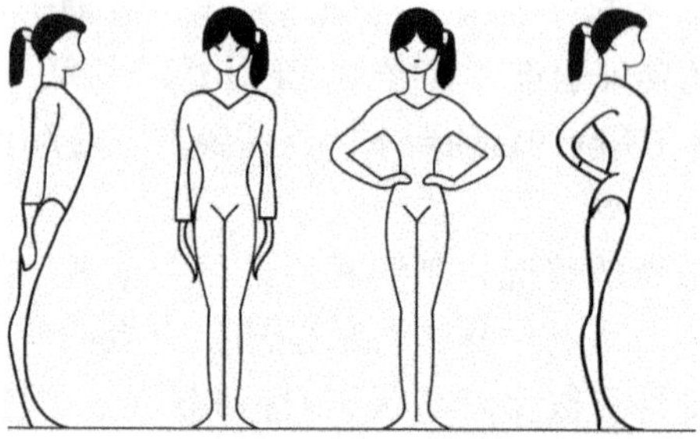

图 16-1　立姿控制练习

2. 提踵站立控制练习（图 16-2）

动作要领：① 双脚提踵要尽量提高。② 重心要稳，身体不能晃动。

3. 点地练习（图 16-3）

动作要领：① 保持站立的基本姿势，重心要稳。② 点地时，脚尖要绷直。前后点地时，脚面要外翻；侧点地时，脚面向侧。

图 16-2　提踵站立控制练习

图 16-3　点地练习

4. 移重心转体站立姿态控制练习（图 16-4）

动作要领：① 保持上体站直。前后点地时脚面外翻，侧点地时脚面向侧，脚尖绷直。② 要注意控制重心，使身体稳定。

图 16-4　移重心转体站立姿态控制练习

二、坐姿

坐姿要求女子两膝并拢；男子两膝可稍分开，略窄于肩宽。腰背要挺直，肩放松，挺胸，收腹，脊柱与臀部成一直线，略收下颌，目视前方。

1. 端坐式坐姿（图 16-5）

动作要领：① 上身挺直，双肩正平，双手自然放在两腿或坐椅扶手上。② 双膝并拢，小腿垂直落于地面。

2. 双腿斜放式坐姿（图 16-6）

动作要领：① 两小腿同向侧 45°为宜。② 脚尖不可翘起。

图 16-5　端坐式坐姿

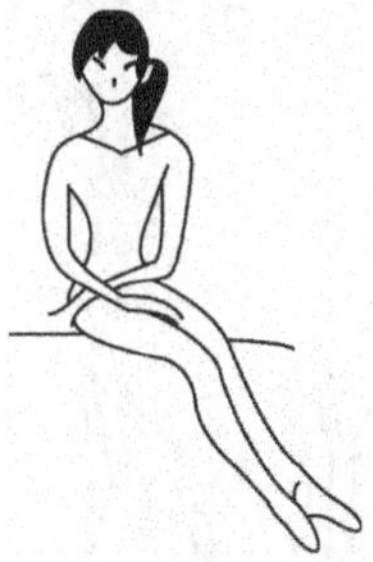

图 16-6　双腿斜放式坐姿

3. 双脚交叉式坐姿（图 16-7）

动作要领：① 两脚于脚踝处交叉，两脚前端外侧着地。② 两膝间可有一些距离，但展开不要过大。

4. 伸屈式坐姿（图 16-8）

动作要领：① 左腿伸出，脚尖绷直，右脚前脚掌着地。② 左、右大腿要紧靠。

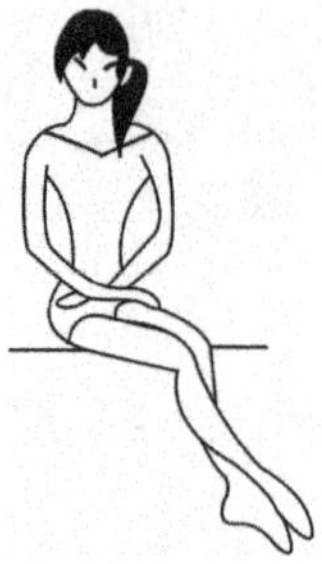

图 16-7 双脚交叉式坐姿

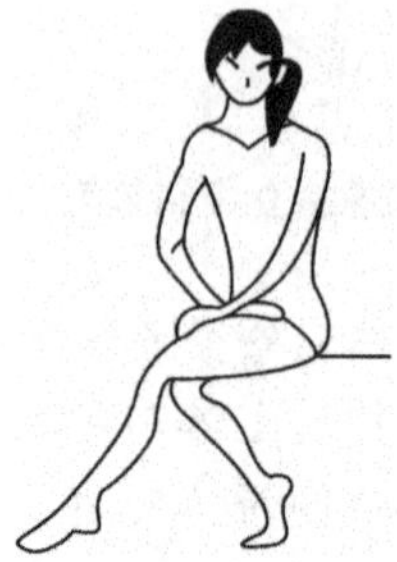

图 16-8 伸屈式坐姿

三、走姿

行走的姿态能产生很强的感染力。采用正确的走姿时，男子应自然稳健、风度翩翩；女子应轻盈自如、优美大方。正确的走姿要求：以标准站姿为基础，行走时头与躯干成直线，目视前方；步位正确、重心平稳，步幅基本一致，双臂自然摆动。

1. 走姿分解动作练习（图 16-9）

预备姿势：收腹挺胸，开肩梗颈，沉肩紧臀；女生双脚成“V”字形，男生双脚平行，成开立式，两脚间距离不超过肩宽；双手自然叉腰，保持站立的基本形态，目视前方，面带微笑。

动作要领：① 要根据速度控制形态。② 要注意练习中重心的左右前移，蹬地要有力。

2. 行走连续动作练习（图 16-10）

预备姿势：同上。

动作过程：迈左脚，右脚蹬地，重心前移至左脚；迈右脚，左脚蹬地，重心前移至右脚。反复此动作。

动作要领：① 始终保持上体端直、收腹挺胸和开肩梗颈的姿势。② 注意重心的不断前移和身体姿态的不断变化，形成和谐的美感。

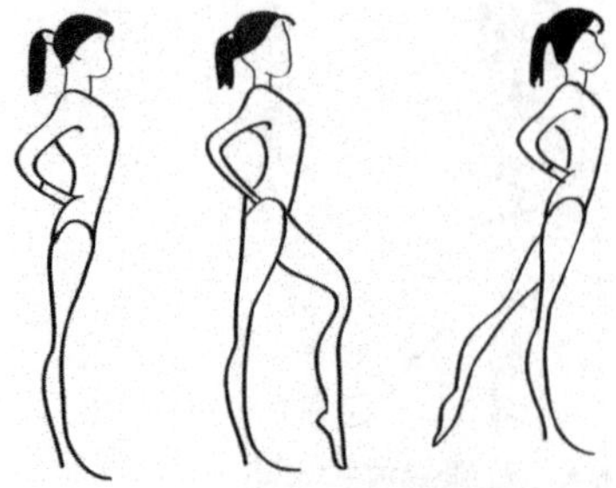

图 16-9 走姿分解动作练习

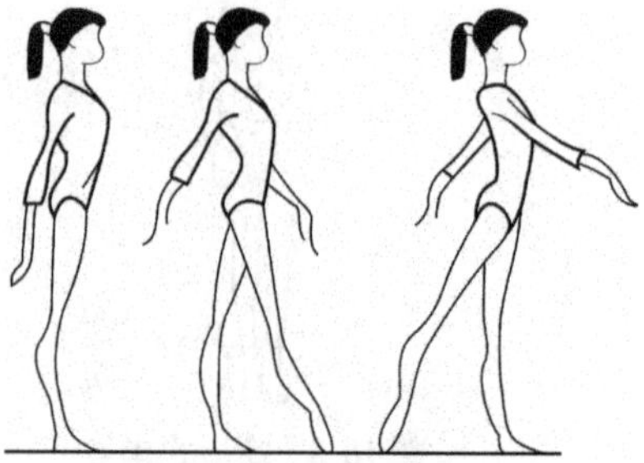

图 16-10 行走连续动作练习

3. 步度控制练习

预备姿势：同上。

动作过程：与行走连续动作相同。只是在行走时对步度进行控制，男生每步 40 厘米左右，女生每步 30 厘米左右。一拍一步，反复练习。

动作要领：① 严格控制步度，形成标准的走姿。②始终保持上体端直，收腹挺胸，目光平视，面带微笑。

4. 步位控制练习（图 16-11）

预备姿势：同上。

动作过程：与步行连续动作相同，但要求行走时对步位进行控制，男生走“两点”，女生走“一条线”。一拍一走，反复练习。

动作要领：① 男生行走时，左、右脚步位置可以不在一条线上，但左、右不能分得太开，以自然为准；女生左、右脚步位置必须在一条直线上。② 注意手臂摆动，以及双脚移动和步位控制之间的协调。

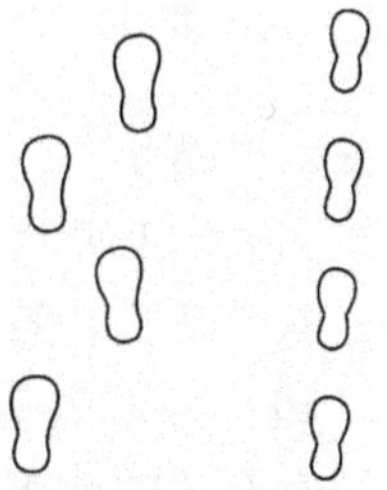

图 16-11 步位控制练习

5. 步速控制练习

预备姿势：同上。

动作过程：与步行连续动作相同，但要求对步速进行控制。男生每分钟约 110 步，女生每分钟约 120 步，配合口令或音乐反复练习。

动作要领：① 男生每分钟约 110 步、女生每分钟约 120 步只是参考数据，可根据自身条件适当调整。② 男生要走得潇洒，女生要透出柔美。

第五节 基本步伐练习

一、柔软步

如图 16-12 所示，自然站立，左腿膝和脚面绷直向前伸出，脚面向外，由脚尖过渡到全脚掌落地，身体重心随之前移，接着换右腿向前伸出落地。两腿依次交替进行，两臂自然前后摆动。

动作要领：摆动腿先向前伸出，由脚尖过渡到全脚掌落地，重心前移，收腹立腰，眼平视。

注意：动作自然、柔和。

二、足尖步

如图 16-13 所示，两脚并立提踵，双手叉腰。左腿膝和脚面绷直向前伸出（脚尖稍向外），由脚尖过渡到前脚掌落地支撑，重心前移，两腿交替进行。

动作要领：身体正直，收腹立腰，步幅均匀，不宜过大，支撑腿脚踝充分向上立。

注意：动作自然协调，提踵高，重心平稳。

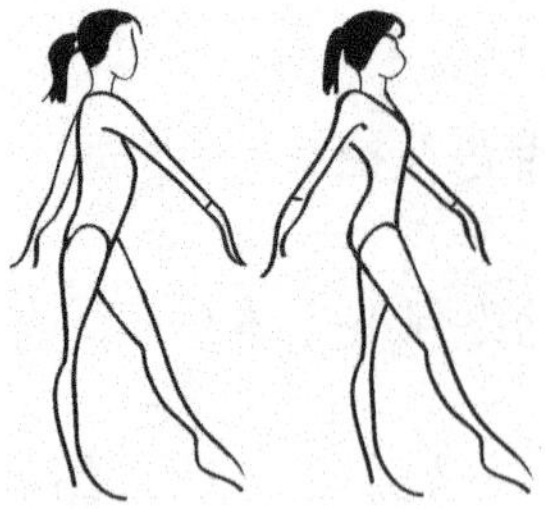

图 16-12　柔软步

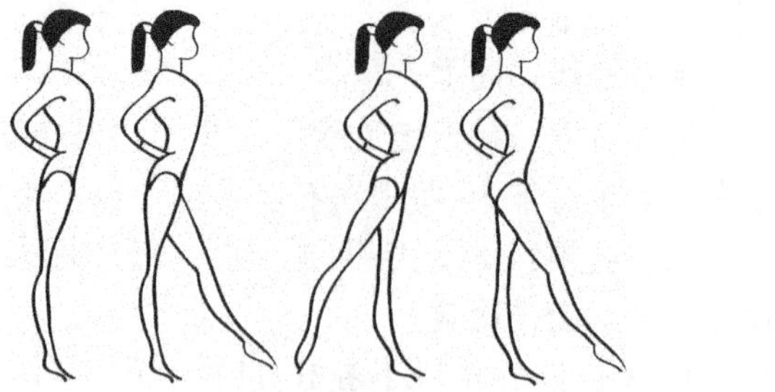

图 16-13　足尖步

三、弹簧步

如图 16-14 所示，（以左脚为例）两脚并立提踵，双手叉腰。第 1 拍左脚向前一步，同时稍屈膝半蹲，重心移至左腿。第 2 拍左腿伸直提踵，同时右腿向前下伸，膝与脚面绷直。第 3~4 拍动作同第 1~2 拍，换右脚做。

图 16-14　弹簧步

动作要领：出脚时由脚尖过渡到全脚掌柔和落地，有控制地依次弯曲踝、膝关节，接着依次充分伸直膝、踝，重心向上成提踵立，上体正直，收腹立腰，步幅不宜过大。

注意：动作柔和、连贯、有弹性，步幅适中。

四、滚动步

如图 16-15 所示，两脚并立提踵，两臂自然下垂。第 1 拍左脚柔和地由脚尖过渡到全脚掌落地，重心移至左腿，右腿向前屈膝脚面绷直出一小步，脚尖点地，同时两臂自然前后摆动（左前右后）。第 2 拍经双脚提踵立，重心右移，右脚全脚掌落地，左腿屈膝向前出步，脚尖点地，同时两臂动作同 1 拍（右前左后）。

动作要领：经两脚提踵立过程交替移动重心，同时上体保持正直，收腹立腰，髋部上提。

注意：膝向前，小腿和脚背与地面垂直，动作连贯、柔和、有弹性。

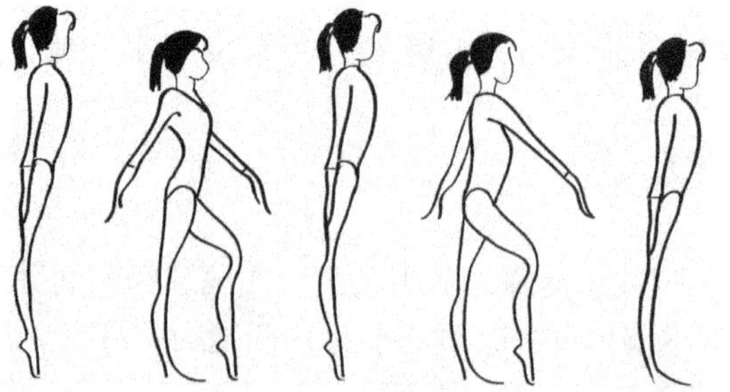

图 16-15　滚动步

五、加洛波步（并步跳）

如图 16-16 所示，（以左脚为例）自然站立，第 1 拍左脚向前一步，重心随之前移，左腿稍屈膝成小弓步，接着左脚蹬地跳起，同时右脚向左脚靠拢，两脚脚跟前后重叠放置，最后恢复自然站立。第 2 拍左脚继续做。

动作要领：前进的腿经屈膝蹬地跳起，后腿向前腿并拢，空中两腿夹紧，膝和脚面绷直，收腹立腰。

注意：动作连贯，有腾空，身体正直。

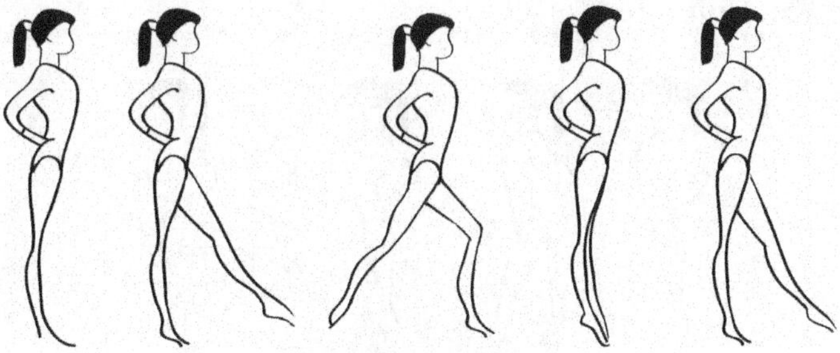

图 16-16　加洛波步

六、踏跳步

如图 16-17 所示，（以左脚为例）自然站立。第 1 拍左脚向前一步，第 2 拍左脚蹬地跳起，同时右腿直膝后举，脚面绷直稍向外。第 3～4 拍动作同第 1～2 拍，换右脚做，方向相反。

图 16-17　踏跳步

动作要领：跳时重心向上，上体正直，收腹立腰，后举的腿与蹬地腿起跳要同时。

注意：动作节奏准确，姿态伸长，轻松自然。

七、变换步

1. 普通变换步

如图 16-18 所示，（以左脚为例）自然站立，双手叉腰。第 1 拍上半拍，左脚向前柔软步。第 1 拍下半拍，右脚与左脚并立。第 2 拍左脚向前柔软步，重心前移，右脚伸直后点地。第 3~4 拍动作同第 1~2 拍，换右脚做。

动作要领：做时收腹立腰，上体正直，髋要正，后腿伸直点地，膝与脚面外旋。

注意：动作连贯、协调、舒展。

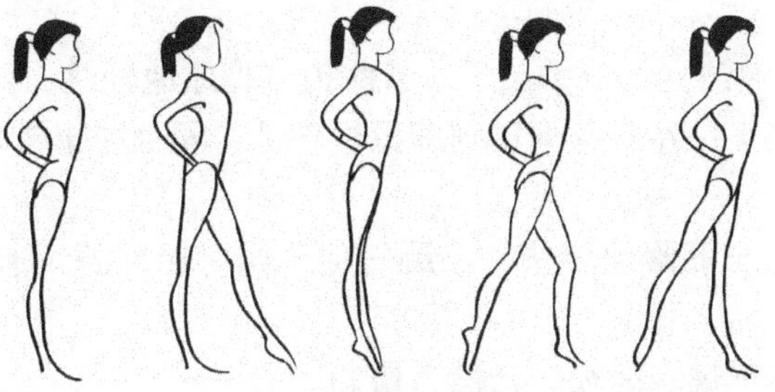

图 16-18　普通变换步

2. 后举腿变换步

如图 16-19 所示，动作同普通变换步，但第 4 拍时，右腿伸直后举。髋正，膝和脚面绷直稍向外，掌握后可练习支撑腿提踵立。

动作要领：做动作时收腹立腰，保持上体正直，髋要正，后腿伸直举起。

注意：动作舒展、连贯、协调。

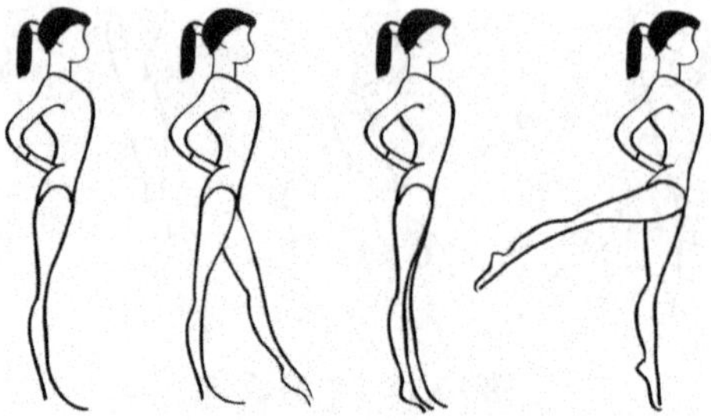

图 16-19 后举腿变换步

3. 变换步跳

如图 16-20 所示，（以左脚为例）自然站立，双手叉腰。动作基本同后举腿变换步，但第 1 拍左脚向前并步跳，第 2 拍时左脚上步蹬地跳起，空中右腿呈后举腿舞姿。第 3~4 拍动作同第 1~2 拍，换右脚做。

动作要领：支撑腿经稍屈膝有力蹬地向上跳起，使身体重心上升，收腹立腰，抬头挺胸，后举腿伸直。

注意：空中姿态准确，动作协调、伸展、连贯。

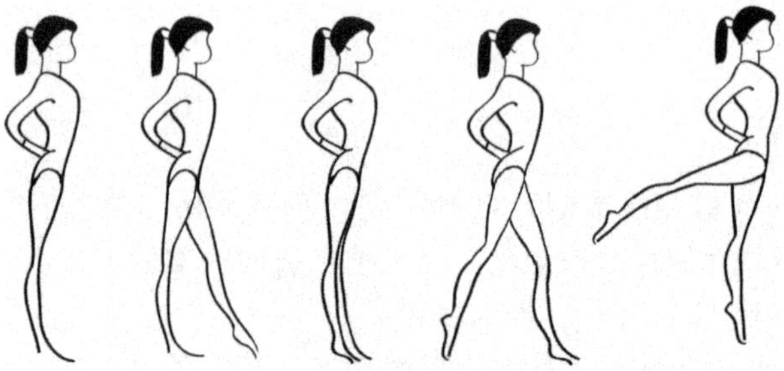

图 16-20 变换步跳

八、跑跳步

（以左脚为例）自然站立，双手叉腰。节前拍右脚原地轻跳，同时左腿屈膝抬起，脚面绷直，脚尖向下。第 1 拍左脚落地，随即原地轻跳，同时右腿屈膝抬起。第 2 拍动作同第 1 拍，换右脚做。

动作要领：前屈腿向下落地要快，小跳短促，同时屈膝腿不宜过高，并用前脚掌自然落地和跳起。

注意：跳与落节奏准确、轻松、活泼、协调。

第六节　形体练习应注意的问题

1. 编排动作组合时，要注意动作的难易程度，练习内容由简到繁、由易到难，循序渐进，先做分解练习，后做综合练习。

2. 形体练习中，还应包括基本步伐和各种综合性动作组合，使身体各部位的协调配合能力全面发展。

3. 形体练习应根据动作的性质选择乐曲。如小踢腿练习，要选择节奏感强、刚健有力的曲子。音乐符合了动作的性质和特点，才能使练习者在练习中恰当地表达感情，充分展示自己的形体美。

思考题

1. 形体美的内容及表现形式是什么？
2. 形体的基本姿态及其审美标准是什么？
3. 形体练习的原则是什么？

第十七章　体育舞蹈

体育舞蹈也称“国际标准交谊舞”，是由属于文艺范畴的舞蹈演变而来的体育项目。它以男女为伴的步行式双人舞为主要运动形式，分 2 个项群、10 个舞种。按竞赛项目分类，体育舞蹈包括摩登舞、拉丁舞和集体舞 3 种。摩登舞包括华尔兹、探戈、狐步舞、快步舞和维也纳华尔兹；拉丁舞包括伦巴、恰恰、桑巴、斗牛舞（帕索多不利）和牛仔舞（加依夫）；集体舞是由 8 对男女选手同时参加比赛和表演，并把国际标准交际舞的 10 个舞种组合起来，使原来只是 1 对舞者的单项比赛发展为 8 对舞者一起共舞的集体项目的比赛。

体育舞蹈融体育、社交、娱乐和艺术于一体，被称为室内的有氧运动和形体语言。经常参加练习，有助于健康，特别有利于体能和形体的改善。

第一节　体育舞蹈的基础知识

一、基本姿势

学习体育舞蹈必须先学会握拉姿势。

站立姿势：男女舞伴双足并合，脚尖并对前方，相对平行而立，双方将自己的右脚尖对准对方的双脚中线，间距 15 厘米；女伴偏向男伴左旁 1/3，做到肩平、背直、腰挺、膝松弛，胸向后倾弯。

1. 持握姿势（闭式姿势为例）

这是体育舞蹈中最主要的舞姿，许多优美的步法都是在该舞姿上发展形成的。闭式舞姿要求男女舞伴相对站立，两者正面身体构成封闭状态。女伴身体偏向男伴右侧约 1/3，男女腰部右侧轻贴，上身均向后倾。男伴左臂向左侧屈肘举起，高度稍超肩部，轻握女伴右手的拇指与其余四指。男伴右手环抱着女伴左胛骨下方，五指并拢，手掌呈空心，轻轻平贴在女伴的左臂上；女伴左手五指并拢，轻放在男伴的右肩上。见图 17-1。

2. 半开式姿势

在闭式舞姿的基础上，男女舞伴上身均向外闪开大部分，面向前方，目光通过相握的手向同一方向远视，但男右腰部、女左腰部与闭式舞姿一样，仍然轻贴，不宜距离过大。见图 17-2。

图 17-1　持握姿势

图 17-2　半开式姿势

3. 摩登舞手的握式姿势

男伴左臂向左侧举起，左手略高于肩，上前臂约成 90°角，呈“V”字形；左手与腕部要保持平直，手指要自然并拢，大拇指和食指分开，轻握女伴右手。见图 17-3。

4. 拉丁舞手的握式姿势

男伴左手握着女伴的右手，大拇指垂直压着女伴的手心，食指和中指捏着女伴的手背；在一次“脱步”后，拉女伴回来时，将无名指和小指压着女伴的手腕。见图 17-4。

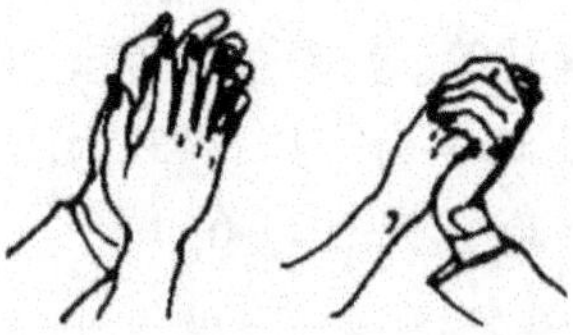

图 17-3　摩登舞手的握式姿势

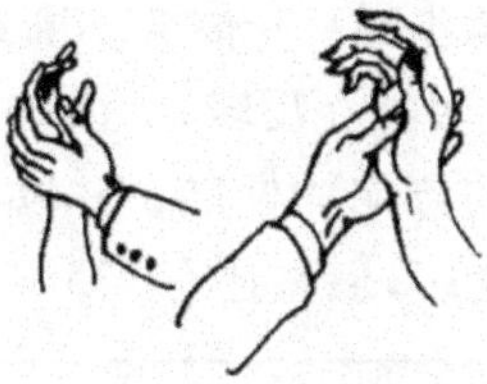

图 17-4　拉丁舞手的握式姿势

二、如何做出优美的站姿与握持

1. 体育舞蹈身体移动技术

良好的舞蹈移动才能产生好的舞蹈画面。例如，做前进走步、要向前移动时，身体应先向前移动，尔后以臀部摆荡带移动足向前；做后退走步、要向后移动时，先以臀部摆荡带移动足向后，移动足的足尖先着地，接着才是足掌至全足着地，然后身体重心移到后足。以下是最简明的前进、后退概要。

① 动力来自于重心脚的推送或拉拔。② 向前移动重心在前脚时，前脚要拉拔；重心在后脚时，后脚要推送。③ 前进的移动中，每一步都有两个动作，一个是“拉”，一个是“推”。④ 向后移动重心在前脚时，前脚要推送；重心在后脚时，后脚要拉拔。⑤后退的移动中，每一步都有两个动作，一个是“拉”，一个是“推”。⑥每个重心脚在推送之前都要有一个准备动作，尤其是做完每个动作之后更需要这个动作。这个动作是很重要的，它会带给舞者更有速度、更顺畅有力的移动及更好的音乐诠释，更重要的是给舞伴一个反应的空间。

2. 如何做出好看的站姿

① 男士垂直站立，收紧腰部。② 男士重心置于双足，稍向足掌的方向。③ 男士头伸直，放松身体。④ 女士膝放松，重心保持在双足掌前。

3. 如何做出好看的握持画面

① 男士与舞伴相对站立，同时女士在男士稍右侧。② 男士向侧伸张双臂，略低于肩

膀，弯曲右手肘置于女士胛骨下方。③ 男士弯曲左手肘并握住女士右手，握持高度约在眼睛位置。④ 男士左前臂由手臂至手微微向前，形成伸张而协调的线条。⑤ 女士的左手置于男士的右手臂上，刚好在男士肩膀之下。⑥ 女士举起右手臂，将右手置于男士左手中。

4. 保持良好姿态应注意的问题

① 在舞程中，不论是左脚或右脚开动，身体就应立刻随之移动，不应该有脚已经伸出，而身体尚未移动的情形。另外，脚步移动时脚不能翘起。② 在舞程中，不要低头看自己或对方舞步是否有错；双方互相握着的手，不应该上下摇动或者无力下垂。③ 假如舞步跟不上节拍，可以停下来，待将节拍听清楚以后再开步，千万不可勉强跟着节拍前进。

三、舞程线

不论是在哪种场合跳舞或参加比赛，都必须首选舞程线。每对舞伴在做连续旋转和连续常步时，都要沿着舞池按逆时针方向移动，以防互相碰撞，这个移动的方向就是舞程线。见图 17-5。

四、转身角度

在做各种舞步时，身体会不断地变换方向，旋转也有各种不同角度。旋转分为右转身（正转）、左转身（反转）、内转、外转、快转、疾转等。旋转的角度有四角八个方向，以男舞伴所站的方向为标准，并以男舞伴为中心点，360°为一周，45°为 1/8 转，90°为 1/4 转，180°为 1/2 转，还有 135°、225°、270°、315°转。见图 17-6。

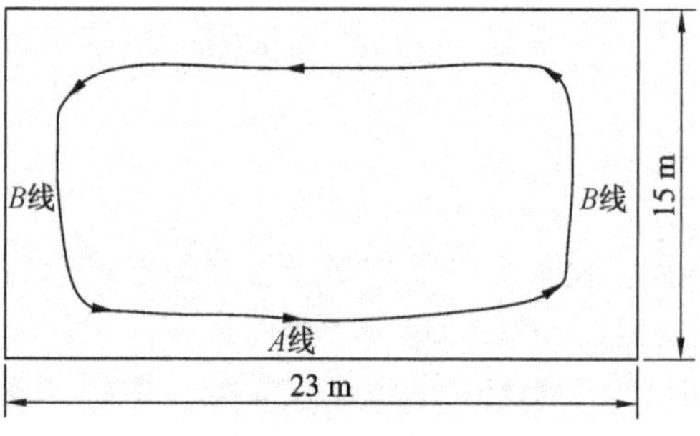

图 17-5　舞程线

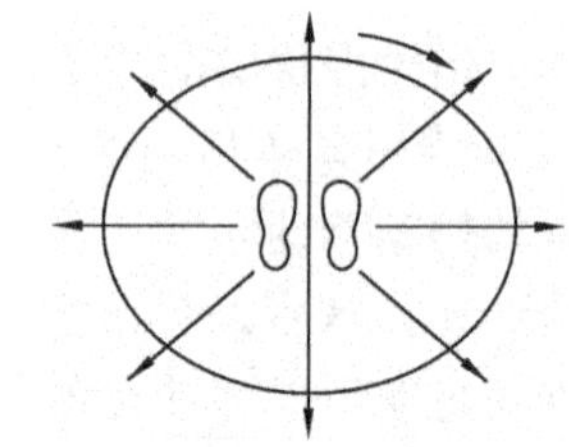

图 17-6　转身角度

第二节　基本舞步与组合

一、基本舞步

基本舞步是指体育舞蹈各舞种所必需的各种不同结构类型的典型舞步。掌握和提高基本舞步技术，可以为掌握其他舞步动作打下良好基础。体育舞蹈基本舞步是由身体动作、手势动作、身体形态和脚步动作构成的。因此，拉丁舞和摩登舞的基本舞步训练都包括身体动作训练、手势动作训练和舞步动作训练。

（1）常步：也称为散步、走步，可分为前进步和后退步两种。

前进时先用脚掌触地，过渡到脚跟擦地向前，着地后过渡到脚趾，身体重心随之移到前腿上；后退时动作相反，先用脚掌触地，然后用脚尖擦地向后，脚趾着地后再过渡到脚跟，重心随之移到后腿。

（2）横步：分左横步和右横步两种。向左侧横步，左脚用全脚掌向左旁迈一步，距离约同肩宽，右脚用前脚掌向左脚并拢，重心随之移到刚刚并拢的右腿；向右侧横步，动作相反。

（3）并步：可分为向前、后、侧3种并步。（以前并步为例）左脚向前迈一步，右脚用脚前掌在左脚侧点地，身体重心仍在左腿上。

（4）摇摆步：有左右和前后摇摆两种。左脚向前一步，重心前移，然后重心移向后，再向前移、再向后移，是前后摇摆；向左再向右，再左移、再右移是左右摇摆。

二、拉丁舞基本舞步训练

伦巴、恰恰、桑巴、牛仔、斗牛的基本舞步训练都有各自的舞蹈技术要求，同时也有共同点。

首先进行站立姿势练习。拉丁舞站立姿势一般有并立、前后点地立、侧点地立、弓步、开立半蹲、单腿立等，其中最基本的站立姿势是并立和点地立，其技术要领是立颈收颌、沉肩收腹、肩胛骨内收并沉肩，中腰拔起，臀部夹紧，大腿内收，头、肩、髋在同一垂直面上。重心在支撑脚全脚掌上，同时脚趾用力抓地。

（1）身体动作训练：主要是指躯干、胯部、膝盖、脚踝协调动作所形成的各种富有节奏感、表现力和优美造型的韵律性动作。

① 伦巴、恰恰的身体动作训练

两腿左右开立，两臂侧举或叉腰，做上体前后左右摆动；两腿左右开立，两臂侧举或叉腰，在重心前后左右移动下，做上体前后左右摆动；两腿开立或并立，做胸部以下至胯部的转动和伸压练习；两腿左右开立，在重心前后左右移动下，做以身体带动胯部摆动的练习。

技术要求：单纯的上体摆动时，收腹夹臀，保持髋部固定位置，中腰拉直，肩部放平，水平摆动。重心移动下的身体摆动，要以身体摆动带动重心移动，身体带动髋部形成“∞”字摆动。转胯动作，要髋、膝、踝三点在一条直线上，胯部转开斜45°，上体向上拉起。恰恰的身体和胯部摆动有大小幅度之分，在第1、2、3拍上是大摆动，第4拍上是2个小摆动。伦巴的胯部和身体动作缠绵，恰恰的动作快速，有切割感。

② 牛仔舞身体动作训练

两腿并立，两臂侧举，做左右腿交替的上下屈伸弹动练习；两腿并立，两臂侧举，做左右腿交替的上下屈伸弹动下结合胯部的左右摆荡练习。

技术要求：屈膝弹动时膝盖要自然放松，快速灵活；胯部摆荡方向要和支撑腿方向一致；支撑腿摆荡时动力腿要收回；要收腹立腰，两侧腰部要向上拉起，上体不要前后摆动。

（2）手势动作训练：拉丁舞手臂动作是身体动作的延伸，手臂动作不要求复杂、花哨，但强调在芭蕾手势基础上的力度和动作的气派。

两腿并立，两臂做前、侧、上、下及斜位举的对称性动作；一腿侧点地立，做两臂斜位举的不对称性动作；一腿前点、后点、侧点弓步，一手叉腰，一臂做各方向举的动作；一腿前、后点地开立，两臂做向前、侧的波浪动作；一腿侧点地立，手臂做画圈的摆动动作；结合身体练习。

技术要求：结合各舞种的身体形态进行练习。手型：五指伸直，大拇指打开，女士可用兰花指型，男士可用四指并拢型，指尖用力；手臂侧举与肩同高，稍向前，牛仔舞手势可低些位置；手臂波浪要以大臂带动小臂、手腕到指尖；画圈摆动要以大臂内侧带动向远处延伸；运用身体带动手臂动作时，注意腰中段的拔长和控制；立颈沉肩。伦巴手臂动作柔和缠绵，恰恰和桑巴的手臂动作快速、富有力感，牛仔舞的手臂动作较为随意。

（3）舞步动作训练：在身体和手臂动作基础上，进行伦巴、桑巴、恰恰、斗牛、牛仔舞的舞步动作训练。

① 伦巴舞步动作训练：包括原地移动、前进后退基本步、侧向基本步、前进后退走步、半重心移动步和定轴转步等。

支撑腿（重心腿）：在移动中左右腿交替支撑重心，并推动脚步运动，同时对地面有积极地施力作用。移动重心时，重心要从一脚先移到两腿中间，再移到另一腿上。必须经过两脚掌放平的过程。在半重心移动时，重心要经过每一条腿，同时支撑腿不起脚跟。

摆动腿（动力腿）：向前、向后出腿都是从前脚掌到全脚掌，向侧出腿是从脚掌内侧到全脚掌，但都必须经过脚跟踩平。脚尖和膝盖要对着行进方向。收腿时应该经过支撑脚的脚边，使两踝关节相对成“八”字形。

绕轴心转动：先让重心到支撑腿上，然后肩部先转再带动胯部转动。

② 恰恰舞步动作训练：包括前进后退基本步、侧向基本步、前进后退锁步、后点步接划圈锁步、前点步接划圈锁步、古巴断步、点转步。

与伦巴技术要点基本相同，但还是有其独特的技术特点。侧行锁步要求立腰立髋，收紧臀部，向前和向后锁步要后脚前掌不能超过前脚后跟，重心在两腿之间。后退脚内侧着地，脚跟下压，后腿膝盖靠紧前腿膝盖窝，前腿自然伸直。向侧锁步时两腿要依次屈伸。锁步结束后要用身体带动出步。

古巴断步：向前上步时重心在后支撑腿上，要求臀部收紧，髋部上提。

③ 牛仔舞基本舞步训练：包括基本步、并腿摇摆、并腿抛掷、连步摇摆。

慢拍上的踏步是前脚掌过渡到全脚掌，快拍上的并合步是用其掌内侧踏步完成 3 步；先身体移动再带动重心移动，重心移动再带动胯部摆动；并合步的 3/4 拍和 1/4 拍的音乐节奏与脚步的配合要正确；膝盖要有弹性，踝关节要有力，并合步有跳跃感。

三、摩登舞基本舞步训练

在进行华尔兹、探戈、狐步、快步、维也纳华尔兹的基本舞步训练前，必须掌握正确的站立姿势。基本站立姿势是：两腿平行，脚尖向前，两膝稍松弛的并腿立。技术要求与拉丁舞基本相同。

（1）握姿训练：主要是闭式位和开式位的握姿训练，以及探戈的握姿训练。先进行静止站立下的握姿练习，然后进行前进、后退、侧向移动下的握姿练习，再进行基本舞步和花步相结合下的握姿练习，最后结合成套练习。

（2）身体动作训练：包括升降、反身、摆荡和倾斜的动作技术训练。

① 升降练习：可进行单人或双人的练习，首先在站立位置上做升降动作；再结合前进、后退、侧向运步做升降动作。

② 反身练习：在并腿直立或半蹲站立位上做反身动作；在前、后弓步下做反身动作；

结合向前、向后出步做反身动作；结合舞步组合做反身练习。

③ 摆荡和倾斜练习：在并立位做向侧摆荡的倾斜练习；在增加向右、向左转动下的向侧摆荡倾斜练习；结合舞步组合进行练习。

技术要求：身体动作练习必须在保持好身体的基本形态（架式）和握姿的情况下进行。掌握好身体重心位置及中腰收紧拉长和控制。升降技术要掌握膝盖的屈伸和脚跟的提起与下落的关系。身体上升时，先脚跟提起，然后再直膝上顶。躯干不要主动上升，要保持向下的压力。在下降时，先屈膝再过渡到脚跟落下，而躯干不要主动下落，要保持向下的感觉。反身技术要求做反身动作时肩部和髋部保持水平，收腹立腰夹臀，躯干保持挺身姿势。拧转时要求以身体中心为轴，并且使头、肩、髋与两腿在同一垂直面上。摆荡时要求髋部与身体形成一个整体向侧直线摆动。完成倾斜动作时要控制好身体，避免躯干前倾、后仰或左右侧屈。

（3）舞步动作训练

① 华尔兹舞步动作训练：包括前进走步、后退走步、右脚并换步、左脚并换步、左转步、右转步、右转、左转等。

技术要求：掌握好男女舞伴的身体位置（如在闭式位男女舞伴中心线重叠，在开式位女伴偏后）；旋转动作要通过身体中心线转动，重心必须在支撑腿上，以单腿转体。

② 探戈舞步动作训练：包括前进走步、后退走步、直行侧步、前进连接步、并式滑行步、分式滑行步、基本左转步、基本右转步等。

技术要求：掌握好探戈握姿要求（如男伴要收紧腹部立腰，右手要超过女伴后背线，左臂形成锐角）；掌握好走步技术特点和动作的强弱与节奏；旋转动作必须有充分的反身动作才能获得快速的转动。

③ 快步舞基本舞步训练：包括直行追步、前进锁步、后退锁步、四快跑步、右轴转步、左轴转步、直角右转步等。

技术要求：掌握快步舞的升降和摆荡技术，强调升的高、降的低，并步快、出步相对慢些的技术特点；注意脚着地点跟脚掌的关系，同时要求侧行位运步；掌握舞步的节奏特点。

总之，基本舞步的训练方法一般采用单个动作的教学方法，目的是掌握单个基本动作的技术。基本舞步训练的核心是基本技术训练，基本技术是完成某一类型舞步动作的关键技术或技术环节，掌握程度如何直接影响套路动作的质量。因此，基本技术训练要严格要求，反复训练，长期坚持。为了提高基本技术动作的熟练性，在单个舞步训练基础上可以结合一些组合训练。同时要注重与音乐的配合训练，做到不仅要掌握动作技术，而且是在掌握节奏的前提下掌握动作技术。

四、套路动作训练

在掌握了基本舞步和基本技术的基础上，应较全面地选择各舞种的多种类型的舞步动作进行训练，此时选择套路动作进行训练可以起到事半功倍的效果。套路动作包含基本舞步的结构和基本技术。套路训练的目的是掌握各种舞步技法，并把基本技术灵活地运用到各舞步中。在套路动作训练中应该考虑以下几个方面的要求：

舞步动作必须在男女舞伴身体的相互作用下完成。正确的身体重心位置是产生动力的主要方面。要充分合理利用重力和身体内力，通过双方身体动作的配合，在男士带领下完成舞步。注意身体各部位姿势，以及男女舞伴在空间所处的位置关系。舞步动作必须考虑每一步的顺序、路线、方向、移动的距离、动作的速度、动作的力量和动作的节奏等，此外，在技术细节方面要考虑舞步的风格、表现力的处理等。

（1）华尔兹组合动作

预备姿势：闭式位（面对斜墙）。

左脚并换步—右转步 123—右转步 456—右脚并换步—左转步 123—左转步 456—叉形步—侧行追步—右转步 123—右旋转步（转入 B 线）—左转步 456—双左疾转步—向右侧行追步—后退锁步—后退拂步—迂回步—盘旋步

（2）伦巴组合动作

① 基本步—扇形步—阿列曼娜（打横）—手接手—原地左转

② 基本步—扇形步—曲棍步—右陀螺转步—闭式扭胯（扇形位结束）

③ 基本步—纽约步—臂下右转—手接手—原地左转

④ 扇形步—曲棍步—阿列曼娜（打横）—纽约步—原地右转—左分展步

（3）恰恰组合动作

① 基本步—扇形步—阿列曼娜（打横）—手接手—原地左、右转步

② 基本步—扇形步—曲棍步—右陀螺转步—闭式扭胯（扇形位结束）

③ 基本步—纽约步—臂下右转—手接手—原地左转

④ 扇形步—曲棍步—阿列曼娜（打横）—纽约步—原地右转—左分展步

⑤ 手接手—3 个恰恰侧行位—纽约步（自分式侧行位置到抑制步）—后退锁步和追步—肩并肩—时间步—纽约步—原地左转

（4）牛仔组合动作

① 连接步—并退抛开步—背后换手—左向右换位—侧行走步—右向左换位

② 并退抛开步—右向左换位—停和走—连接步—美式旋转

③ 并退基本步—右向左换位—左向右换位—背后换手

④ 并退基本步—右向左换位—左向右换位—连接步—绕转步—侧行走步

⑤ 并退基本步—右向左换位—左向右换位—连接步—绕转步—侧行走步—右向左换位—美式旋转—左向右换位—背后换手—右向左换位—停和走

第三节　竞赛规则简介

一、体育舞蹈的竞赛特点

体育舞蹈是从文艺舞蹈转变而来的项目，因此表现在竞赛上既有文艺的痕迹又有体育的特点。

1. 主持人制

体育舞蹈比赛自始至终在主持人的指挥和控制下进行。主持人既是司仪、广播员，又是宣传鼓动员、观众代言人，是场上的中心人物。

2. 比赛和表演结合

体育舞蹈比赛前、中间或结尾经常穿插国内外优秀选手的表演。既能够使比赛更加丰富多彩、气氛热烈，也能让裁判、选手和记分组等人员得以休息和重新准备。

3. “淘汰”与“顺位”结合的比赛方法

(1) 淘汰法

体育舞蹈比赛从预赛至半决赛采用淘汰的比赛方式，即根据竞赛编排从参赛人数中按规定录取选手进入下一轮比赛，淘汰其余选手。

(2) 顺位法

体育舞蹈比赛决赛采用顺位法决定单项和全能的名次，即将决赛时评委对每个选手打的各舞名次通过顺位排列的方法计算名次。

4. 评分特点

体育舞蹈评议时要求每个评委在竞赛规程规定的时间内，从场上所有参赛选手中决定比赛名单或名次顺序。这要求评委精力集中、业务熟练、眼光敏锐、反应迅速、判断准确。

二、国际标准舞评审标准

评审员根据什么标准评定选手的优胜呢？归纳起来可分为下列6条标准：基本技术的掌握、音乐韵律的运用、舞蹈特性的表达、舞蹈编排的能力、参加比赛的表现和临场发挥的效果。以上6条标准，前3条是衡量选手的基本技艺，主要用于初赛、复赛；后3条用于半决赛和决赛。就选手而言，应当具有参赛的实力，而不要有任何侥幸心理，做到公平竞争。评审员应根据评审标准，公正、严格、准确地评定选手。

三、评审知识

评审员的人数为单数，即由3、5、7、9至更多的单位数组成。在比赛时，选手能否进入下轮比赛，依据评审员2/3或3/5的比例选票决定。比赛通常分为公开赛、锦标赛（全局的或重大的比赛），以及邀请赛、友好赛或精英赛（局部的或一般的比赛）。比赛又分为专业级和业余级。专业级比赛分为公开级和新秀级。在专业公开级获得过名次的选手，不能参加新秀级比赛。业余级比赛分为公开级和新人级。在业余公开级获得过名次的选手不能参加新人级比赛。专业级选手不能参加业余级比赛，业余级选手可以参加专业团体举办的赛会。专业级比赛都是跳5种舞蹈，业余级比赛可以任选比赛舞种和数目。业余级比赛还设有：中年组——男40岁以上，女30岁以上；常青组——男50岁以上，女50岁以上；青年组——男14岁至18岁，女相同；少年组——男、女14岁以下。专业级比赛选手背号为黑底白字；业余级比赛选手背号为白底黑字。

如何区分专业与业余：以舞蹈活动为职业；参加专业级别的比赛；以舞蹈活动收取酬劳；在营业场所进行表演；宣称自己为职业者。凡属以上活动者，均属专业者，不能参加业余比赛。

比赛中对选手参加比赛的若干规定：不许在同类舞蹈比赛中更换舞伴；准时入场，否则为弃权；编组后不能改变组别，摩登舞比赛必须男女交手跳，拉丁舞比赛不许有托举或跪腿等危险动作；现役选手不能担任重大比赛的评审员。

对评审员的若干规定：必须持有评审员资格证书；赛前回避选手；决赛时不能对选手评选出1至6名的相同名次；淘汰赛时不能选出超额选手；评审员评选的结果，经公布后，为成绩的最终结果；评审员上场，必须以单数组成，如场上评选票作废，以评审长评定成绩为准。

四、比赛计分方法

国际标准舞比赛的计分方法分为英式顺位法和日式顺位法。这两种方法在淘汰赛时是一样的，而在决赛时顺位的名次方法是不一样的。赛前在比赛规程和比赛通知中，一定要明文规定，比赛所用计分法是采用英式还是日式，以便统一竞赛方法。赛前评审长根据参赛选手的对数，向评审员提出选手经初赛进入复赛的对数应是几对。比如参考选手是36对，进入复赛的选手对数应是2/3，即24对；经复赛进入半决赛的选手对数应当是1/2，即12对。经半决赛进入决赛的选手对数只能是国际规定的6对。初赛、复赛、半决赛为淘汰赛。评审员用画"√"的办法选出应进入下一轮比赛的选手。评审员按A、B、C、D、E等代号区分，并在自己所分配的代号上画"○"，便于计分统计与核对选票。

五、比赛场地与服装

比赛场地长23米，宽15米。选手按逆时针方向运行，交换舞程线时应过中心线。国内外的体育舞蹈比赛对于参赛选手的比赛服装有严格的规定和要求，比赛中裁判长有权取消不符合着装规定选手的参赛资格。在国际比赛中，将少年儿童选手分为少儿组（9~11岁或9岁以下）、少年一组（12~13岁）、少年二组（14~15岁）3个年龄组别；将青年、成人、壮年分在同一赛段，并分别制定了不同规格的服装要求。

思考题

1. 体育舞蹈中如何做出优美的站姿与握姿？
2. 国际标准交谊舞的分类有哪些？
3. 简述国标舞的评审标准。

第十八章　瑜　伽

第一节　瑜伽运动概述

一、瑜伽的起源与发展

瑜伽起源于古印度，距今已有5000多年历史，是集哲学、科学和艺术于一身的非常古老的修炼方法。它通过提升意识，帮助人们充分发挥潜能。古印度人在对动物、植物仔细观察后，创立了八万多个瑜伽姿势。通过瑜伽姿势练习，人们可以提高生理、心理、情感和精神方面的能力，达到身体、心灵与精神的和谐统一。瑜伽在南北朝时期传入中国，后来成为佛教中颇有影响的一派，近年来也走进了普通中国人的生活。瑜伽以独特的方式和风格，成为现代人健身强体、减压疏泄、塑身美体、防病治病的健身方法。一些高校在体育教学中增加了瑜伽的内容，受到大学生们的青睐。瑜伽有很多派系，主要有哈达瑜伽、阿斯汤加瑜伽、流瑜伽、热瑜伽、力量瑜伽和冥想瑜伽。瑜伽规定了各种训练法，如道德的修炼、肉体的净化、体位法、呼吸法、松弛法、自然饮食法及冥想法等。

二、瑜伽的锻炼价值

（1）神经系统、内分泌腺体和主要器官的状况决定着一个人的健康状况。有规律的瑜伽练习有助于消除心理紧张，以及由于疏忽锻炼或提早衰老而造成的体能下降。因此，练习瑜伽能保持活力，令思路清晰。

（2）瑜伽包含伸展、力量、耐力和强化心肺功能的练习，能促进身体健康，有协调整个机体的功能。瑜伽能培养心灵和谐和稳定情绪，引导你改善自身的生理、感情、心理和精神状态，使身体协调平衡，保持健康。

（3）瑜伽可以有效调节神经系统及内分泌系统，进而改善个人整体健康。长期练习瑜伽姿势、调息法及放松法可预防疾病。

第二节　练习瑜伽的方法与技巧

一、瑜伽的呼吸法

瑜伽的呼吸是瑜伽练习的重要部分，也是瑜伽练习能否收到效益的关键所在。瑜伽的呼吸方法有3种，包括胸式呼吸、腹式呼吸和混合式呼吸。呼吸是联系人的生理与精神的纽带，正确的瑜伽练习应先从呼吸的练习开始，而不应先从体位法开始。但是现代人们多忽略内在的训练而流于表面的展示，体位法的练习兴盛，呼吸法反而不被重视，这是很严重的方向上的错误。在进行瑜伽呼吸法练习之前，必须通过体位法来锻炼肺、横膈膜、肋间肌和膈肌，以便进行有韵律的呼吸。进行瑜伽呼吸的目的是消除呼吸和血压中的不均衡和障碍，消除烦躁不安，停止自己独特的想法和癖好，把自己从执着中解放出来。

1. 吸气

吸气就是获取宇宙能量，它可以净化身心，引导人们达到真实。它能使无限的灵性和有限的生理结合起来。要像悄然嗅着花朵的芳香一样，尽量柔和地、缓慢地吸入生命的“气息”，并使之遍布全身。吸气的时候，不要使腹部鼓起，否则，肺就不能完全扩张。吸气和呼气都不能勉强进行，也不能太快，否则，会加重心脏的负担，引发脑部障碍。

2. 呼气

呼气时，要有意识地提起上胸部，慢慢地、有韵律地排出气体。要密切注意呼吸的韵律性。要像蜘蛛来去匆忙、一步步地织网一样，进行呼和吸的动作。

二、瑜伽练习姿势

1. 山姿势

方法 1：两脚并拢，双膝收紧无空隙，收腹立腰，上身直立。两臂自然下垂，双手掌心向前。眼睛向上 45°方向看。深吸气与深呼气各保持 5 秒钟，并交替练习。见图 18-1。

功效：增强肺功能，增大肺活量，给大脑补充氧气。

方法 2：保持方法 1 姿势，上举双手，抬头，深吸气与深呼气各保持 5 秒钟，并交替练习。

功效：舒缓腰背部肌肉，收紧腹部肌肉并得以锻炼。

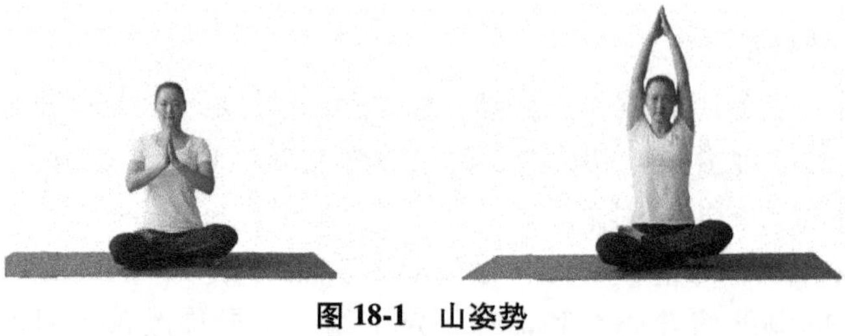

图 18-1　山姿势

2. 半月姿势

方法 1：脚、膝、双腿收紧直立。双手五指并拢相握，两臂紧贴耳朵伸直上举。吸气呼气向右，再吸气呼气向左。然后直立，再呼气，髋部向左推，保持 30 秒。再吸气直立，呼气，髋部向右推。每个姿势各保持 30 秒。见图 18-2。

功效：刺激心脏，预防便秘，促进消化。

方法 2：保持方法 1 姿势，抬头，呼气，躯干向后呈半月形，髋部向前推。吸气直立，再呼气，上体向前、向下手触地。每个姿势各保持 30 秒。

功效：加强腰背部、腿部力量。

图 18-2　半月姿势

3. 椅子姿势

方法：两脚向前自然开立，两臂上举。上体前屈边呼气边向下坐，膝部屈至 90°但向前不能超过脚趾，然后脚趾向上翘起，保持 30 秒。见图 18-3。

功效：增强肌肉力量，减少肩部、臀部、腿部多余脂肪。

图 18-3　椅子姿势

4. 弯弓姿势

方法：俯卧，左手、右手依次抓住脚踝处，吸气，慢慢将腿向上抬起，保持 20 秒左右，然后慢慢还原。见图 18-4。

功效：消除背部和腰部赘肉。

图 18-4　弯弓姿势

5. 三角姿势

方法：两脚开立（3 个肩宽左右），左脚外展 90°并屈膝，另一只脚内收 10°，成弓步，弯曲的膝盖不能超过自己的脚尖。左手臂伸直，五指并拢，掌心向前置于左脚内侧，右臂伸直举向天空，眼睛看右手上方。左右交换练习，各保持 25 秒。见图 18-5。

功效：缓解颈部和肩关节疼痛。

图 18-5 三角姿势

6. 树姿势

方法：站立，左脚掌心向上置于右侧髋前（大腿上部），膝部向下。双手在胸前合十，大拇指交错，慢慢举向天空，保持 40 秒。左右交换练习。如有难度，可将脚置于支撑腿内侧或膝部内侧。见图 18-6。

功效：修复由不良姿势造成的骨盆受伤，美化其外形。

图 18-6 树姿势

7. 骆驼姿势

方法：跪膝，两膝相距 15 厘米左右。双脚及腿完全贴在地上，双手分别置于两脚踝上，抬头，背部成弓形，体重放在骨盆上。见图 18-7。

功效：刺激腹部内脏器官，锻炼脊椎，有利于缓解腰部疼痛，造就美丽肩部曲线。

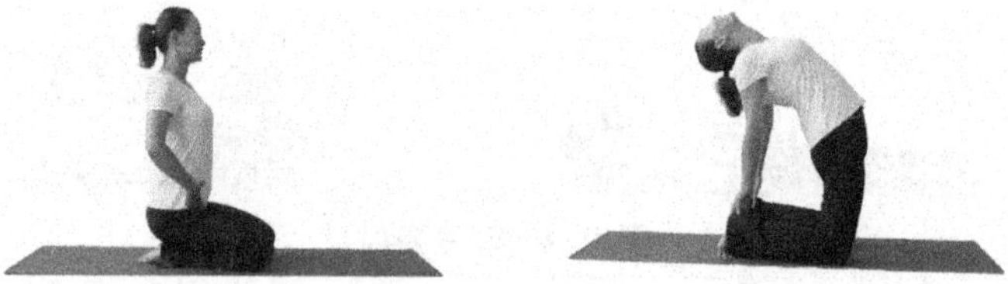

图 18-7 骆驼姿势

8. 平板支撑姿势

方法：俯卧，双臂屈肘放在身体两侧，用小臂和手掌撑地，双脚掌蹬地将身体撑起与地面平行，不要低头，臀部不能翘起，保持 30 秒。见图 18-8。

功效：增强全身肌肉力量。

图 18-8 平板支撑姿势

9. 猫姿势

方法：由跪坐开始；用手支撑双肩，跪趴在地上；吸气，抬头凹背，再呼气，低头凸背成拱形。各做3次。然后，最大限度地向前移动双臂，尽量将下颌、胸部放置在地面上，保持30秒。见图18-9。

功效：刺激内脏，预防便秘，消除臀部疲劳。

图 18-9 猫姿势

10. 眼镜蛇姿势

方法：俯卧，手掌贴身体并撑地。吸气，用手压地板，抬头，提胸，双腿紧贴地面。伸直手臂（但不紧绷），上身向上抬，保持25秒。见图18-10。

功效：增强背腹部肌肉弹性，塑造腰背部美丽曲线。

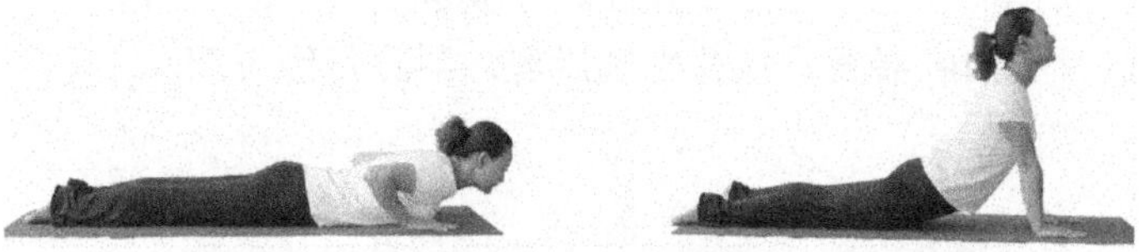

图 18-10 眼镜蛇姿势

11. 莲花坐

方法：双腿屈曲，两脚掌相对，背部挺直坐在地上，两手握住双脚，双腿呈半莲花状，加紧骨盆，用力挤压双脚，保持30分钟。见图18-11。

功效：可协调新陈代谢，对神经系统、肝脏、膀胱和胃部有调节作用。

图 18-11 莲花坐

12. 单腿背部伸展

方法：坐在地上，右腿向前伸直，左腿屈膝，左脚内侧触及右腿内侧，低头，上体缓慢向前伸展，直到双手触及右脚为止。然后换腿做同一动作。见图18-12。

功效：可以缓解背部及腿部肌肉僵硬和疼痛。

图 18-12 单腿背部伸展

13. 站立双腿背部伸展

方法：站立，双脚与肩同宽，手臂自然垂在身体两侧。呼气，腿以上部分向前倾，腿直立并让身体放松。保持 1 分钟。见图 18-13。

功效：可补养大脑、面部和头皮；减缓抑郁，对神经系统起镇静作用。

图 18-13　站立双腿背部伸展

14. 婴儿姿势

方法：跪在地面上，脚拇指接触地面。上肢坐在脚跟上，呼气，身体向前爬去，前额着地。放松手臂放在地面上，保持 2 分钟。呼吸自然。见图 18-14。

功效：补养肝肾和内脏器官，强壮生殖器官，消除月经失调。

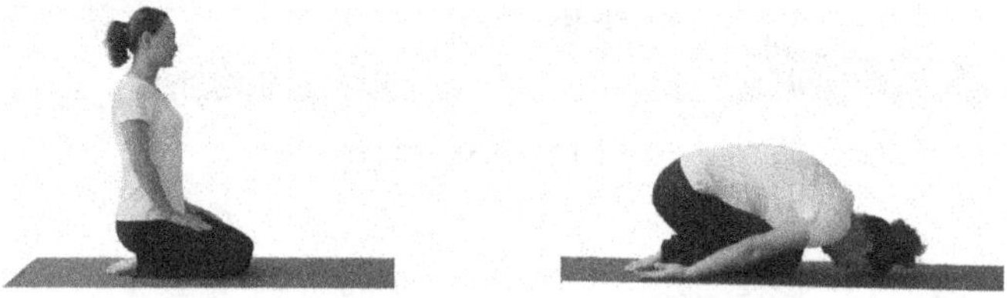

图 18-14　婴儿姿势

瑜伽的动作缓慢，利用丹田进行腹部深呼吸可使体内供氧量充足，再利用各种瑜伽姿势能充分伸展身体的肌肉与韧带，对训练筋骨的柔软度有相当好的效果。尤其是伸展脊椎的动作，可以刺激自律神经，促进新陈代谢。瑜伽的减肥效果比不上有氧运动立即而明显，但长期坚持练瑜伽能修饰全身曲线，练习一段时间后就会发觉腰腹部位的变化，体态也更匀称。

三、瑜伽练习技巧

瑜伽练习主要有 5 个关键的因素，即正确的呼吸、正确的练习、正确的放松、正确的饮食，以及积极的思考与冥想。体位的练习是为了放松肌肉，强壮内脏器官，改进身体关节和韧带的柔韧性。

1. 正确的呼吸

大多数人只是使用了自身呼吸能力的一小部分。正确的呼吸方法是集中注意力在鼻子的呼吸技巧上，开启能量和活力。呼吸练习应更多地集中在呼气上，以排出肺部的浊气和体内的毒素。

2. 正确的练习

瑜伽体位练习的目的是改善柔韧性和加强力量性。每一个体位的练习都应该是缓慢而流畅的，要避免剧烈的运动而产生乳酸，导致疲劳。

3. 正确的放松

保持身体健康的关键是通过放松来释放紧张。每次瑜伽练习的开始和结束都要做放松活动，在一些体位之间也要做放松活动。这样能够让能量自由地流动。

4. 正确的饮食

推荐练习瑜伽者采用简单而有益健康的素食。素食由自然的食物组成，非常容易消化。这样的饮食可以保持身体的活力和健康，使心灵平静，让躁动的思想得到自由释放。尽可能避免过度加工或罐装的食物。

5. 积极的思考与冥想

冥想是一种意识觉悟的状态。在练习冥想的时候，必须首先学会如何平静心灵和关注内心深处的心灵能量。冥想可以帮助减轻压力，补充能量。每天练习冥想，可让人更加清晰而积极地进行思考，并使身心得到平静。

四、瑜伽练习时间

清晨、早饭之前是瑜伽锻炼的最佳时间，傍晚或其他时间也可以练习，但要保证在空腹或吃饭三四个小时后练习。如果喝水多，最好是在喝水半小时后练习。一般早晨可以练习体位法，晚上多练习冥想，每天练习 40 分钟左右。

五、瑜伽练习用品

练习瑜伽时，可准备毛巾、垫子等练习辅助工具。熏香、精油或柔和的灯光、轻柔的音乐，均可帮助练习者在宁静的气氛下顺利进行练习。同时，要准备一套伸展度佳的瑜伽服，以便在练习中无拘无束，舒服畅快。

六、瑜伽练习场地

练习瑜伽时要选择安静、清洁、空气新鲜的地方，尽量离开房间选择露天的自然地；在房间中注意保持空气流通，这对于调息练习尤为重要，要养成经常开窗透风的习惯。练习瑜伽时还可以在旁边摆放绿色植物。地上需要铺上松软的毯子，柔软度以能轻松地保持站立为宜，千万不能让脚下打滑。在练习关于坐式的瑜伽时可以使用蒲席，这样可以有效防止疲劳。瑜伽练习时必须保持安静，避免交谈和心理活动，可以播放轻松简单的乐曲，总之要使身心能够专心集中。

七、瑜伽练习的基本注意事项

（1）练习瑜伽体位法之前，必须先做暖身运动。

（2）练习瑜伽时要集中精神，不能分心。

（3）练习瑜伽时身体要放松，若有特殊疾病，练习前应征询医师。

（4）练习瑜伽前 2 小时请勿进食，练习前 1 小时可以进流食。

（5）练习瑜伽不能勉强，不能急，也不宜跟别人比较。

（6）练习瑜伽时，意识要集中在动作与呼吸上。

（7）练习瑜伽时不宜讲话。

（8）做完瑜伽动作后，根据自己身体的反应进行放松练习。

思考题

1. 练习瑜伽时应注意哪些呼吸方法?
2. 根据自身情况制订练习计划。
3. 练习瑜伽应注意哪些事项?

第十九章 轮 滑

第一节 轮滑运动概述

一、轮滑运动的起源

关于轮滑运动的起源，国际上有几种说法。大多数人认为，最早可以追溯到公元8世纪，一个不知名的荷兰人发明了滚轮溜冰。

早期，轮滑只能直行，不能转弯，也没有制动装置，需要依靠外力才能停下。直到1863年，美国人詹姆斯·普利姆普顿发明了一种有转动装置的鞋，他创新地用金属轮子代替木质轮子，滑行起来具有更多的优越性。这种鞋能够转弯，而且能控制速度，深受大家的欢迎。1866年，詹姆斯在纽约投资开办了第一座室内滚轴轮滑场，并组织成立了纽约轮滑运动协会，首次将轮滑运动正式列入体育运动的正式比赛项目。1879年，英国成立了国家滑冰协会。1884年，美国的理查森和雷蒙德发明了滚珠轴承，这对改进滚轴溜冰运动的技术起到了极大的推动作用。

二、世界轮滑运动的发展概况

20世纪初，轮滑运动在美国和欧洲广泛开展，一些国家纷纷成立了速度轮滑俱乐部。1884年，英国首次举办了全国轮滑锦标赛。1910年，欧洲开始出现了轮滑球赛。1924年，在瑞士的蒙特勒举行了国际轮滑联盟第一次代表大会，瑞士、英国、法国、德国的11名代表参加了本次会议，成立了世界上最早的“国际滚轮溜冰联合会”。1940年4月28日，在罗马举行的第43届国际奥林匹克委员会会议上正式承认了轮滑项目的国际联合会。从此，轮滑运动很快从欧洲传到北美洲、南美洲、非洲、大洋洲等地，在世界各国得到广泛开展。自1936年首次在瑞士举行了世界轮滑锦标赛后，国际滚轮溜冰联合会决定，每年举行一次世界速度轮滑锦标赛（包括场地赛和公路赛）、一次世界花样轮滑锦标赛、一次世界轮滑球锦标赛。1952年，国际滚轮溜冰联合会正式更名为“国际轮滑联合会”（International Roller-skating Federation，FIRS），总部设在西班牙的巴塞罗那。1992年，国际奥委会决定把轮滑球运动列入奥运会的正式比赛项目。1997年，在捷克斯洛伐克首都布拉格举行的国际奥委会会议上，接纳国际轮滑联合会成为国际奥委会的正式成员。

三、亚洲及我国轮滑运动的发展概况

1978年，亚洲轮滑联盟由日本、印度和韩国3国联合成立。后来中国、中国台北、中国香港、中国澳门、菲律宾、泰国、巴基斯坦、印度尼西亚等国家和地区相继入会。亚洲轮滑联盟迅速扩大。

中国轮滑协会于1980年正式成立，并于当年9月加入国际轮滑联合会。1987年1月1日，我国根据国际通用名称，将这一运动正式更名为“轮滑”。在亚洲举行的历届比赛中，日本队、中国队、中国台北队的成绩比较好。中国队多次获得花样轮滑团体金牌。目前，由中国轮滑协会主持管理的运动项目主要包括速度轮滑、花样轮滑、自由式轮滑、轮滑球和极限轮滑几个单项。其中，速度轮滑是最能体现轮滑运动竞技性的项目。目前，我国的花样轮滑在亚洲处于领先地位。

四、轮滑运动的功能

轮滑运动和其他的体育运动项目一样，具有极强的健身价值。经常参加轮滑运动能使人体各组织、器官的负荷得以增加，改善神经系统、心血管系统、呼吸系统和运动系统的机能，促进体质的增强。

1. 改善神经系统机能

经常参加轮滑运动可以促进神经细胞的生长发育，促进神经细胞营养物质的合成与储存，从而提高神经纤维的再生能力。对机体的前庭器官和神经系统产生影响，刺激前庭分析器产生兴奋，同时在肌肉和神经系统的调节中产生大量的神经冲动，建立大量的条件反射，使神经系统的反应速度及神经系统对肌肉调节的精细度得到改善。

2. 改善心血管系统机能

经常参加轮滑锻炼，特别是长期参加长距离锻炼，对心血管的形态、结构和机能都会产生不同程度的良好影响，可提高心脏功能，延缓心肌衰老。

3. 改善呼吸系统和运动系统机能

参加轮滑运动一般都是在户外，不仅能呼吸到新鲜空气，改善氧的供应，而且能提高呼吸器官的工作能力，改善呼吸器官的机能，增强呼吸肌。

4. 减肥

缓步持续滑行30分钟平均可消耗285千卡（约1193千焦）热量；间断式滑行（1分钟低姿冲刺+1分钟直立式轻松滑）30分钟可消耗450千卡（约1884千焦）热量。

5. 减压

轮滑的愉悦性，可以让因工作紧张的神经得到放松。

第二节　轮滑运动项目与场地器材

一、轮滑运动项目

随着轮滑运动日益发展，技艺不断提高，目前已形成多项轮滑竞技项目，并已在奥运会上占有一席之地。

（1）速度轮滑：以单排、双排轮滑鞋为比赛工具的竞赛项目，分为场地赛和公路赛。比赛的跑道有场地跑道和公路跑道。公路跑道又分为“开放式”和“封闭式”两种。

场地赛的跑道长度不少于125米，不超过400米，宽度不小于5米。举办国际比赛，场地赛跑道长度为200米，宽度为6米。地面可用任何材料铺成，但要求完全平坦，在弯道处可有一定的倾斜度，不滑，不黏。有倾斜的部分要从内侧边缘逐渐均匀平稳地升高，直到外侧边缘。为了与倾斜弯道相衔接，直道也可以有向内的倾斜部分。但直道的平坦部分不应少于跑道总长度的33%。终点要用白色线标出，线宽为5厘米。

公路赛跑道的宽度全程不得小于6米。路面必须平坦而光滑，没有凹陷和裂缝。横切路面的拱曲度不得超过其宽度的5%。起、终点要用宽5厘米的白色线标出。起点一般不设在弯道处，终点应设在弯道后不小于50米处。“封闭式”公路跑道的起点和终点相衔接，“开放式”公路跑道的起点和终点不衔接。

（2）花样轮滑：分为单人滑（男、女子组）、双人滑和舞蹈。根据动作的难易程度、舞姿的优美程度打分确定胜方。

（3）自由式轮滑：包括花式绕桩和速度过桩。分为单人项目和多人项目。比赛场地面积不小于40米×10米。其中，花式绕桩需要放置三排桩，其桩距顺序依次为50厘米、80厘米、120厘米。速度过桩需要放置两排桩距80厘米的桩。两排桩之间的最小距离为3米。两排桩之间需放置隔离带。隔离带长度至少为15.2米，隔离带一般不高于30厘米。起跑线包括主起跑线和副起跑线。副起跑线位于主起跑线后15厘米。主起跑线距首桩12米，终点线距尾桩80厘米。总比赛距离为：12米+0.8米×19+0.8米=28米。

（4）轮滑球：轮滑球比赛是由2个队，每队各5名运动员，穿轮滑鞋在平坦的长方形场地进行比赛。轮滑球比赛应在40米×20米（最小34米×17米，最大44米×22米），长宽比为2∶1，允许有10%的误差的场地上进行。场地表面应由木材、沥青、水泥或其他合适的材料制成。比赛器材包括1个球、2个球门和球杆。运动员只能用球杆设法击球，球进入对方球门可得分，全场比赛得分多的队为胜队。一场比赛分为上、下两个半场，中场时两队交换场地。在锦标赛中，少年比赛每半场时间为15分钟，青年和成年比赛每半场时间为20分钟。在其他比赛中，青年组每半场时间为20分钟，成年组每半场时间为25分钟。比赛由指定的裁判员在计时员的协助下完成。

（5）极限轮滑运动：极限轮滑是利用U形台、滑杆等做各种各样的惊险、复杂的技巧表演动作，极受现代年轻人的追捧。场地主要分为街式和专业场地，专业场地分道具赛和半管（U形池）赛。裁判员根据表演项目的难易程度、艺术表现力等进行评分，以得分高者为胜。

二、轮滑运动器材

1. 轮滑鞋

（1）根据轮子的排列方式分为双排轮滑鞋、单排直列式轮滑鞋和其他形式的轮滑鞋。由于双排轮滑鞋的滑行技巧不太好掌握，正在被逐渐淘汰，单排直列式轮滑鞋是当前的主流。

（2）根据鞋的用途，单排轮滑鞋又可以分为休闲轮滑鞋、竞速轮滑鞋和特技轮滑鞋。

① 休闲轮滑鞋：强调舒适，鞋的刀架和鞋为一体，轮子多为聚酯材料，以保证足够的弹性和抓地效果。多采用PU防滑轮，弹性好；轴承为快速轴承，滑行起来比较轻松；鞋扣也很科学，穿着方便。

② 竞速轮滑鞋：鞋帮都比较矮，鞋身质地为全真皮。好的竞速轮滑鞋多没有刹车头，其特点是重心较低，竞速轮的侧摩擦力较大，以便加速。

③ 特技轮滑鞋：多采用系带加扣式，以避免在做特技时因鞋扣松开而发生危险。底座比休闲轮滑鞋薄，以保持较低的重心。鞋帮比较坚硬，能提供安全防护，防止剧烈冲击。

对于初学者来说，一般第一双鞋选择休闲轮滑鞋，在掌握了基本的轮滑技术后，再根据个人的兴趣爱好及希望的发展方向选择合适的轮滑鞋。

2. 护具

初学轮滑者可以根据具体的情况选择使用护具。少年儿童在初学轮滑时一般要使用全套的护具，包括护手、护膝、护肘、头盔等。对于成年人来说，可根据每个人的特点选择性地使用护具，成年人的自我平衡能力强可以只用护膝和护肘等。

3. 轮滑球器材

轮滑球的器材有轮滑鞋、球杆、球、球门、护具。

第三节　轮滑基本技术

一、站立与平衡

轮滑，首先要从站立、维持身体的平衡开始。初学者在第一次穿上轮滑鞋后，应该手扶栏杆或在同伴的扶持下，慢慢站起，使身体重心尽量落在4个轮形成的长方形的支撑面内，做好站立姿势。然后放开抓扶的手，逐渐体会如何在滚动的轮子上维持身体平衡。

（1）原地站立。手扶栏杆或在同伴扶持下，两脚向外分开成“八”字形，两腿稍弯曲，两臂自然下垂，上体稍向前倾，但不要低头弯腰，两眼要向前看。见图19-1。

图19-1　原地站立

（2）原地踏步练习。手扶栏杆或在同伴扶持下，原地做双脚和单脚提踵练习，感受两个前轮和制动器的位置，维持好身体平衡。见图19-2。

图19-2　原地踏步练习

（3）原地两脚交替前后移动。手扶栏杆或在同伴扶持下，两脚平行站立，在原地做两脚交替前后移动，体会4个轮子在脚下的位置和滚动时的感觉。

（4）原地踏步。手扶栏杆或在同伴扶持下站立，原地做身体重心向左移至左脚上，提起右脚（稍离地面），然后右脚4个轮着地，重心向右移至右脚上，提起左脚。依次两脚交替提起、放下，逐渐加快速度至正常走路节奏，体会4个轮子在脚下的位置，控制身体重心，维持平衡至独立完成。

二、向前滑行

在学习、掌握了原地站立与踏步之后，就可以进一步学习向前滑行了。其基本方法是把日常行走中的向后蹬地改为向侧后方蹬地，使身体在得到一个稳定的支点的基础上，获得向前运动的力。

1. 双脚走滑

站立，用右脚内刃向侧后方蹬地，把身体重心移到左脚上，蹬地后的右脚迅速收回与左脚平行成双脚向前滑行。当向前滑行将要停止时，再用左脚内刃向侧后方蹬地，蹬地后迅速收回与右脚平行成双脚向前滑行，两脚依次交替蹬地前滑。见图 19-3。

图 19-3　双脚走滑

① 原地两脚分成“八”字形站立，先做左脚内刃向侧后方蹬地的双脚滑行。两臂向侧前方伸出，以便维持身体平衡。开始时，左脚内刃蹬地的力量要小些，蹬地时步幅小一些，逐渐加大。当左脚蹬地双脚滑行有一定技术后，应换右脚蹬地的双脚滑行。

② 在上述练习较熟练后，即进行两脚轮换蹬地的双脚滑行。

2. 前葫芦步

开始以双脚内刃站立，起滑时身体稍前倾，两膝弯曲用力，两脚尖向外，两臂左右伸开帮助维持身体平衡。当双脚向前外滑至最大弧线时（两脚稍宽于肩），两脚尖迅速内收靠拢，恢复至开始姿势。连续做双脚的分开与靠拢，就能够不断向前滑进。见图 19-4。

图 19-4　前葫芦步

① 在完成滑行练习后，从原地站立开始，向前滑出，两脚尖外展，两膝稍屈，两脚跟用力下压滑至最大弧线时，两脚尖内收靠拢，恢复至开始姿势。

② 从静止原地站立开始，做双脚前滑，体会惯性前滑、脚和膝的协调配合动作。

3. 前双曲线滑行

两脚平行站立，左脚以内刃向侧后蹬地（四轮不离地），身体重心在右脚上，向右滑双脚曲线，然后右脚用内刃向侧后方蹬地，重心偏向于左脚，向左滑双脚曲线，依次连续进行。该动作主要体会身体重心的移动与蹬地动作的协调配合，感受滑曲线时流畅的滑行感觉。见图 19-5。

图 19-5　前双曲线滑行

4. 向前直线滑行

原地两脚成“T”形站立，左脚在前，右脚在后，两腿稍弯曲，用右脚内刃蹬地，重心慢慢移至左腿，右腿蹬直后右脚蹬离地面，成左脚向前滑行。然后收入右脚在滑足侧面落地后，左脚蹬地重复上述动作，成右脚单脚向前滑行。两脚交替向前直线滑行。见图 19-6。

图 19-6　向前直线滑行

① 在双脚曲线滑行的基础上，身体重心逐渐移至单脚上，成单脚滑行，慢慢减少双脚滑行过程，直至单脚支撑滑行，另一脚在滑行脚后举起。

② 原地两脚成“T”形站立，体会单脚蹬地，重心移至另一脚成单足滑行的配合动作。

三、向后滑行

向后滑行是在基本掌握了向前滑的基础上进行的，初学者一般都是先学向后葫芦滑行，再学向后蛇形滑行，然后过渡到单脚向后滑行。

1. 向后葫芦滑行

两脚稍稍分开，平行站立，开始脚尖稍向内，两腿弯曲，用两脚内刃向前蹬地，同时两脚跟向两边分开，向后外滑至最大弧线（两脚稍宽于肩）时，两脚跟收拢，两膝用力伸直，恢复至开始姿势。重复上述滑行动作，就能连续向后滑行了。见图 19-7。

图 19-7　向后葫芦滑行

2. 向后蛇形滑行

站立开始，两脚分开（约一脚距离），两腿弯曲，脚尖稍向内转。用右脚内侧轮蹬，身体重心移向左侧，成左脚向后滑行。右腿在体前伸直，随即右脚放在左脚侧面，恢复开始的姿势。然后再用左脚蹬地，身体重心移向右侧，成右脚的向后滑行。左腿在体前伸直，随即左脚放在右脚的侧面。然后依次重复上述动作。做蛇形后滑时，要注意在滑行中上体始终保持稍前倾姿势，两膝保持弯曲，两手在体侧分开侧举。

四、停止法

学会了向前滑和向后滑以后，就需要学习如何在高速行进时刹车了。一般的刹车方法有以下几种：

1. 内“八”字停止法

在获得一定的向前滑行速度后，两脚平行分开站立，随后脚尖内转，两脚以内侧轮柔和地压紧地面，两腿弯曲，上体稍前倾、臀部下蹲，两臂前伸维持身体平衡，就会逐渐减速至停止。见图 19-8。

2. “T”形停止法

单脚向前滑行开始，浮足在滑行脚的后跟处，双脚呈“T”形放好后，将浮足慢慢放在地面上以内侧轮柔和地压紧地面，减缓向前滑行速度，直到停下来为止。见图 19-9。

图 19-8　内“八”字停止法

图 19-9　“T”形停止法

3. 双脚急停

在向前滑行时，两脚同时做顺时针（或逆时针）方向急转，左脚以内侧轮、右脚以外侧轮与滑行方向成 90°角压紧地面，同时身体向右急转，重心移到右腿上，两膝弯曲，两臂前侧伸，即可停止下来。

五、转弯

1. A 字转弯

两脚平行前滑，欲转弯时，两脚压内刃，右脚下压施力并往右张开，这时左右脚仍保持平行。当右脚张开，自然会向左转弯。继续转弯，转弯完成后，两脚回收至平行且与肩同宽，继续前滑。见图 19-10。

图 19-10　A 字转弯

2. 平行转弯

平行前溜时，两脚一前一后；入弯时身体向左倾，右脚压内刃，左脚压外刃。切记两脚须一前一后，转弯才会比较稳。身体扶正，完成转弯动作。

六、绕圆

1. 前剪绕圆

上半身往左转 90°（尽量地向后转）；保持上半身的方向，右脚自左脚前放在左脚左边，左脚向左跨出。前剪绕圆主要由两个动作组成，即弓箭步和交叉步。前剪绕圆行进路线为一个大圆，前进时身体必须倾向圆心。先练习静止状态的交叉步伐，再做连续动作。

2. 后剪绕圆

后溜时两膝盖微蹲，身体微微向右倾，两脚呈左脚在前、右脚在后状。入弯时身体微向右后方倾，两脚往内推呈交叉状。两脚在推的同时，右脚所推的力量须大些。交叉后两脚张开呈平行后溜，后溜时再重复上述步骤，即可顺利向后绕圆。

第四节　轮滑运动技术训练

一、基本技术模仿练习

为了正确掌握基本轮滑姿势，先要做好模仿练习。所有陆地模仿练习都是为滑跑打基础。田径中的跑有腾空，而滑跑是没有腾空的，要始终保持支撑脚在地面滑行。

1. 基本姿势

速度轮滑时，运动员采用减少阻力和提高动力的特殊的滑跑姿势。要求滑行姿势必须减小空气阻力，有效发挥蹬地力量，并尽可能长时间保持正确的滑跑姿势。

学习要领：上体前倾、肩稍高于臀，目视前方 6~7 米处，两脚平行、屈膝，两臂自然下垂能触及地面，重心在两脚之间。两脚平行站立，与肩同宽，重心下降。

2. 滑跑姿势

滑跑姿势是由直线和角度构成的滑跑时的姿势。滑跑时应始终保持基本姿势，以使力量更加集中。

学习要领：取相对低的姿势，上体自然放松，头保持正确状态，目视前方，身体各部分向重心靠拢、团身，踝关节角度为 50°~70°。见图 19-11。

图 19-11　基本滑跑姿势

二、基本技术练习方法

1. 侧蹬收回

学习要领：由原地基本姿势开始。一条腿侧蹬，另一条腿按原姿势支撑身体，收回后成原姿势，再换另一条腿，反复练习。重心交替移动，注意三点一线。

2. 单腿支撑

学习要领：由原地基本姿势开始，将一条腿后引，另一条腿按原姿势支撑身体，收回后引腿成原姿势，再换另一条腿。两腿交替进行，注意保持重心稳定。

3. 重心移动

学习要领：由原地侧蹬姿势开始，重心移动到侧蹬腿上，使原支撑腿变为侧蹬腿，重心反复移动。注意支撑腿与头三点一线。上体不要起伏。

4. 侧蹬后引、收腿

学习要领：原地静蹲基本姿势，做侧蹬、后引、收回练习。脚走的路线成三角形。注意收腿时大腿带动小腿，不要翻肩。

5. 摆臂练习

学习要领：身体成预备姿势，两臂前后摆动，向前自然弯曲，不能摆过身体中线，后臂摆直。

6. 侧蹬练习

学习要领：由基本姿势开始，上体向右侧倾倒，右脚向右迈出一步，左腿蹬直，身体重心落在右腿上，成左腿侧蹬姿势，收回左腿，再向左侧做同样动作。

7. 滑行练习

学习要领：由滑跑的基本姿势开始，左腿做侧蹬后引收回动作，当左腿收至原位置时，继续前引，右腿向左前侧方蹬直，使左腿落在原位的左前方支撑身体，重心落在左腿上，右腿的大腿带动小腿，收至两腿靠拢时，左腿再迅速向右前侧方蹬直，重心落在右腿上，两腿交替进行。

思考题

1. 轮滑运动共有哪些项目？
2. 试述轮滑运动的功能。
3. 假设你为教练员，请为一名12岁的轮滑初学者拟订一份详细的训练计划。

第二十章　健　美

健美运动，又称健身运动，是通过健美操、韵律操、形体操等各种练习或利用哑铃、杠铃、单双杠、拉力器等各种器械，运用专门的动作方式和方法进行锻炼，以表现人体健、力、美的一项体育运动。现代健美运动是近百年兴起的，是由举重运动派生而来，逐步发展成为独立的体育运动和竞技性比赛项目。20 世纪 30 年代，健美运动传入我国。80 年代初，健美运动在我国得到广泛的开展。

健美运动既可以徒手进行练习，也可以利用简单的轻、重器械进行练习，设备简单，对场地要求不高，不管是室外、室内，只要有几平方米的地方就可进行，因而易于开展。同时，动作难度不高，运动量可大可小。经常参加健美锻炼，不但有提高人体各个器官系统的功能、增强体质的作用，而且具有塑造形体美、发达肌肉、矫正畸形部位、调节情感、陶冶情操和增强自信心的显著作用。

第一节　健美运动的基础知识

一、健美标准

健美由健和美两部分组成。有健才能有美，健是内含，是健康和力量；美是表露，是表面形态和谐匀称。因此，健美包括内含和表露两方面的评价标准。

1. 正常人体健美的标准

健美体型评分标准，通常包括胸围腰围指数和身高体重指数，详见表 20-1。

表 20-1　健美体型评分标准指数

指数 / 等级	胸围（cm）减去腰围（cm）指数		身高（cm）减去体重（kg）指数	
	男	女	男	女
优秀	30	26	95	100
良好	20	18	100	105
及格	15	14	105	110
不及格	15 以下	14 以下	90 以下 105 以上	95 以下 110 以上

2. 人体体围的标准

围度可以说明人体外部形态，表 20-2 和表 20-3 为男女一般健美体围参照表。

表 20-2 男子一般健美体围标准

身高（cm）	体重（kg）	胸围（cm）	扩展胸围（cm）	上臂围（cm）	大腿围（cm）	腰围（cm）
153~155	50	94	97	32	48	65
155~157	52	94	98	32	49	65
157~160	54	95	99	33	50	66
160~163	56	95	101	33	51	66
163~166	59	98	102	34	52	68
166~169	61	100	103	34	53	69
169~171	63	100	104	35	53	69
171~174	65	102	105	35	54	70
174~177	67	103	107	36	55	71
177~180	70	103	108	36	55	72
180~183	72	104	109	37	56	73

表 20-3 女子一般健美体围标准

身高（cm）	体重（kg）	扩展胸围（cm）	臀围（cm）	腰围（cm）
152~154	47.5	88	88	58
154~158	48.5	88	88	58
158~161	50	89	89	59
161~163	51.5	89	89	60
163~166	53	90	90	60
166~169	54.5	90	90	61
169~171	56	92	92	61
171~174	58	92	92	62
174~176	60	94	94	64
176~178	62.5	96	96	66

二、发达肌肉的原理

健美运动训练是运用超量恢复的原理，使肌肉发达起来。超量恢复是指运动中被消耗的能源物质，在运动后休息期不但能恢复到原有水平，而且还能超过原有水平，即补充的数量要比消耗掉的数量多。超量恢复使肌肉内部生理、生化发生明显变化，毛细血管数量增多，能为肌纤维提供更充分的氧气和丰富的养料，从而使肌纤维直径逐渐增大；肌凝蛋白的量、肌糖原等含量增加，能源储备增加了，为肌肉体积增大提供了物质保证。

只有超量负荷才能引起超量恢复。超量负荷是指超过已经习惯了的强度刺激的负荷。健美运动正是通过增加负荷重量、动作组数及动作次数，不断地对肌肉实行超量负荷训练，从而引起不断地超量恢复。肌肉通过不断地加强刺激，就会变得越来越发达、粗壮、结实。

三、健美训练的方法

健美训练的方法包括动力训练法和退让训练法。在实际训练中一般采用以“动力”为主兼顾“动力”与“退让”相结合的训练法。动力训练法的主要特点是练习过程中肌肉收缩时张力不变而长度发生变化，肌肉在运动状态中完成练习动作。退让训练法实际上是一种静力训练法，特点是练习过程中让肌肉收缩，使其长度发生最大限度的变化，然后依靠肌肉张力使其逐渐缓慢地恢复原状。退让训练法更能加深对肌肉的刺激，发达肌肉的效果更好，但易使肌肉僵化。在健美训练中，一个动作宜在用力过程中采用动力训练法，在还原过程中采用退让训练法。

动力训练法又可根据不同的对象、训练任务与需要，分为 3 种具体方法，见表 20-4。

表 20-4　3 种动力训练方法特征

重量（%）	次数	组数	速度	主要作用	适用对象
90～100	1～3	6～8	慢、中	发展力量	中、高级健美训练
70～85	8～12	2～4	慢、中、快	发达肌肉 发展力量	“豆芽菜”体型 初、中级健美训练
小于 65	15 次以上	2～4	中、快	减少多余脂肪	肥胖体质、减肥训练

表中重量是指练习某动作所用器械的重量，也称练习负荷。100%重量为本人所能完成的最大重量。次数是指一个动作在一组练习中重复的次数。组数是指一个动作做若干组。速度是指一次动作练习的快慢。在锻炼时，每个人可以根据身体状况和条件选定合适的训练方法。这里着重指出重量与次数的关系：一组练习的次数要在规定范围内进行（肌肉工作到力竭完成的次数），没有达到规定次数要减少重量，超过规定次数要增加重量，重量要服从次数。

四、肌肉工作到力竭的训练法则

1. 接连递减训练法则

同一个动作、同一个重量做到力竭后，减轻重量继续做此动作。

2. 循环训练法则

将一次课中安排的全部动作，从头一个依次序做到最后一个为一个循环。第一个循环完成后，再做第二、第三个循环……直至力竭为止。

3. 借力强行训练法则

此法则只限于每组动作的最后 1～2 次，指用最大力量完成一组动作后，再借助其他力量完成此动作。

4. 综合性组合训练法则

将发展一个部位的两三个动作合成一组进行训练。组合方式有两种：一是相对部位动作组合；二是相同部位动作组合。

5. 金字塔训练法则

练习某一动作时，重量由轻逐组加重，随着重量增加练习次数逐组减少，直至最大重量，然后重量再逐组减轻，次数逐组增加。这种方法练习的组数多，能加深对肌肉的刺激，提高训练的效果。此法则只适用大肌群训练。

五、注意事项

（1）初学者每次训练内容要全面，使身体各部位肌肉都能得到锻炼，但练习动作安排不宜过多。训练的顺序，一般是先上肢，后下肢，再腰腹。

（2）做好课前准备活动，以最佳状态进入训练，提高训练效果，防止受伤。课后放松活动有助于消除疲劳，防止肌肉僵化。

（3）每次的训练内容、组数和每组次数，均要贯彻因人而异、区别对待的原则。循序渐进，持之以恒，意志顽强，长期系统训练才能见效。

（4）保护与帮助是体操运动的特点之一。在健美训练中，掌握保护与帮助的方法也十分重要。它是预防伤害事故的可靠安全措施，也是提高训练效果的有效方法。它分为自我保护与帮助和他人保护与帮助。

（5）要做出正确的动作，除动作要领要合乎技术规范外，还包括念动并举、精力集中，锻炼某块肌肉，注意力就要集中在某块肌肉上，专心致志，全身心地投入训练之中。另外，呼吸要正确，一个动作进行一次呼吸，用嘴鼻同时呼吸，用力（肌肉收缩）时吸气，放松还原（肌肉伸展）时呼气。

（6）合理掌握密度，组与组之间间歇不超过 2 分钟。

（7）锻炼、营养、休息是发达肌肉的三要素。休息是机体消除疲劳，增强活动能力的过程。营养是机体生长的物质基础。锻炼之后要补充一些高蛋白食物，如牛奶、鸡蛋、豆类等。

（8）锻炼前，要对身体各项指标进行测量，并记录存档。测量内容包括身高、体重和各部位围度。每阶段结束都要重新测量一次，以观察锻炼效果。

第二节　发展身体各部位肌肉的主要动作

一、发展肩部肌肉群的主要动作

1. 直臂前平举上举

作用：主要发展三角肌前部肌肉。

动作方法：两手握住杠铃下垂，直臂前平举静止 4~6 秒，再上举至直臂支撑。上举时吸气，举直后呼气。

2. 直立提肘上拉

作用：主要发展三角肌侧部肌肉。

动作方法：两手握住杠铃下垂，间距比肩略窄，身体直立，用力向上提肘至胸部后慢慢复原。提肘时吸气，复原时呼气。

3. 颈后推举

作用：主要发展三角肌、斜方肌和肱三头肌。

动作方法：两手宽握杠铃放置在颈后肩上，用力将杠铃推起至两臂完全伸直后慢慢复原。杠铃放置在颈后应吸一口气，推上后再调整呼吸。

4. 两臂交替前举

作用：主要发展三角肌前部、中部肌肉。

动作方法：双手握哑铃于身体两侧，掌心向后，肘关节微屈，先举起一侧哑铃，在还原的同时举起另一侧哑铃，交替进行。抬臂时吸气，放下臂时短促呼气。

5. 直臂绕环

作用：主要发展三角肌中部、前部肌肉。

动作方法：两臂下垂持哑铃在胸前呈十字交叉，做胸前直臂绕环。力求自然，上举时吸气，放下时呼气。见图 20-1。

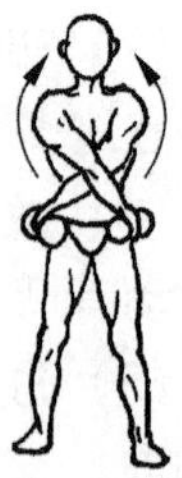

图 20-1 直臂绕环

6. 俯卧飞鸟

作用：主要发展三角肌后部、斜方肌。

动作方法：俯卧在凳上，两臂向上抬举哑铃至水平位置成飞鸟姿势，然后还原。振臂前吸气，放松还原后呼气。见图 20-2。

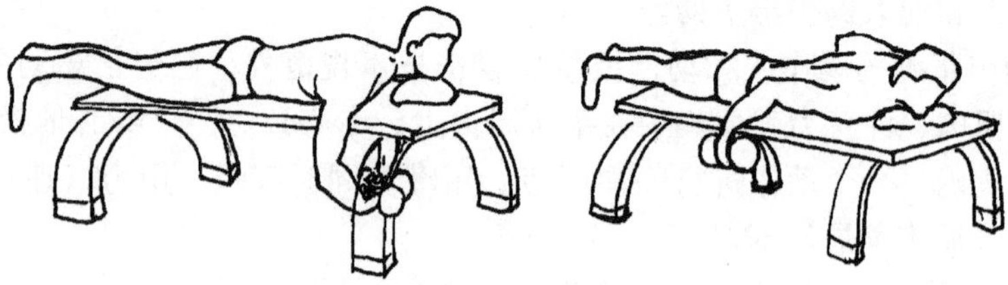

图 20-2 俯卧飞鸟

7. 坐姿侧平举

作用：主要发展三角肌后部肌肉。

动作方法：坐在凳子上，上体前倾，双手持哑铃于体侧，然后用力将哑铃侧举至与头同高。侧举时尽量使两臂达到水平位置。向侧上抬臂时吸气，放松还原时呼气。

8. 弓身侧平举

作用：主要发展三角肌、斜方肌、大圆肌。

动作方法：弓身成水平状，双手持哑铃于体侧，然后两臂向后上振至与肩同高后慢慢还原。后振时吸气，还原时呼气。

二、发展胸部肌肉群的练习

1. 俯卧撑

作用：主要发展胸大肌、肱三头肌和三角肌。

动作方法：俯卧在地上或倒立架上，先屈臂将身体下降至最低限度，然后两臂伸直将身体撑起，身体始终保持挺直上下。做前吸气，成直臂俯撑时呼气。

2. 卧推

作用：主要发展胸大肌、肱三头肌和三角肌前束。

动作方法：仰卧在凳上，两手正握杠铃，比肩稍宽；屈臂下放杠铃于胸部，两肘外展；再将杠铃从胸前往上用力推起至两臂完全伸直。上推前吸一口气，憋气上推，两臂伸直后呼气。

3. 颈上卧推

作用：主要发展胸大肌上部。

动作方法：仰卧在平凳上；双手宽握杠铃放至颈部上，两肘尽量外展，然后用力向上推杠铃至手臂伸直。上推前吸一口气，憋气上推，两臂伸直后呼气。见图 20-3。

4. 仰卧直臂上拉

作用：主要发展胸大肌上部。

动作方法：仰卧在平凳上，两臂在头后伸直握住杠铃，然后挺胸振臂将杠铃摆至胸部垂直上方，再慢慢下放至最低。用力前吸一口气，憋气上推；两臂伸直后呼气，稍微停顿；还原时呼气。

5. 仰卧扩胸

作用：主要发展胸部中沟的肌肉。

动作方法：仰卧在平凳上，两手握哑铃（掌心相对）于胸前，臂与身体垂直，开始两臂慢慢向侧下分开（肘微屈）至低于体侧，胸部要高高挺起，腰部离凳，仅肩背部和臀部着凳；然后胸大肌用力收缩，两臂内收至胸上伸直。两臂侧分及向上内收时吸气，接近伸直时呼气。见图 20-4。

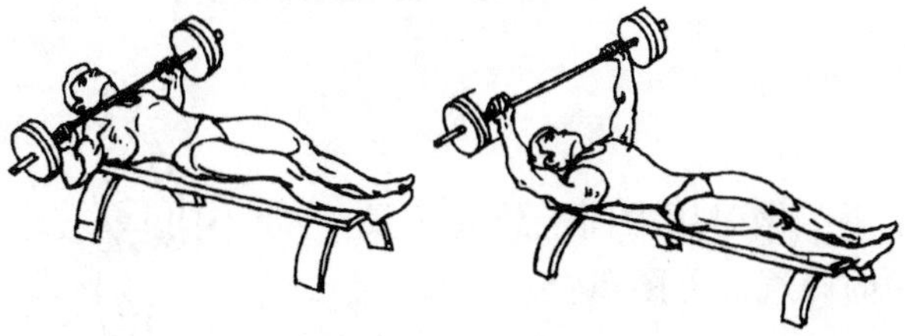

图 20-3　颈上卧推

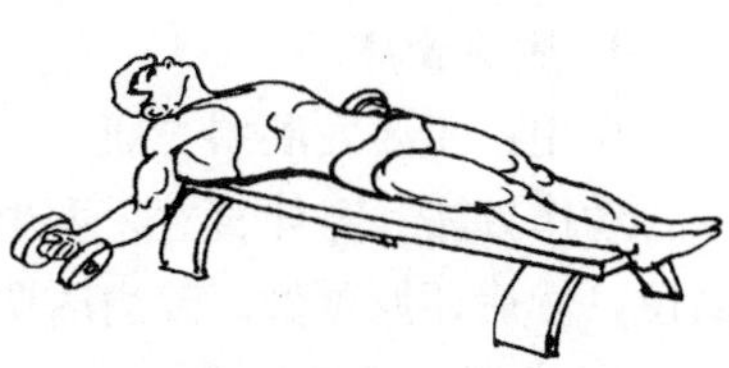

图 20-4　仰卧扩胸

6. 弹簧棒内收

作用：主要发展胸部中沟的肌肉。

动作方法：两手握住弹簧棒两端（掌心相对），置于腹前；然后两臂同时内收，肩胛骨后缩，使弹簧棒在胸前；再慢慢放松复原。

7. 宽撑双杠

作用：主要发展胸下部的肌肉。

动作方法：两手握住双杠成支撑，脸朝下，下颌收紧，弓背，脚尖向前，两眼看脚尖；然后慢慢屈臂使身体下降至下颌约与双杠齐平处；再用力将身体撑起。伸臂时吸气，放松时呼气。

8. 双杠支撑摆动臂屈伸

作用：主要发展胸下部的肌肉。

动作方法：两手握住双杠成支撑，以肩为轴，身体前摆时肩略后移；后摆至最高处时屈肘，腰部和腹部要放松；再前摆时两臂用力伸直，如此往复摆动臂屈伸。屈肘时吸气，前摆时呼气。

三、发展背部肌肉群的练习

1. 划船练习

作用：主要发展背阔肌上、中部的肌肉。

动作方法：坐在地上，拉住拉力器的把手，上体前屈，屈膝，脸朝下置于两臂之间；然后两臂向后拉动牵引绳，同时上体后仰、挺胸。当拉力器的把手触及胸腹部后，还原重新开始。向后拉引时吸气，还原时呼气。见图 20-5。

2. 双杠引体向上

作用：主要发展背阔肌上、中部的肌肉。

动作方法：握住宽约40厘米的双杠，两臂伸直成吊姿；然后把身体往上拉起，胸部尽量向上挺伸，头向后仰，肩向下向后收紧。还原后重新开始。拉引前吸一口气，待动作完成后立即呼气，这个过程有轻微的憋气。见图20-6。

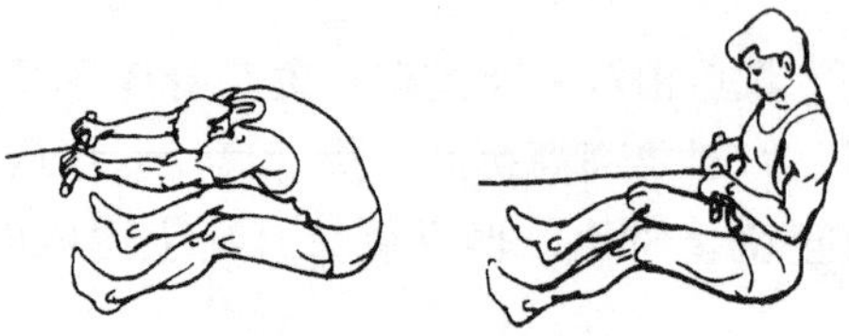

图 20-5　划船练习

图 20-6　双杠引体向上

3. 提铃耸肩

作用：主要发展斜方肌。

动作方法：身体直立，两臂持杠铃下垂，做时用力向上耸肩至最高位，然后还原再做。耸肩时吸气，还原时呼气。见图20-7。

图 20-7　提铃耸肩

4. 直臂拉弹簧拉力器

作用：主要发展斜方肌。

动作方法：两手握弹簧拉力器的两端，两臂由前平举向两侧用力拉直至两臂和体侧平行，然后还原再做。扩胸时吸气，还原时呼气。

5. 中握距引体向上

作用：主要发展背部肌肉。

动作方法：两手握杠与肩同宽成吊姿，然后用力将身体拉起至胸骨碰到横杠。

四、发展臂部肌肉群的练习

1. 背后臂屈伸

作用：主要发展肱三头肌。

动作方法：两臂在体后紧握小杠铃，将杠铃提至髋部，使两手臂弯曲；然后向后上方用力伸直两臂。力求自然，尽量少憋气。见图20-8。

2. 仰卧臂屈伸

作用：主要发展肱三头肌。

动作方法：仰卧在凳上，两手握住在头前的杠铃，两肘高抬，肘尖向上；然后用伸前臂的力量将肘伸直。用力伸臂时吸气，伸直后呼气。见图20-9。

图 20-8　背后臂屈伸

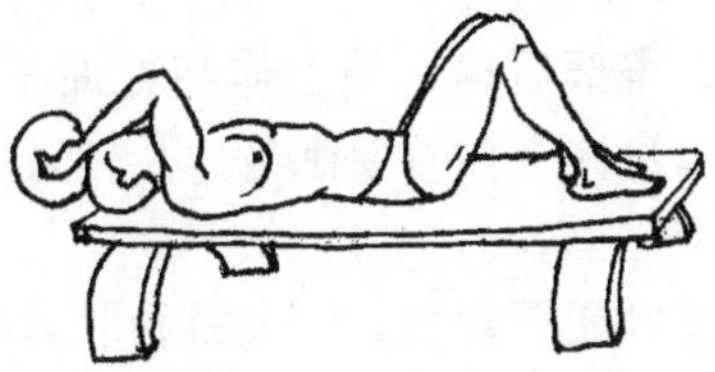

图 20-9　仰卧臂屈伸

3. 板弯举

作用：主要发展肱二头肌、肱肌和前臂肌群。

动作方法：两手反握杠铃，两肘固定在斜板上，两臂自然伸直，然后用力屈肘使杠铃至锁骨前，再慢慢还原。屈肘时吸气，还原时呼气。见图 20-10。

4. 站姿胸前臂屈伸

作用：主要发展肱二头肌。

动作方法：两脚开立，两手反握杠铃下垂，然后将杠铃弯举至胸前，再慢慢放下还原。屈肘时吸气，还原时呼气。见图 20-11。

图 20-10　板弯举

图 20-11　站姿胸前臂屈伸

5. 轮换变举

作用：主要发展肱二头肌和肱肌。

动作方法：坐着或直立，两手持哑铃，一臂用力屈肘，一臂下垂伸直；放下一臂时，另一臂用力屈肘。不宜憋气，自然呼吸。见图 20-12。

6. 腕弯举

作用：主要发展屈腕、屈指肌群。

动作方法：坐在凳上，两手反握杠铃，将肘关节垫放在凳上（或膝关节）固定，然后手腕用伸开的手指用力向上卷。不宜憋气，自然呼吸。见图 20-13。

图 20-12　轮换变举

图 20-13　腕弯举

五、发展腰腹肌肉群的练习

1. 负重体前屈

作用：主要发展腰背肌、臀大肌和股后肌。

动作方法：两腿开立，与肩同宽，两手持杠铃于肩膀上；身体直立，腰和腿收紧，上体慢慢前屈；臀部后移，使上体与地面平行，静止片刻；再向上挺直身体，恢复直立姿势。体前屈和身体上抬时要憋气，身体直立后再呼吸。见图 20-14。

2. 直腿硬拉

作用：主要发展腰背肌、臀大肌和股后肌。

动作方法：两腿伸直站立，体前屈，挺胸收紧腰背，两臂伸直握紧杠铃；然后伸髋、展体，将杠铃拉起至身体挺直。用力前吸气，杠铃离地身体伸直后再调整呼吸。见图 20-15。

图 20-14　负重体前屈

图 20-15　直腿硬拉

3. 负重挺身

作用：主要发展竖脊肌。

动作方法：俯卧在凳上，两脚固定，两手持铃片于颈后，然后体前屈接挺身起。挺身时吸气，还原时呼气。

4. 仰卧起坐

作用：主要发展上腹肌肉群。

动作方法：仰卧在垫上，低头团身，两手抱头，下肢固定，然后慢慢后倒，当背快接触到垫时，立即收腹起坐，再慢慢倒体还原。起坐前吸气，还原时呼气。

5. 屈膝两头起

作用：主要发展腹部肌肉群。

动作方法：仰卧在垫上，两手抱头，上体卷起时两膝同时收缩，至两肘触及两膝后还原。动作前吸气，收缩时呼气。

6. 直腿抬起

作用：主要发展下腹肌肉群。

动作方法：仰卧垫上，两腿伸直，头靠墙，两手掌心朝下放在臀下；然后直腿上抬，抬到不能再抬的最高处停 2 秒后还原。收缩时吸气，两腿放下时呼气。见图 20-16。

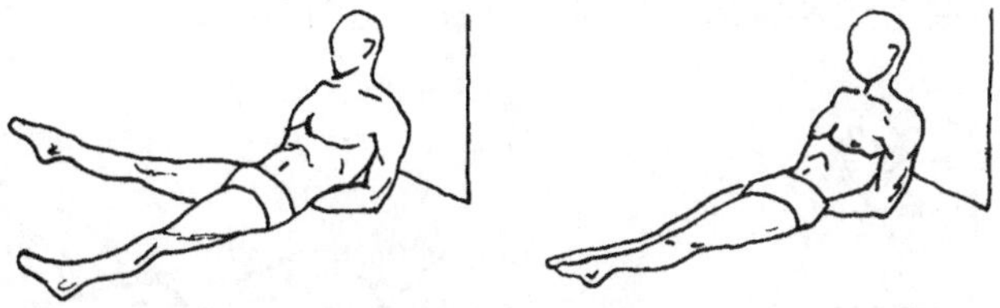

图 20-16　直腿抬起

7. 体侧屈

作用：主要发展腹外侧肌肉群。

动作方法：两腿开立与肩同宽，肩负杠铃直立，做左、右体侧屈。侧倒时吸气，直体时呼气。见图 20-17。

图 20-17　体侧屈

8. 体旋转

作用：主要发展腹内、外斜肌肉群。

动作方法：身体直立，两腿分开稍比肩宽，负重杠铃做左右转位动作。

六、发展腿部肌肉群的练习

1. 负重深蹲

作用：主要发展股四头肌。

动作方法：直立，两手握住放在颈后的杠铃，挺胸紧腰，慢慢下蹲而后起立。用力时吸气，放松时呼气。见图 20-18。

2. 坐姿腿屈伸

作用：主要发展股四头肌。

动作方法：坐在凳上，膝关节内缘紧贴凳面，足负重做腿屈伸动作。用力时吸气，放松时呼气。见图 20-19。

图 20-18　负重深蹲

图 20-19　坐姿腿屈伸

3. 箭步跳

作用：主要发展股四头肌。

动作方法：肩负杠铃，两腿前后分开成箭步，然后屈膝下压至能承受的深度即伸直两腿，最后收回两腿。成箭步支撑时吸气，起立后呼气。见图 20-20。

4. 腿弯举

作用：主要发展股二头肌。

动作方法：俯卧在凳上，手抓住凳端，两足钩住拉力器，脚跟并拢，两腿用力向前弯曲，将所配重片拉起至触及臀部，还原后再做。见图 20-21。

图 20-20 箭步跳

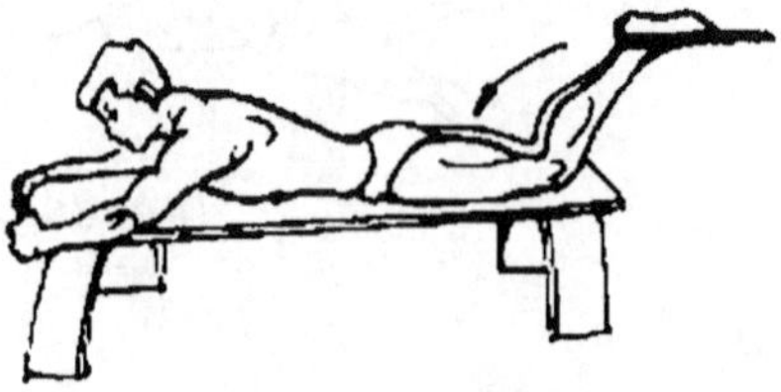

图 20-21 腿弯举

5. 对抗屈小腿

作用：主要发展股二头肌。

动作方法：一人俯卧在凳上，两腿弯曲，另一人站在其身后，两手握其踝，用力将其弯曲的两腿拉直，练习者坚持不被拉直。对抗时要憋气。见图 20-22。

6. 负重提踵

作用：主要发展小腿肌肉。

动作方法：肩负杠铃直立，足趾下垫铃片，然后做直膝提踵动作。提踵前吸气，动作完成后呼气。见图 20-23。

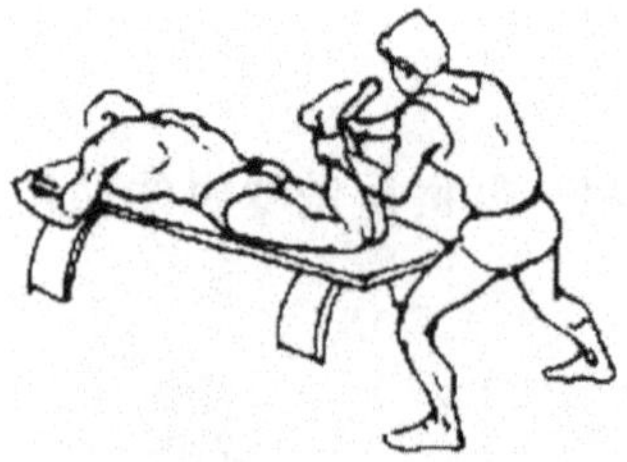

图 20-22 对抗屈小腿

图 20-23 负重提踵

7. 练习架提踵

作用：主要发展小腿肌肉。

动作方法：身体斜靠在练习架上，肩部顶住阻力臂，两脚相距 10 厘米平行直立，用力向上踮起，然后还原。动作前吸气，动作完成后呼气。见图 20-24。

8. 壶铃蹲跳

作用：主要发展大、小腿肌肉。

动作方法：双手握住壶铃全蹲，然后用力伸膝，抬上体、屈足，使身体垂直向上跳起。用力蹬伸时吸气，下蹲时呼气。见图 20-25。

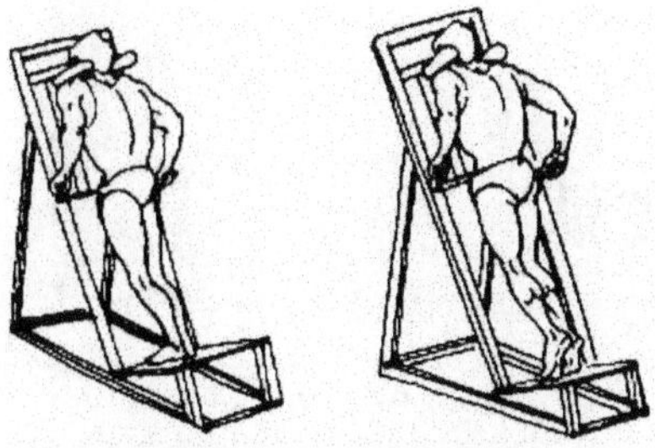

图 20-24　练习架提踵

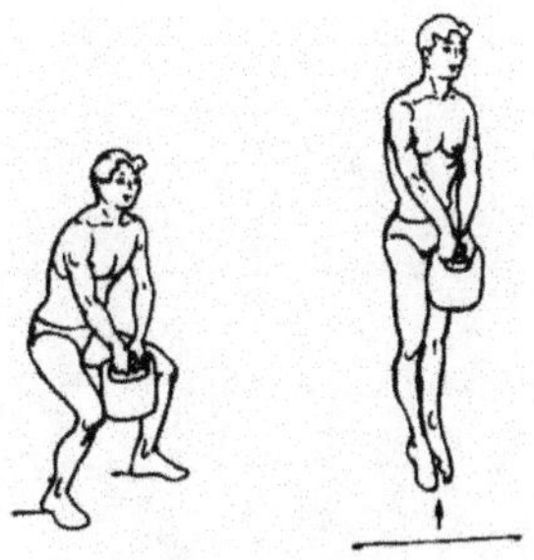

图 20-25　壶铃蹲跳

思考题

1. 健美运动的锻炼价值有哪些？
2. 锻炼肱二头肌的方法有哪些？
3. 通过本章学习给自己制订一个健美的训练计划。

参考文献

［1］田麦久，刘大庆．运动训练学［M］．北京：人民体育出版社，2012.

［2］季浏．体育与健康［M］．上海：华东师范大学出版社，2004.

［3］潘绍伟，于可红．学校体育学［M］.3 版．北京：高等教育出版社，2015.

［4］袁建国，白富帅，尹斯年．大学体育与健康教育教程［M］．西安：西安交通大学出版社，2014.

［5］孙麒麟．体育与健康教程［M］.3 版．大连：大连理工大学出版社，2004.

［6］郝光安，冯青山，丁兆锋．大学体育教程［M］．北京：人民体育出版社，2012.

［7］毛振明．现代大学体育［M］．北京：教育科学出版社，2015.

［8］陈黎．大学体育健康教程［M］．西安：西安电子科技大学出版社，2012.

［9］吴寿枝，程莹，周广仁，等．大学体育与健康教程［M］．北京：北京体育大学出版社，2011.

［10］申建勇，王岩．体育技能教程［M］．北京：航空工业出版社，2011.

［11］体育运动学校《体育保健学》教材编写组．体育保健学［M］.3 版．北京：人民体育出版社，1998.

［12］王琳，王安利．实用运动医务监督［M］．北京：北京体育大学出版社，2016.

［13］杨文轩，陈琦．体育概论［M］.2 版．北京：高等教育出版社，2013.

［14］周建林．球类运动体育教程［M］．南京：南京师范大学出版社，2005.

［15］全国体育院校教材委员会．游泳运动［M］．北京：人民体育出版社，2001.

［16］《健美操运动教程》编写组．健美操运动教程［M］．北京：北京体育大学出版社，2013.

［17］田麦久．论运动训练计划［M］．北京：北京体育大学出版社，1999.

［18］《网球运动教程》编写组．网球运动教程［M］．北京：北京体育大学出版社，2013.

［19］张瑞林．乒乓球运动［M］.2 版．北京：高等教育出版社，2010.

［20］孙南，熊西北，张英波．现代田径训练高级教程［M］．北京：北京体育大学出版社，2010.

［21］黄汉升．球类运动：排球［M］.3 版．北京：高等教育出版社，2001.

［22］郭永波．篮球运动教程［M］．北京：北京体育大学出版社，2005.

［23］王崇喜．足球：单色版［M］．北京：高等教育出版社，2007.

［24］付进学．单排轮滑球［M］．北京：北京体育大学出版社，2012.

［25］袁守龙．大学体育与健康［M］．北京：人民邮电出版社，2019.

附录一　《国家学生体质健康标准》（2014 年修订）大学男、女生单项评分表*

大学男生单项评分表

等级	单项得分	肺活量（毫升）		坐位体前屈（厘米）		立定跳远（厘米）		50 米跑（秒）		引体向上（次）		1000 米跑（分·秒）	
		大一大二	大三大四	大一大二	大三大四	大一大二	大三大四	大一大二	大三大四	大一大二	大三大四	大一大二	大三大四
优秀	100	5040	5140	24.9	25.1	273	275	6.7	6.6	19	20	3′17″	3′15″
	95	4920	5020	23.1	23.3	268	270	6.8	6.7	18	19	3′22″	3′20″
	90	4800	4900	21.3	21.5	263	265	6.9	6.8	17	18	3′27″	3′25″
良好	85	4550	4650	19.5	19.9	256	258	7.0	6.9	16	17	3′34″	3′32″
	80	4300	4400	17.7	18.2	248	250	7.1	7.0	15	16	3′42″	3′40″
及格	78	4180	4280	16.3	16.8	244	246	7.3	7.2			3′47″	3′45″
	76	4060	4160	14.9	15.4	240	242	7.5	7.4	14	15	3′52″	3′50″
	74	3940	4040	13.5	14.0	236	238	7.7	7.6			3′57″	3′55″
	72	3820	3920	12.1	12.6	232	234	7.9	7.8	13	14	4′02″	4′00″
	70	3700	3800	10.7	11.2	228	230	8.1	8.0			4′07″	4′05″
	68	3580	3680	9.3	9.8	224	226	8.3	8.2	12	13	4′12″	4′10″
	66	3460	3560	7.9	8.4	220	222	8.5	8.4			4′17″	4′15″
	64	3340	3440	6.5	7.0	216	218	8.7	8.6	11	12	4′22″	4′20″
	62	3220	3320	5.1	5.6	212	214	8.9	8.8			4′27″	4′25″
	60	3100	3200	3.7	4.2	208	210	9.1	9.0	10	11	4′32″	4′30″
不及格	50	2940	3030	2.7	3.2	203	205	9.3	9.2	9	10	4′52″	4′50″
	40	2780	2860	1.7	2.2	198	200	9.5	9.4	8	9	5′12″	5′10″
	30	2620	2690	0.7	1.2	193	195	9.7	9.6	7	8	5′32″	5′30″
	20	2460	2520	−0.3	0.2	188	190	9.9	9.8	6	7	5′52″	5′50″
	10	2300	2350	−1.3	−0.8	183	185	10.1	10.0	5	6	6′12″	6′10″

* 根据《国家学生体质健康标准》（2014 年修订）整理。

大学女生单项评分表

等级	单项得分	肺活量（毫升）		坐位体前屈（厘米）		立定跳远（厘米）		50 米跑（秒）		1分钟仰卧起坐（次）		800 米跑（分·秒）	
		大一大二	大三大四	大一大二	大三大四	大一大二	大三大四	大一大二	大三大四	大一大二	大三大四	大一大二	大三大四
优秀	100	3400	3450	25.8	26.3	207	208	7.5	7.4	56	57	3′18″	3′16″
	95	3350	3400	24.0	24.4	201	202	7.6	7.5	54	55	3′24″	3′22″
	90	3300	3350	22.2	22.4	195	196	7.7	7.6	52	53	3′30″	3′28″
良好	85	3150	3200	20.6	21.0	188	189	8.0	7.9	49	50	3′37″	3′35″
	80	3000	3050	19.0	19.5	181	182	8.3	8.2	46	47	3′44″	3′42″
及格	78	2900	2950	17.7	18.2	178	179	8.5	8.4	44	45	3′49″	3′47″
	76	2800	2850	16.4	16.9	175	176	8.7	8.6	42	43	3′54″	3′52″
	74	2700	2750	15.1	15.6	172	173	8.9	8.8	40	41	3′59″	3′57″
	72	2600	2650	13.8	14.3	169	170	9.1	9.0	38	39	4′04″	4′02″
	70	2500	2550	12.5	13.0	166	167	9.3	9.2	36	37	4′09″	4′07″
	68	2400	2450	11.2	11.7	163	164	9.5	9.4	34	35	4′14″	4′12″
	66	2300	2350	9.9	10.4	160	161	9.7	9.6	32	33	4′19″	4′17″
	64	2200	2250	8.6	9.1	157	158	9.9	9.8	30	31	4′24″	4′22″
	62	2100	2150	7.3	7.8	154	155	10.1	10.0	28	29	4′29″	4′27″
	60	2000	2050	6.0	6.5	151	152	10.3	10.2	26	27	4′34″	4′32″
不及格	50	1960	2010	5.2	5.7	146	147	10.5	10.4	24	25	4′44″	4′42″
	40	1920	1970	4.4	4.9	141	142	10.7	10.6	22	23	4′54″	4′52″
	30	1880	1930	3.6	4.1	136	137	10.9	10.8	20	21	5′04″	5′02″
	20	1840	1890	2.8	3.3	131	132	11.1	11.0	18	19	5′14″	5′12″
	10	1800	1850	2.0	2.5	126	127	11.3	11.2	16	17	5′24″	5′22″

附录二　疾病与健康状况自评表

体育运动存在着一定的风险，在进行体育运动前必须要清楚自己的身体健康状况，以避免体育锻炼带来的风险和意外伤害。如果您因疾病原因不适宜进行体育运动和锻炼，请认真阅读下表，在相应的空格中打"√"，并在开始上体育课时交给体育教师。

您是否患有以下疾病	是	否	病情说明
心脑血管疾病、冠心病			
遗传性心脏病			
心律不齐、悸动、早搏			
心肌炎、脑膜炎			
呼吸系统疾病			
呼吸短促			
支气管炎			
急性肺炎			
哮喘病、癫痫			
慢性咳嗽			
胸闷、胸痛			
头晕目眩或意识模糊			
镰形血球贫血症			
严重头疼			
糖尿病			
重度高血压			
关节炎			
肌肉痉挛症			
骨头、关节或肌肉受损严重			
手术后恢复期			
其他不适宜运动的疾病说明			

不管是哪一个问题，只要回答"是"，就必须在参与体育活动前事先咨询医生！

所在学院________________专业________________班级________________

学号____________________姓名________________